읽고 쓰지 못하는 아이들

읽고 쓰지
못하는 아이들

초판 1쇄 발행 2017년 12월 15일
초판 6쇄 발행 2020년 11월 30일

지은이 | 홍인재

발행인 | 김병주
출판부문대표 | 임종훈
편집주간 | 이하영
팀장 | 신은정
펴낸 곳 | (주)에듀니티 (www.eduniety.net)
도서문의 | 070-4342-6114
일원화 구입처 | 031-407-6368 (주)태양서적
등록 | 2009년 1월 6일 제300-2011-51호
주소 | 서울특별시 종로구 인사동 5길 29 태화빌딩 9층

ISBN 979-11-85992-71-6 (13370)
값은 표지에 있습니다.

이 책은 저작권법에 따라 한국 내에서 보호를 받는 저작물이므로 무단 전재 및 복제를 금합니다.

읽고 쓰지 못하는 아이들

· 문맹과 문해맹 아이들을 위한 한글 수업 ·

홍인재 지음

에듀니티

차례

들어가는 글 6

1부. 배배 꼬인 한글, 문해 교육

1장. 꽃잎으로 쓴 글자 15

2장. 잘 읽고, 잘 쓰지 못하는 아이들 20

3장. 잘 읽지 못하는 어른들 30

4장. 한글, 문해 교육은 왜 이렇게 꼬였을까? 40

5장. 꼬인 매듭을 어디서부터 풀어야 할까? 65

2부. 은성이의 문자 수업

1장. 읽기 따라잡기 연수 73

2장. 읽기 수업 전에 알아야 할 아이의 읽기 발달 80

3장. 읽기 따라잡기 수업 92

4장. 두 아이와 함께한 좌충우돌 문맹 탈출기 117

5장. 아이의 필요와 요구가 빠진 한글 수업 142

6장. 마지막 수업 155

7장. 문자 지도 이렇게 하자 162

3부. 동찬이의 언어 수업

1장. 읽고 쓰기 너머의 것 169

2장. 수업의 주도권을 아이에게 넘겨주다 176

3장. 아이가 쓰는 언어에 주목하다　185

　　　4장. 동찬이의 언어 세상　204

　　　5장. 말놀이 글놀이 수업　222

　　　6장. 언어 수업 이렇게 하자　228

4부. 언어 발달과 국어 수업

　　　1장. 아이들은 얼마나 잘 읽을까?　235

　　　2장. 아이의 언어 발달　240

　　　3장. 발달 단계에 맞는 국어 수업　244

　　　참고 자료. 난독(難讀)과 난독증(難讀症)　257

5부. 우리 아이들에게 무엇이 필요한가?

　　　1장. 단 한 명의 아이도 포기하지 않는 교육　265

　　　2장. 언어 교육, 어떤 정책이 필요한가?　277

　　　3장. 결국 희망은 교사다　291

나가며　299

부록 1　읽기 따라잡기 수업 1-사랑이　305

　　　　　읽기 따라잡기 수업 2-라온이와 한글 읽기　310

부록 2　말놀이, 글놀이 중심의 1학년 국어 수업　314

들어가는 글

읽기와 쓰기는
공교육의 영역이다

　유민[1]이는 1학년 여자아이로 자신의 이름만 읽고 쓸 줄 안다. 글을 읽고 쓰지 못하다 보니 친구들에게 놀림당할 때가 많으며 그로 인해 표정이 시무룩하고 늘 조용하게 지낸다. 한 학기 동안 담임교사와 'ㄱ'부터 'ㅈ'까지 공부했으나 순서가 틀어지면 잘 읽지 못한다.

　영주는 초등학교 2학년 남자아이로 아빠와 엄마, 여동생과 함께 산다. 축구를 좋아하는 영주의 얼굴은 까무잡잡하다. 축구에 관해 말하거나 만들기를 설명할 때는 눈을 반짝반짝 빛낸다. 그러나 영주는 글을 잘 읽지 못한다. 글자를 읽어보라고 하면 읽지 않으려 하면서 엉뚱한 이야기를 한다. 책을 읽어야 할 때도 눈을 책에 두지 않고 다른 곳을 바라보거나 코를 후비고, 물을 마시고 싶다면서 밖으로 나가 시간을 보내다 마지

1　이 책에 등장하는 모든 아이는 가명으로 했다.

못해 교실로 들어온다.

　3학년 수연이는 성격이 순하고 말이 별로 없는 아이다. 글씨를 예쁘게 쓰고 주어진 활동도 끝까지 마무리하지만 국어 시간에 스스로 글쓰기를 하지 못한다. 예시 자료 베껴 쓰기, 친구 것 보고 쓰기와 같은 방법을 동원하여 빈칸을 채우기는 한다. 국어책을 읽지 않으려고 해서 방과 후에 남겨 글 읽기를 시켜보니 한 글자씩 끊어 읽는다. 발음도 정확하지 않다. 자신이 글을 제대로 읽고 쓰지 못하는 것을 친구들이 알게 될까 봐 무척 두려워한다.

　성현이는 6학년 남자아이다. 축구도 좋아하고 친구들과 어울려 노는 것도 좋아하지만 놀아주는 친구가 없다. 그래서 늘 저학년 동생들과 어울려 논다. 술래잡기하던 날 2학년 아이를 때려서 맞은 아이의 부모가 학교에 찾아오는 바람에 한바탕 난리가 났다. 자기 행동을 돌아보며 다시는 동생을 때리지 않겠다는 다짐의 글을 썼다. 성현이가 쓴 글을 읽어보니 맞춤법은 그럭저럭 맞았으나 한 곳도 띄어 쓰지 않아 모든 글자가 붙어 있었다.

　1학년 담임인 김 선생님은 요즘 무척 마음이 무겁다. 학년이 거의 끝나 가는데 2명의 아이가 글을 제대로 읽지 못한다. 아무리 가르쳐도 저녁을 지나고 오면 잊어버리는 통에 답답하기만 하다. 인디스쿨을 뒤져 자료를 찾아서도 지도해봤고, 기초 학력 강사에게 의뢰하여 지도도 해보았으나 나아지지 않는다. 무엇이 문제인지 모르겠다.

전주교육지원청에서 기초 학력과 학습클리닉센터 업무를 맡아서 하는 동안에 만난 아이와 선생님의 이야기다. 나는 문맹이 우리 할머니 세대의 이야기인 줄만 알았다. 그런데 기초 학력 업무를 맡고 나서 글을 읽고 쓰지 못하는 아이를 숱하게 만났다. 글을 읽고 쓰더라도 더듬더듬 읽는 아이, 겨우 읽고 쓰는 수준이라 교과 학습이 불가능한 아이는 더 많았다.

그 아이들을 보면서 내가 가르쳤던 아이들을 돌아보니 나에게도 그런 아이들이 있었다. 그동안 애써 잊어버렸던 순영이와 하준이를 비롯하여 맞춤법과 띄어쓰기가 엉망이던 아이들, 글을 읽고도 무슨 말인지를 몰라서 단 한 줄의 글도 쓰지 못하던 아이들 말이다. 그때는 그것이 아이와 아이를 둘러싼 주변에 어떤 영향을 미치는지 깊이 고민하지 못했다. 그저 아이 개인의 문제로 치부하고 말았다.

아이가 글을 읽지 못하는 문맹 문제는 교사에게도 깊은 영향을 미친다. 아무리 가르쳐도 늘 제자리인 아이 때문에 교사로서의 자존감에 상처를 입기 때문이다. 대체 무엇이 문제인지 고민하다가 결국 자포자기 심정으로 다음 학년으로 올려보내 놓고는 마음 한구석에 짐으로 남겨두고 만다. 그래서 나는 아직도 첫 부임지에서 만났던 순영이와 하준이를 마음에서 놓지 못하고 있다. 다른 선생님들도 나와 마찬가지리라.

나는 문맹인 채로 교실에서 힘겹게 버티는 아이들을 그냥 두고 볼 수 없었다. 무엇을 어떻게 할 것인지 고민했고, 선생님들에게 해결 방법을 물었다. 그렇게 해서 시작한 것이 문맹인 아이를 직접 가르치면서 함께 방법을 찾아나가는 문자 지도 연수였다.

2년 동안의 한글 지도 방법 연구 과정에 나도 은성이와 동찬이를 가르치며 연구자로 함께했다. 그 과정에서 나는 문자 지도 방법, 아이의 언어 발달 단계 등 많은 것을 공부했다. 아이의 한글 지도를 넘어 언어 사용 전반에 대한 새로운 시선도 갖게 되었다.

2015년 4월부터 일 년 반 동안의 연수와 연구 과정에 청주교대 엄훈 교수님과 정종성 교수님이 함께했다. 그 기간 동안 읽기 따라잡기 수업을 진행하고 한글 지도 방법을 터득했다. 2016년 6월부터 서근원 교수님이 도와주던 완주교육지원청의 실천 연구에 문자 지도로 참여했다.

2년의 시간을 건너는 동안 언어가 아이의 삶에서 어떤 의미를 갖는지, 또 그 의미가 사회로 어떻게 이어지는지 깊이 고민했다. 특히 실천 연구의 시간은 아이의 언어생활 전반을 들여다봄으로써 내가 앞으로 언어 연구자로 살아갈 토대를 만들어 주었다. 세 분 교수님께 깊은 감사와 존경의 마음을 보낸다.

그러나 무엇보다도 내가 여기까지 올 수 있었던 것은 아이를 직접 가르치면서 연수에 참여했던 '읽기 연구회' 선생님들 덕분이다. 함께 연구하고, 함께 가르치고, 함께 연수를 진행했던 김민숙, 오현옥, 이해영, 정미영 선생님을 비롯하여 김수희, 김혜련, 성유리, 유미경, 윤해영, 이영하, 이지혜, 전은하 선생님, 그리고 연구회에 새롭게 합류한 강진희, 김은옥, 김주루, 신선희 선생님에게 무한한 고마움과 감사함, 그리고 연대의 마음을 전한다.

업무를 해야 할 시간에 학교에 나가 아이를 지도하고, 저녁에 남아 영상을 돌려보며 기록하고, 기록한 것을 비교하며 연구하는 나를 따뜻한 시선으로 지켜보며 응원해준 전주교육지원청 식구들에게도 감사하다는 말을 전하고 싶다. 특히 초등교육과 식구들의 관심과 지원이 없었다면 결코 여기까지 오지 못했을 것이다. 더불어 교육청과 학교에서 연구를 진행하고 아이를 보듬을 수 있는 시스템과 토양을 만들어준 전라북도교육청에도 깊은 감사의 마음을 전한다.

마지막으로 나의 어린 스승, 은성이와 동찬이에게 특별한 사랑과 애정의 마음을 보낸다. 그 아이들이 있어 내가 선생이었음을 잊지 않고, 교육지원청에 있는 동안 따뜻한 행정가로 살아갈 수 있었다.

이 책의 첫머리에는 학교와 사회에 어른거리는 문맹의 그림자에 관해 썼다. 학교만의 문제가 아닌 문맹이 사회 전반에 어떻게 걸쳐 있는지 정리했다. 문자 지도 방법과 언어 이야기는 내가 지도했던 은성이와 동찬이 사례와 함께 2부와 3부에 적었다. 4부에는 언어 발달에 따른 국어 수업 방법을, 5부에는 교육지원청에서 행정을 하면서 생각하고 실천했던 것을 중심으로 문자 지도 정책에 관해 썼다. 그리고 부록으로 연구회 소속 선생님이 쓴 읽기 따라잡기 수업과 1학년 국어 수업 사례 세 편을 실었다.

그동안 교사들은 한글 지도 방법을 체계적으로 배운 적이 없다. 교대와 사대에서는 물론 학교 현장에 나와서도 기껏해야 몇 시간 연수를 받는 것이 전부다. 수업에 활용할 한글 지도 자료도 충분치 않다.

그러다 보니 교사는 개인적 경험이나 시중에 떠도는 자료에 의존해서 아이를 지도할 수밖에 없다. 이러한 상황임에도 한글이 워낙 배우기 쉽고 과학적인 글자라 대부분의 아이는 한글을 깨친다. 그러나 생각보다 많은 아이가 읽고 쓰는 데 어려움을 겪고, 또 그중 일부는 문맹으로 남는다.

한글 지도 방법을 배우지 못한 교사가 읽고 쓰기를 특별히 어려워하는 아이에게 한글을 가르치기란 분명 까다롭고 힘들다. 그러나 그렇다고 해서 이런 아이를 뒤에 놓아두고 갈 수는 없다. 아니 놓아두고 가서는 안 된다.

읽고 쓰기를 가르치는 것은 공교육의 영역이다. 글자를 모르는 아이의 한글 교육은 부모와 가정이 아니라 학교와 교사의 역할이다. 국가 교육과정에서도 한글을 초등학교 1학년 과정에서 가르치도록 명시하고 있다. 부모는 국가와 학교, 그리고 교사를 믿고 자녀를 학교에 보낸다. 만약 학교가, 교사가 이러한 믿음을 저버리고 한글을 익히지 못한 상태를 방치한다면 이는 약속 위반이요, 공교육의 붕괴를 뜻한다.

읽고 쓰기는 학습의 첫걸음이다. 그러나 이 문제는 학습뿐만 아니라 친구 관계를 비롯하여 학교생활 전체에 영향을 미친다. 또한 학교의 문맹은 사회 문맹으로 이어진다. 제대로 읽고 쓰지 못하고, 읽어도 무슨 내용인지 모르는 아이가 사회로 나갔을 때 어떻게 살아갈지 우리는 너무나 잘 알고 있다. 학교에서 읽기와 쓰기를 제대로 가르쳐야 하는 이유다. 그러나 어떤 이유에서건 읽고 쓰기에 어려움을 겪는 아이와 가르침에 어려움을 겪는 선생님이 전국의 교실에 넘쳐난다.

읽고 쓸 줄 모르는 아이를 가르칠 때 이 책이 도움이 되기를 바란다. 아무리 가르쳐도 제자리인 아이도 학교와 교사의 몫임을 인식하고 어떻게 가르칠 것인지 고민하면서 들춰보면 좋겠다. 더불어 현장의 많은 선생님이 이 책을 읽으면 좋겠다. 1, 2학년을 가르치는 선생님, 문맹인 아이를 데리고 있는 선생님뿐만이 아니라 모든 선생님이 이 글을 읽고 문맹에 대해 입을 열면 좋겠다. 최소한의 읽고 쓰는 문제를 넘어서서, 사회 안에서 살아가기 위해 극복해야 할 문해맹 문제를 주제로 토론이 벌어지면 좋겠다. 내가 적어놓은 문자 지도 방법과 언어 이야기에 토를 달면서 언어 연구의 길로 접어드는 교사가 여기저기서 생겨나면 좋겠다. 아이의 언어를 따뜻한 시선으로 바라보고 받아 적으며, 두 손을 꼭 잡아주면 좋겠다.

  6학년 성현이는 2017년 9월에 들어 새로 만난 아이다. 교육지원청에서 학교로 자리를 옮긴 첫날, 내 눈에 들어왔다. 성현이가 쓴, 띄어쓰기가 한 곳도 되지 않은 다짐의 글에는 어떤 의미가 담겨 있을까? 앞으로 성현이는 어떤 삶을 살아갈까? 은성이와 동찬이가 나에게 선물한 마음의 눈 덕분에 나는 오늘도 성현이에게 책을 읽어주고, 번갈아가며 한 줄씩 같이 글을 쓰고, 대화를 나눈다.

2017년 한글날에
홍인재 씀

1부

배배 꼬인 한글, 문해 교육

1장

꽃잎으로
쓴 글자

사람에게 말과 글, 언어는 어떤 의미일까? 말을 하고 글을 쓴다는 것, 즉 언어를 사용한다는 것에는 어떤 의미가 있을까?

'야마, 소라, 호시.'

이 글자들을 눈으로 보고, 소리 내어 읽어보자. 어떤 생각이 떠오르는가? 또는 어떤 느낌이 드는가? 만약 그 어떤 생각도 떠오르지 않고 아무런 느낌도 들지 않는다면 그 사람에게 이 문자는 언어가 아니라 단순한 기호에 불과할 것이다. 어쩌면 누군가는 무슨 뜻인지 찾으려고 고민할지도 모른다.

'산, 하늘, 별.'

야마, 소라, 호시는 일본말이다. 우리말로 옮기면 산과 하늘과 별을 뜻한다.

산과 하늘과 별을 소리 내어 읽는 순간 구체적인 이미지가 떠오르고, 경험한 일들이 꼬리를 물며 나타나지 않는가? 나는 어린 시절 늘 헤집고 다니던 집 뒷산과 밭 끄트머리에서 바라보던 해 질 녘의 붉은 노을, 그 노을을 품은 하늘이 가장 먼저 떠오른다. 빗자루 탄 마법사 이야기가 끝날 무렵에 새어나온 깊은 숨과, 어울려 흘러가던 여름날의 은하수도 함께 떠오른다.

"이리 온."

엄마가 손을 벌리고 오라는 손짓을 하셨습니다. 승우가 다가가자 엄마는 저고리섶을 들치시고 가슴에다 승우의 두 손을 갖다 대셨습니다. 아직도 알알한 손바닥으로 뚝뚝 엄마의 심장 뛰는 소리가 전해왔습니다. 승우는 피멍이 살살 풀리면서 아픔이 가시는 걸 느꼈습니다. 엄마는 승우의 머릿결을 가다듬어주며 등을 토닥이셨습니다.

"승우야, 이담에 어른이 되거든 넌 시인이 되거라. 조선말 조선글로 가장 먼저 시를 쓴 시인이 되거라. 남을 밟고 올라서지 말고 남의 아픔을 잘 이해하는 시인이 되거라. 오늘부터 엄마가 글을 가르쳐주마."

승우는 엄마 품에다 와락 얼굴을 묻었습니다. 오늘 엄마의 말씀이 왜 한숨처럼 들리는지 모르겠습니다. 엄마는 오래도록 승우를 안고 계셨습니다.

멀리서 냉냉냉, 전차가 지나갑니다.

"승우야, 잠시만 있거라."

옥색 치맛자락을 여미시며 엄마는 버선발로 사뿐히 뒤꼍으로 나가셨습니다. 오래지 않아 치마 가득 꽃바람을 묻히시고 엄마는 방으로 들어오셨습니다. 엄마 손엔 복사꽃잎 소복한 백자 보시기가 들려 있었습니다.

엄마는 다락에서 귀한 손님이 오셨을 때만 내놓으시던 팔각 소반을 꺼내셨습니다. 그러곤 꽃잎으로 그 위에다 글자를 쓰셨습니다.

"산."

"하늘."

"별."

또랑또랑한 목소리가 방 안을 울렸습니다.

승우는 엄마가 쓰신 꽃글을 보았습니다.

'야마', '소라', '호시'로 불렸을 때는 아무렇지도 않았던 말들이었습니다. 그러던 것이 이제 '산'과 '하늘'과 '별'로 불리자 그 말들은 두렷두렷 살아나 승우에게로 왔습니다. 가슴이 울렁거렸습니다. 눈앞으로 환한 빛무리가 모여들었습니다.

그러자,

꽃잎으로 쓴 산이 우뚝 솟았습니다.

꽃잎으로 쓴 하늘이 새파래졌습니다.

꽃잎 별은 잘강잘강 맑은 소리를 냈습니다.

팔각 소반 위의 글자들은 향기롭고 보드랍고 고왔습니다.

아, 눈물!

엄마의 볼로 두 줄기 눈물이 흘러내리고 있었습니다.

승우는 꽃글이 쓰여진 소반 앞에 무릎을 꿇었습니다.

— 「꽃잎으로 쓴 글자」[2] 중에서

일제 강점기 배경으로 우리말을 쓰지 못하는 아픔과 우리말의 아름다움을 그린 동화다. 어느 날 일본인 선생이 재밌는 놀이를 하겠다며 나무패를 하나 들고 들어와 반장 손에 던져준다. 그 나무패에는 '위반'이라는 일본말이 새겨져 있었다. 다나까 선생은 조선말을 쓰는 동무에게 이

---

2 『마사코의 질문』(손연자, 푸른책들, 1999)에서 발췌한 글로 2000년 무렵 초등학교 4학년 국어 교과서에 실린 후, 6학년으로 옮겨졌다가 교과서에서 슬그머니 사라졌다.

패를 넘겨주라고 한다. 동화는 '위반' 패가 교실을 돌며 아이들 마음에 어떤 생채기를 내는지를 잘 보여준다. 아이들은 우리말을 쓰지 않기 위해 아예 입을 다물기도 하고, 순간적으로 튀어나오는 우리말 때문에 패를 받고 친구끼리 가슴에 앙금을 쌓기도 한다.

마지막으로 받은 패를 어떻게든 넘기기 위해 짝꿍의 볼을 꼬집은 동무에게 '비겁한 놈!'이라는 말을 했다가 승우는 매를 맞고 집으로 돌아온다. 저녁 밥상머리에서 시퍼렇게 멍이 든 승우의 손바닥을 식구들이 발견하고 가슴 아파하는 장면에서는 승우의 눈동자에 번지는 눈물과 누이들의 애잔한 눈빛이 저절로 떠오른다.

아버지는 승우에게 뒤뜰에 핀 복사꽃 이야기를 하며, 얼과 말과 글이 살아있는 민족은 모진 비바람에 시달려도 언젠가는 반드시 살아나 꽃 피울 것이라고 말한다. 마지막 장면을 읽다 보면 팔각소반 위에 꽃잎글자를 쓰신 어머니 마음과 함께 우뚝 솟은 산이, 파란 하늘이, 잘강잘강 맑은 소리를 내는 별이 가슴으로 쑥 들어온다.

이 글을 읽는 사람이라면 누구나 나라를 빼앗긴다는 것, 우리말과 우리글을 쓰지 못한다는 것의 의미를 다시 생각해보게 될 것이다. 그리고 같은 말과 글을 사용하는 사람이 가질 수 있는 민족과 나라에 대한 끈끈한 연대 의식을 경험할 것이다. 말과 글이 가진 힘이다.

우리는 말하면서 사람들과 의견을 나누고, 생각을 공유한다. 같은 글을 읽으면서 집단적으로 상상하고, 글에 담긴 의미를 함께 해석한다. 즉, 우리는 언어를 통해 다른 사람의 세계를 이해하고, 경험을 나누며 공동의 사고와 행동을 만들어간다.

말한다는 것, 글을 읽고 쓴다는 것, 언어를 사용한다는 것은 생각을 나누고, 행동을 같이하는 것과 더불어 눈에 보이지 않는 감정의 끈으로 서로 연결된다는 의미다. 언어를 사용하여 무리에 소속되며 사회적인 네트워크를 만들고 유지한다. 공동체 안에서 같은 말을 사용하는 것만으로도 이미 어느 정도 의식과 가치 체계를 함께한다고 볼 수 있다. 이런 점에서 인간에게 언어는 공동체의 전부라고도 할 수 있다.

아이들의 세계도 마찬가지다. 아이들도 말을 하며 같은 놀이를 하고, 같은 놀이를 하며 경험을 공유한다. 글을 읽고 쓰며 공동의 가치와 의식을 만들고, 이렇게 만들어진 가치와 의식은 공동체의 일원으로 살아갈 바탕이 된다.

그래서 제대로 말하고 읽고 쓸 줄 아는 것이 중요하다. 초등학교 1학년 때부터 문자를 가르치고 익히는 가장 큰 이유다. 그런데 우리 아이들은 얼마나 잘 읽고 잘 쓸까?

2장

잘 읽고, 잘 쓰지 못하는 아이들

하준이와 순영이

나는 1990년에 전주 근교의 6학급의 작은 초등학교로 첫 발령을 받아 4학년 아이들 30여 명의 담임을 맡았다.

첫날, 첫 수업 시간이었다. 칠판에 뭔가를 적고 있는 내 등 뒤로 까마귀 울음소리가 들려왔다. 깜짝 놀라서 몸을 돌렸는데 맨 뒷자리의 책상 위에 떡하니 올라앉아서 야릇하게 웃는 녀석의 표정과 마주쳤다. 이름을 물어보니 하준이라고 했다. 이유를 묻는 나에게 하준이는 엄마가 돌아가실 때 까마귀가 울었다고 천연덕스럽게 웃으며 대답했다.

하준이는 활발한 아이였다. 활발하다 못해 늘 말썽을 달고 살았다. 친구에게 시비를 걸어 큰 소리로 싸우기 일쑤였고, 조금이라도 제 마음에 들지 않으면 주먹을 휘둘러 교실을 뒤집어 놓았다.

하준이와 달리 순영이는 늘 말이 없고 조용했다. 학교에 와서 자리에 앉으면 화장실에 갈 때 빼고는 마치 교실에 없는 사람처럼 조용히 앉아 있다가 집으로 돌아가곤 했다. 나는 교실에서 순영이의 목소리를 들어본 기억이 없다.

하준이와 순영이는 둘 다 한글을 모르는 아이였다. 나는 그 사실을 거의 한 달이 다 지나갈 무렵에서야 알았다. 수업 시간에 쓸 일이 있을 때는 재빠르게 친구의 책을 보고 썼고, 누군가의 도움을 받아 일기도 그럭저럭 써왔기 때문이다. 당시 4학년이었으니 소리 내어 책을 읽는 활동이 거의 없어서도 그랬겠지만, 이제 막 발령 받은 초보 교사라서 그 아이들이 한글을 모른다는 것을 한참 후에야 알아차렸던 것 같다.

나는 하준이와 순영이의 한글 공부에 내가 아는 방법을 모두 써봤다. 초등학교 때 배운 대로 자·모음 음절표를 만들어서 글자를 조합하여 알려주기도 했고, 막무가내로 국어책을 들이대면서 무조건 따라 읽게도 시켰다. 어느 날에는 친구들에게 배우라며 짝을 지어주기도 했다. 그러나 학교에서는 조금 알아들은 것 같다가도 다음 날이면 까먹고 오기 일쑤였다. 방학 전에 익힌 글자인데 방학을 보내면서 잊어버려 실망했던 기억도 남아 있다. 두 아이의 한글 공부는 2년 동안 계속되었는데 모두 소용이 없었다. 결국, 두 아이 모두 한글을 깨치지 못한 상태로 6학년으로 올라갔다.

아이들을 6학년으로 올려보내 놓고 나는 그 학교를 떠났고, 한참 후에 다른 아이한테서 하준이가 6학년 때 한글을 깨쳤다는 소식을 들었다. 외부기관에서 가정이 어려웠던 하준이를 돌보기 시작했고, 그곳에서 만난 형과 누나의 노력으로 한글을 깨치게 되었다고 했다.

3년이 더 흐른 후, 고등학교에 올라간 아이들이 나를 찾아왔었는데 그중에 하준이도 있었다. 한결 의젓해진 표정으로 싱글싱글 웃고 있었는데, 놀라는 나에게 씩 웃으며 중학교에 올라가서 공부를 좀 했고, 그래서 고등학교에 합격했노라고 했다. 그 학교에 있는 동안 하준이의 한글 공부를 위해 그렇게도 노력했지만 소용이 없었는데, 대체 하준이는 어떻게 해서 글자를 읽게 되었는지 그 당시엔 참 의아했었다. 더구나 중학교에 들어가서 공부를 좀 했다는 표정과 태도를 보며 대체 무엇이 이 아이를 변하게 했을까 궁금했었다.

그후로는 한글을 모르는 아이를 만난 적이 없다. 아마도 고학년을 주로 맡았기 때문일 것이다. 20여 년이 흐르는 동안 나는 하준이와 순영이를 잊고 있었다.

학습클리닉센터[3]의 아이들

2014년에 전주교육지원청으로 발령 받아 학습클리닉센터 업무를 맡으면서 하준이와 순영이 같은 아이가 여전히 많이 있다는 것을 알았다. 친구들이 자신을 무시한다고 나한테 와서 소리를 질렀던 하준이처럼 친구한테 분노를 뿜어내는 아이도 있었고, 순영이 같이 교실에서 그림자처럼 사는 아이도 많았다. 글자를 모르는 학습클리닉센터의 아이들을 만나면서 나는 하준이와 순영이가 떠올라 마음이 무거웠고, 교사로서의

---

[3] 2013년부터 교육부에서 실시한 정책으로 정서적인 어려움 때문에 학습이 더딘 아이 또는 학습 더딤으로 인하여 정서적인 어려움을 겪는 아이를 위해 일대일로 학습 및 정서적인 지원을 하고 있다. 2017년부터 전북 지역은 학습지원단으로 명칭을 바꾸었다. 이 책에서는 2017년 이전의 이야기이므로 '학습클리닉센터'라는 명칭을 그대로 사용한다.

역할을 다하지 못했음을 뒤늦게 자책했다.

그런데 생각해보니 한글을 잘 모르는 아이는 비단 하준이와 순영이만이 아니었다. 고학년임에도 불구하고 글자를 더듬더듬 읽는 아이, 글을 읽어도 무슨 말인지 모르는 아이를 숱하게 만났다. 그때는 그 아이가 단지 학습이 조금 더디고, 열심히 공부하면 잘할 수 있을 텐데 노력하지 않는다고만 생각했다. 그 아이가 왜 그렇게 되었는지, 어떻게 해야 하는지 충분한 고민 없이 문제집만 풀게 하면서 나머지 공부를 시키는 것으로 교사로서 할 일을 다 했다고 생각했었다. 그러나 그 아이들이 정말로 노력하지 않아서, 게을러서 공부를 못했던 것일까? 나는 그 많은 아이들이 제대로 읽고 쓸 줄 모르기 때문에 필연적으로 다른 학습도 더딜 수밖에 없었음을, 이제 와서 새롭게 깨닫고 있다.

'우리 반 준영이는 노래 부를 때마다 친구를 건드려요. 툭툭 치기도 하고, 일부러 큰 소리를 지르기도 해서 종종 혼냈어요. 그런데 한참이 지난 후에 준영이가 글자를 모른다는 것을 알았어요. 한글을 깨치지 못하고 학교에 오는 아이는 친구들이 부르는 노래를 외울 때까지 노래도 못 불러요. 준영이에게 참 많이 미안했어요.'

나와 함께 읽기 따라잡기 연수에 참여했던 선생님이 했던 말이다. 초등학교 1학년 교실에는 준영이 같은 아이가 생각보다 많다.

한글을 깨치지 못한 아이만 많은 것이 아니다. 글자는 읽을 수 있지만 문장이 무슨 뜻인지를 모르는 아이도 많다. 아무리 귀 기울여 들어도 무슨 말을 하고 싶은 건지 정확하게 파악하기 어려운 아이도 꽤 많다.

'만약에 사람 됨됨이와 돈이 많은 사람이 똑같은 일이 발생된다고 생각을 하면 돈 많은 사람은 본전으로 돌아갈 수 있지만…….'

중학교 3학년 학생4이 국어 시간에 발표한 내용을 적은 것이다. 몇 번을 반복해서 읽어도 무슨 말을 하려 한 것인지 이해하기 어렵다. 돈이 중요하다는 것을 말하려는 것 같기는 하다. 물론 모든 학생이 이렇지는 않다. 그러나 선생님들과 이야기를 나누어보면, 고학년 아이 중에도 무슨 말을 하고 싶은지 도무지 이해가 가지 않는 아이가 꽤 있다는 것이다. 자기들끼리의 의사소통도 힘든 경우가 많단다. 그러다 보니 교실에서 늘 큰 소리가 떠나지 않는다. 이 학생처럼 말에 조리가 없어서 다른 사람과의 의사소통이 제대로 안 된다면, 다른 사람을 이해시키기 위해 목소리를 높일 수밖에 없을 것이다. 그것으로도 여의치 않을 때는 주먹도 나가지 않을까 싶다. 하준이처럼 말이다.

'싸구려'와 '몰라요'

나는 2015년에 일주일에 두 번씩 초등학교 5학년 은성이에게 한글을 가르쳤다. 첫 수업 날에 은성이에게 동의를 얻어 매시간 수업 장면을 영상으로 남겼다. 그런데 2학기 들어서부터 은성이가 싫다고 하는 바람에

---

4 중학교 1학년 때부터 학년의 '짱'이라 불리던 아이로, 수업 시간에 엎드려 자기를 반복하는 학생이었다. 선생님들끼리 수업 나눔을 시작하고 학년 선생님들의 관심을 받기 시작하면서 언제부터인지 고개를 들고 수업에 참여했고, 친구와의 토론에 관심을 갖기 시작하면서, 급기야 이날 일어나서 발표까지 했는데, 그 내용을 적은 것이다.

영상을 찍지 못하게 됐다. 그래서 은성이와 나눈 이야기와 특징적인 장면을 그 자리에서 바로바로 기록하기 시작했다. 아무리 중요한 말도, 의미 있는 장면도 그 순간에 기록하지 않으면 순식간에 사라져버리기 때문이었다.

어느 날인가 문득 이런 생각이 들었다.

'우리의 말과 생각을 글로 적는다는 것이 얼마나 중요한 일인가?'

기록의 의미는 익히 알고 있었지만, 그날따라 왠지 기록이라는 행위 자체가 참 뜻깊게 다가왔다. 그래서 은성이에게 이런 말을 던져봤다.

"은성아, 말이 글자가 된다는 거 알지? 사람들이 자신의 생각을 글로 쓴다는 것이 얼마나 멋진 일인지 아니?"

은성이는 별 반응이 없었지만 나는 그렇게 말하고 나니 정말 우리가 말을 하고, 그것을 글로 옮긴다는 것이 얼마나 중요하고 의미 있는 일인지가 새삼 가슴 깊이 와닿았다. 언젠가 은성이가 글자를 제대로 읽고 자유롭게 쓰는 날이 오면 은성이도 같은 생각을 하지 않을까 싶었다.

말과 글은 사람에게 어떤 의미가 있을까? 은성이가 제일 많이 쓰는 말이 있었다. '싸구려'와 '몰라요'다.

나는 은성이에게 그림책을 읽어주면서 중간 중간에 그림책 내용을 묻곤 했다. 사또가 항아리에 빠진 아버지를 꺼냈는데 아버지가 계속 나와 누가 진짜인지 몰라 쩔쩔매는 내용을 담은 『요술 항아리』 그림책을 읽어준 후였다. 이 그림책에 나오는 욕심쟁이 사또를 어떻게 생각하는지 물었더니 곧바로 돌아온 대답이 '싸구려'였다.

이뿐만이 아니었다. 복도에서 시끄럽게 뛰어가는 친구를 보고도 '싸구려'라고 했으며, 장애가 있는 동네 형도 '싸구려'라고 거침없이 말했다.

'싸구려'는 그럴 때 쓰는 말이 아니라 물건의 값어치를 나타내는 말이고, 질이 좋지 않은 물건을 말할 때 쓴다고 알려줘도 막무가내였다. 은성이는 자신을 둘러싼 세상을 온통 '싸구려'로 만들면서 눈에 보이는 것, 일어나는 일이 마음에 조금만 안 들어도 싸구려 취급을 했다. 그래서 주변의 사람도, 사건도, 현상도 은성이 입에서, 머리에서, 가슴에서 '싸구려'가 되고 말았다. 나도 은성이 마음에 안 들었을 어느 날에는 은성이 입을 통해 누군가에게 '싸구려'가 됐을지도 모른다.

은성이가 잘 쓰던 말이 하나 더 있다. 은성이와 여섯 번째로 만났던 5월의 어느 날이었다. 『꼬리 잘린 생쥐』 동화책을 읽어주고 나서 첫 부분을 읽어보게 했다.

"윤기 나는 갈색 털을 가진 빠른 발은 작은 생쥐예요."

첫 문장을 간신히 읽고는 다음 문장으로 넘어갈 때였다. 갑자기 연필을 쥐더니 그다음 문장 아래에 '몰라요?'라고 썼다.

"'몰라요'라는 글자는 머릿속에 딱 떠올라요."

대부분의 글자를 쓸 줄 모르던 은성이가 '몰라요'를 순식간에 쓰기에 신기해서 묻는 나에게 자랑스럽게 한 말이다. 그 당시에는 그냥 웃고 넘겼지만, 시간이 지나면서 이 단어가 은성이에게 어떤 의미인지 깨닫기 시작했다.

은성이에게 글자는 도저히 풀 수 없는 암호와 같은 것이고 '몰라요'는 암호를 푸는 열쇠였을 것이다. 보기만 해도 머리에 쥐가 날 것 같은 암호로 가득 찬 세상을 '몰라요'만으로 풀어가며, 풀리지 않는 암호와 더불어 이해되지 않는 주변의 것들을 '싸구려'로 만들었을 것이다.

'싸구려'라는 언어 사용이 '싸구려' 삶을 만들어내는지, 삶이 '싸구려'

> 고양이 없는 세상
>
> 윤기 나는 갈색 털을 가진 '빠른발'은 작은 생쥐예요. 얼마 전 아파트 단지에서 음식물 쓰레기를 주워 먹다가 고양이에게 들켰어요. 고양이는 앞발을 번쩍 들어 빠른 발을 힘껏 내리찍었어요. 빠른 발은 재빨리 도망갔지만 꼬리가 밟히고 말았어요. 빠른발은 빠져나가려고 온 힘을 다했지요. 결국 꼬리가 잘리고 말았어요.

2015. 5. 7. 은성이가 쓴 '몰라요'

라는 언어를 만들어내는지를 명확히 구분해 말할 수는 없으나, 어쨌든 은성이는 '싸구려'라는 말을 수시로 사용했다. '싸구려'라는 말 이외에 달리 감정을 표현할 적절한 언어를 모르기 때문이기도 했을 것이고, 그 말이 입에 붙어서 떼어내기 힘들어서도 그랬을 것이다.

언어는 사람의 생각과 마음의 거울이며, 곧 삶이다. 어떤 언어를 쓰느냐에 따라 생각과 마음이 달라지고, 삶도 달라진다. 어쩌면 은성이가 '몰라요'를 벗어나지 않는 한 '싸구려'도 벗어날 수 없으며, 은성이의 삶도 스스로, 또는 다른 사람에게 '싸구려' 취급을 받을지도 모른다. 은성이가 한글을 제대로 익혀 일상생활과 언어생활에서 '몰라요'를 줄여간다면, 은성이 주변에 있는 '싸구려'도 점차 사라질 것이다.

왜 읽고 쓰지 못했을까?

　학습클리닉센터 업무를 하면서 나는 하준이와 순영이의 경우를 곰곰이 되돌아봤다. 두 아이 모두 읽지 못한다는 것을 늦게야 알아차린 이유가 먼저 떠올랐다. 이런 아이들은 보통 학년이 올라갈수록 읽지 못한다는 사실을 치밀하게 숨긴다. 글자 쓸 일이 있을 때는 사진 찍듯이 글자를 기억해서 얼른 베껴 쓴다. 그래서 자세히 보지 않으면 읽지 못한다는 것을 알아차릴 수 없다. 읽어야 할 경우도 마찬가지다. 그림에서 단서를 찾는 능력이 다른 아이보다 발달하고, 읽지 못하기 때문에 상대적으로 기억에 의존하는 경향이 있어서 다른 사람이 읽은 내용을 잘 기억하기도 한다. 하준이와 순영이도 그랬던 것 같다.

　아이들은 하준이를 무서워했다. 그래서 나한테 하준이가 읽지 못한다는 것을 말하지 않았고, 늘 조용했던 순영이는 교실에 없는 존재 같아서 아이들의 관심 밖이었다. 읽어야 할 순간이 오면 하준이는 수업의 훼방꾼이 되었고, 순영이는 목소리가 기어들어 갔다. 글을 써야 하는 상황에서는 둘 다 짝꿍이 쓴 것을 순식간에 베껴 썼다.

　4학년이나 된 하준이와 순영이는 왜 글자를 읽고 쓰지 못했을까? 기억을 더듬어보면 하준이는 주변 환경이 한글을 익히는 걸 방해했던 것 같다. 가정이 무너져 학교에 다니기도 버거운 아이였다. 자신에게 주어진 환경을 온몸으로 거부하느라 1학년 때부터 의자에 앉아 있기가 어려운 아이였다. 다행히 따뜻하게 품어준 누나와 형들 덕분에 6학년이 되어 글자를 깨쳤고, 공부도 했고, 무사히 고등학교에도 진학했다.

　반면 순영이는 끝까지 글자를 깨치지 못했다. 순영이는 왜 한글을 깨치지 못했을까? 순영이의 언어 세계를 자세히 들여다보지 않아서 단정할 수는 없지만 어쩌면 경계선 지능을 가진 '느린학습자'이지 않았을까 짐작만 하고 있다.

하준이와 순영이를 비롯한 교실 속의 수많은 문맹아는 왜 읽고 쓰기에 어려움을 겪고 있을까? 그리고 그 아이들을 위한 정책은 무엇이고, 학교와 담임선생님은 무엇을 어떻게 해야 할까? 어렵고 힘든 대답이지만 아이들을 반드시 관심을 가지고 바라봐야 하고, 이 아이들을 위한 촘촘한 대책을 만들어 함께 실천해나가야 한다.

3장

잘 읽지 못하는 어른들

문해맹 고등학생과 대학생

그렇다면 잘 읽고, 잘 쓰지 못하는 것은 비단 어린아이들에게만 나타나는 문제일까? 초등학교에서 잘 읽고 쓰지 못하는 아이가 중·고등학생이 되고, 대학교에 진학하거나 사회에 나가면 어떤 삶을 살게 될까? 학교의 문맹이 사회의 문맹으로 이어져 개인은 물론 사회 구성원 모두에게 어떤 식으로든 영향을 끼칠 것이다. 다음의 사례를 보면 우리가 왜 학교 안의 문맹 문제에 관심을 가져야 하는지 명확해진다.

먼저 2015년 10월 한글날을 맞이하여 한겨레에서 집중 보도했던 내용을 살펴보자.

> 청주의 한 고교에서 '모범생'으로 통하는 2학년 이 군에게는 말 못할 고민이 있다. 글 읽는 것이 두렵다. 내신 전교 최상위권에 과학 동아리 회장까지

맡고 있지만, 영어와 국어 점수는 다른 과목에 비해 조금 떨어진다. 누구에게나 잘하는 과목과 못하는 과목이 있지만, 이 군의 경우는 조금 다르다.

"지문을 보면 모르는 단어가 하나도 없고 대충 뜻도 이해가 가요. 등장인물의 의도나 핵심 주제를 묻는 문제를 주로 틀리는데, 해설을 봐도 납득이 가지 않을 때가 많아요."

이 군을 가르치는 교사 문 씨도 이 군의 고민을 알고 있었다.

"보통 글의 주제나 글쓴이의 의도를 잘 파악하지 못하는 아이는 성적이 좋기 어렵다고 생각하지만, 최근에는 이 군처럼 공부는 곧잘 하는데 글을 읽고 그 맥락을 이해하는 것에 어려움을 겪는 아이들이 꽤 많습니다. 이 문제를 어디서부터 해결해야 할지 몰라 계속 열심히 문제집을 푸는데, 좀체 해결되지 않아 학생들이 스트레스를 많이 받아요."

학교 공부만으로는 접하기 어려운 긴 호흡의 글일수록 이 군은 어려움을 느낀다. 이제라도 호흡이 긴 책을 많이 읽는 연습을 하면 좋아질 것이라 생각하지만, 수험생활이 코앞이다 보니 막상 책 읽기를 시작하기 어렵다. 그는 "평소 국어 지문보다 훨씬 긴 글을 봤는데, 저도 모르게 긴장하게 됐어요. 끝까지 집중해서 읽기는 했는데, 무슨 말을 하고 싶어서 글쓴이가 이런 글을 썼는지 알 수가 없더라고요"라며, "짧은 글은 10문제 풀면 그래도 6개 정도는 맞는데, 글이 길어지니 정말 막막했어요"라고 말했다.

기사의 끝을 따라가 보면 '문해맹 대학생' 이야기도 나온다. 노혜경 시인이 대학에서의 강의 경험을 바탕으로 쓴 글에 "자신이 읽은 말의 의미를 이해하지 못하면서 이해한 줄로 아는 문해맹이 대학에도 제법 있다"

는 내용이 있다.5 단어도 알고, 글자도 잘 읽을 줄 아는데 읽은 후에도 글의 주요 내용을 모르는 대학생이 뒤늦게 국어 공부를 시작한다고 기사는 전하고 있다.

"엄마, 우리 반에 영어 지문을 우리말로 번역해놓아도 무슨 말인지를 몰라서 문제를 못 푸는 아이들이 꽤 있어."

큰아이가 고등학교 2학년 때 했던 말이다. 대화 끝에 "그러니까 재우(동생)는 책 많이 읽으라고 해"라고 했다. 그런데 이 문제가 과연 독서만의 문제일까? 학교에서 아이들을 가르친 경험으로 보면 독서를 비롯해서 다양하고도 복합적인 원인이 있다. 물론 책을 많이 읽으면 자연스럽게 해결되기도 한다.

PISA에서 우리나라 학생들은 2006년부터 3번 연속해서 읽기 영역에서 1~2위를 차지했다. 세계에서 가장 쉽고 과학적인 문자를 가진 나라답다. 그러나 읽기 영역의 등급 분포를 분석하여 다른 기준을 적용하면 순위가 훨씬 뒤로 밀린다고 한다. 권재원은 이를 이렇게 설명하고 있다.6

> PISA에서 읽기 5등급은 생소한 텍스트에서 찾기 어려운 정보를 찾아내고 그렇게 찾은 정보 가운데 어떤 것이 구체적인 상황에 적합한지 추려내며, 텍스트를 비판적으로 검토하여 적절한 가설을 수립할 수 있을 정도의 수준을 말한다. 반면 3등급에 못 미치는 학생들은 PISA가 말하는 읽기 소양을 갖추지 못한 학생들이다. 3등급은 지식노동자로서 일할 수 있는 최소한의 능력을 가진 인적자원이다.

---

5 고용우, 「국어 교육, 어떻게 할 것인가」 창비, 2014
6 권재원, 「그 많은 똑똑한 아이들은 어디로 갔을까?」 지식프레임, 2015

OECD는 3등급 이상의 학생 비율이 얼마나 되는지에 주목하고 있다. 2012년 PISA에서 우리나라의 3등급 이상 학생 비율은 76%로 핀란드에 이어 2위를 차지했다. 그러나 5등급 이상 학생 비율로 다시 순위를 매기면 20위로 떨어진다. 이 결과를 해석해보면 우리나라 학생들은 주로 3등급과 4등급에 분포해 있어서 이 아이들이 순위를 끌어올려 1~2위를 유지하고 있으나 읽기 능력이 뛰어난 아이들은 그리 많지 않다고 권재원은 말한다.

공부를 잘해도, 좋은 대학에 들어가도 글을 읽고 그 뜻을 모른다면 개인적으로, 국가적으로 여간 큰 문제가 아니다. 이런 문제는 왜 발생했고, 도대체 어디에서부터 꼬인 것일까?

한때 아이들 사이에서 유행했던 '걍', '그냥'이라는 말은 그야말로 그냥 나온 말이 아니다. "나라를 다 팔아먹어도 나는 ○○○당밖에 안 뽑는다"고 말하는 사람에게 이유를 물었더니 '그냥' 고향이 같아서라고 대답했다는 인터뷰 기사[7]를 보며 답답해했던 기억이 난다. 나에게, 우리에게, 많은 사람에게 어떤 것이 이로울지, 모두가 살 만한 세상을 위해서는 누굴 뽑아야 하는지 묻지도, 따지지도 않는 사람의 생각을 따라가 보면 언어 사용과 만나게 된다.

세상살이와 내 삶을 이해하게 하는 도구가 언어다. 단순히 글자를 안다고 해서 세상이 이해되는 것은 아니다. 글자를 알아도 전후 맥락이 이해되지 않고, 도대체가 무슨 말인지를 모르는 사람도 있다.

인간은 고통스럽고 힘든 것들은 회피하기 마련이다. 문장을 읽어도

---

[7] 2016년 4월 지방선거 당시 지지하는 당을 묻는 질문에 답한 것을 『뉴스타파』(인터넷 언론, http://newstapa.org)에서 보도한 내용이다.

무슨 내용인지 모르는데 굳이 고통스럽게 읽으려 들지 않을 것이고, 이해하려고 하지 않을 것이다. 그러다 보면 합리적으로 세상을 이해하며 살아가기보다는 순간순간의 감정에 따라, 자신에게 어떤 것이 더 이익이 되는지 정확히 따져보지도 못하며 살아갈 수밖에 없게 된다.

이런 점에서 언어는 우리 인간의 삶 전체를 구성한다고도 볼 수 있다. 말과 글이 인간의 의식 세계를 구성하고, 그렇게 만들어진 의식 세계는 다시 행동으로 이어진다. 학교가, 공교육이 말과 글을 제대로 가르쳐야 하는 명확한 이유가 바로 여기에 있다. 아이들이 깊이 있게 사고하고, 성찰하면서 인간답게 살아가기 위해서는 언어를 제대로 사용할 수 있어야 한다.

성인 문해력

세계에서도 손꼽히는 과학적인 문자를 가진 덕분에 우리나라 국민의 문맹률은 매우 낮은 편이다. 우리나라의 연도별 문맹률을 살펴보면 해방이 된 1945년에는 78%였던 것이 1948년에는 41%로 줄었고, 1958년에는 4.1%까지 떨어졌다.

1960년대 이후로 2000년대에 들어설 때까지 정부는 의무취학률 96%와 비문해율 4.1%를 근거로 들어 성인 문맹 문제를 더 이상 정책에 반영하지 않았다[8]고 한다.

---

8 엄훈, 『학교 속의 문맹자들』, 우리교육, 2012

그런데 2000년대 이후에 실시한 우리나라 성인의 문해력 실태 조사를 보면 여전히 읽고 쓸 줄 모르는 사람이 있다는 것을 알 수 있다. 2008년에 국립국어원에서 실시한 기초 문해력 조사 결과만 보더라도 국민의 1.7%인 약 62만 명은 전혀 읽고 쓸 수 없다고 한다.

성인 문해력이 OECD 국가 중 최하위라는 SNS상의 정보나 OECD에서 실시한 성인 문해력 평가(PIAAC) 결과를 들먹이지 않더라도 자신의 생각을 조리 있게 말하거나 쓰지 못하는 어른을 어렵지 않게 볼 수 있다. 책 읽을 시간이 부족하다거나 평생 학습체제 미비 등 여러 이유를 대지만, 어쨌든 일상생활에 필요한 글을 읽고 이해하는 데 어려움을 겪는 성인이 많은 것은 사실이다.

사회적 경제(SOCIAL ECONOMY)는 자본보다 사람을 우위에 두는 경제개념으로 이윤창출이 최고의 목표인 자본주의 경제의 대안적 개념이다. 사회적 가치 실현을 우선으로 하며 공동체의 보편적 이익 실현, 민주적 의사 결정, 노동 중심의 수익배분, 사회 및 생태계의 지속 가능성 등의 가치를 추구한다.

사회적 경제는 일반적으로 사회 구성원 또는 공익을 목적으로 하는 경제활동으로 이윤배분의 사회성과 운영의 민주성이 보장된다. 생산의 최종 목적은 잉여 창출이 아닌 생산 또는 교환, 분배, 소비와 같은 살림살이로서의 경제활동이라고 볼 수 있다.

전통적 사회적 경제조직으로는 조합원 또는 단체 회원의 이익을 위해 설립되고 운영되는 협동조합, 공제조합, 단체가 있고, 최근의 사회적 경제조직은 연대협동조합, 사회적 협동조합, 사회적 기업 등이 있다.

인터넷에서 '사회적 경제'를 검색하니 수많은 웹 문서가 나온다. 앞의 내용은 그중 일부를 옮겨서 보기 좋게 적당히 수정한 것이다. 그러나 이 글을 읽고 사회적 경제의 의미를 이해할 수 있는 성인이 얼마나 될까? 동네 곳곳에 문을 열고 물건을 파는, 사회적 협동조합에서 운영하는 가게와 이 글을 연결할 수 있는 어른이 몇이나 될까?

자본주의 체제가 지속되면서 나타나는 빈부격차나 일자리 문제 등을 극복할 방안으로 공유경제와 사회적 경제를 말하는 사람이 늘고 있다. 각 정당에서도 사회적 경제를 언급하며 이와 관련된 협의회를 만들어 활동하기도 하고, 각 지자체에도 사회적 경제과가 생기고 있다. 자본주의 경제의 부작용을 극복할 대항마로 떠오르고 있는 공유경제나 사회적 경제의 개념을 성인들은 얼마나 이해하고 있을까?

국립국어원에서 조사한 성인 기초 문해력 조사[9] 결과에 따르면, 읽고 쓰는 능력이 전혀 없는 사람을 포함하여 낱글자나 단어를 읽을 수는 있으나 문장 이해 능력이 거의 없는 사람의 비율이 7% 정도 되는 것으로 나타났다. 국립국어원에서는 그 숫자를 260만 명으로 추산했다. 초청장이나 명함 등 간단한 생활문을 읽고 원하는 정보를 찾아낼 수는 있으나 다소 길거나 복잡한 문장은 이해하지 못하는 성인도 21.1%로 788만 명 정도라고 발표했다.

이 조사대로라면 앞에서 제시한 사회적 경제를 설명하는 글을 읽고도 이해하지 못하는 성인이 약 30% 정도 된다는 이야기다. 상황이 이러하니 대형마트 휴무와 지역 경제가 어떻게 연결되는지를 따지기보다는 겉

---

9 2008년에 국립국어원에서 한국갤럽조사연구소에 의뢰하여 만 20세에서 80세 성인을 대상으로 기초 문해력을 조사하였다.

으로 드러나는 현상만 볼 것이며, 불편함을 호소하는 사람들의 인터뷰 방송에 고개를 끄덕일 수밖에 없을 것이다.

떨어지는 문해력의 문제는 그저 불편함 정도로 그치지 않는다

문장을 읽고 이해하지 못하는 사람의 비율도 문제지만, 한 가지 더 눈여겨봐야 할 것이 있다. 문해맹이 일상생활에 지장을 준다는 점이다. 조사 결과를 살펴보니 명함이나 초대장, 무통장 입금 등과 같이 생활에서 자주 겪는 내용은 정답률이 매우 높게 나타났다. 하지만 법령문 등 전문적 내용이나 투표 참여자 우대 안내문 등과 같이 복잡한 내용을 담고 있는 글을 이해하는 능력은 많이 떨어지는 것으로 나타났다. 신문이나 방송을 보다가 이해하기 힘든 단어가 나올 경우 사전을 찾기보다는 문맥을 통해 짐작하거나 심지어는 모르는 대로 지나친다는 응답도 70%를 넘었다.

사실 우리나라 사람의 기능적 문맹[10] 보고는 여기저기에 차고 넘쳐난다. 한국교육개발원이나 OECD에서 조사한 성인 문해력 지표에 의하면 이 문제가 얼마나 심각한지 알 수 있다. 약봉지에 쓰인 복용 방법이나 전자제품 사용설명서조차도 이해하지 못하는 성인 때문에 치러야 하는 사회적 비용을 생각하면 우리가 왜 이 문제에 관심을 기울여야 하는

---

10 유네스코는 1956년부터 문해력을 '최소 문해력'과 '기능적 문해력'으로 구분하고 있다. 최소 문해력은 글을 읽고 쓰는 기초적인 능력을 말하고, 기능적 문해력은 사회적 맥락 안에서 글을 읽고 쓸 수 있는 능력을 말한다.

지 더 쉽게 이해할 수 있다.

2016년에 방송으로 생중계됐던 테러방지법 필리버스터가 한창일 무렵, 나는 사람들이 필리버스터의 의미를 이해할 수 있을지 궁금했다. 앞의 통계대로라면 사람들이 어떻게 했을지 짐작이 간다. 필리버스터가 우리 생활과 어떤 관계가 있을지 정보를 검색하고 주변 사람과 의견을 나누는 사람은 물론이고, 방송을 보며 필리버스터가 무엇인지 사전을 찾고, 왜 무제한 토론을 벌이고 있는지 이해하는 사람조차 거의 없지 않았을까 싶다.

테러방지법이야 개인의 선택, 더러는 생각에 따라서 자신의 삶과 깊은 연관이 있을 수도, 없을 수도 있다. 그러다 보니 상대적으로 사람들에게 관심 밖의 주제일 수 있다.

그러나 세금 문제는 어떨까? 한 나라의 국민으로 사는 한 세금 문제는 누구도 피해갈 수 없는 주제다. 직접세와 간접세가 무엇이고, 두 세금의 비율에 따라 내 가족의 생활이 어떻게 달라지는지 정도는 당연히 알아야 한다.

부자가 더 부담하는 직접세 대신 서민이 주로 소비하는 술과 담배 등에 붙는 간접세를 인상하는 것이 왜 부당한지 여기저기서 토론이 벌어져야 맞다. 그러나 담뱃값 인상 논란은 흥분에서 그쳤고, 언론에서 몇 번 언급되다 슬그머니 사라지고 말았다. 담뱃값 인상이 계기가 되어 세금 문제 토론으로 나라가 뜨거워지길 바란 것은 어쩌면 지나친 기대였는지도 모른다.

이 모든 상황과 현상의 밑바닥에 문해력이 있다. 글을 읽고 해석이 안 되는데 정보를 검색할 리 만무하고, 어려운 용어가 나오는 책은 회피할 수밖에 없다. 이러다 보니 세상살이가 팍팍하고 어려우며, 억울함이 쌓일 수밖에 없다.

　말과 글을 제대로 사용하게 하는 교육, 읽고 쓰기를 가능하게 하는 교육, 성인이 되어서도 책을 읽을 여유를 주는 시스템은 그래서 필요하다. 적어도 다른 사람과 어울려 의견을 나누고, 생각을 말과 글로 표현하며, 쏟아지는 정보를 읽고 무슨 의미인지 정도는 알고 세상을 살아가기 위해서 말이다.

4장

한글, 문해 교육은 왜 이렇게 꼬였을까?

읽기 학습 특성 검사

 그렇다면 지금 교실에서 언어를 배우고 이를 활용하여 다른 지식을 습득하고 익혀야 하는 아이들의 문해력은 어떨까? 그동안 이에 대한 적극적인 실태 조사와 연구가 이루어진 적이 없어 정확히 알 수는 없다. 그러나 초등학교 교사로 살아온 20여 년 동안 나는 읽고 쓸 줄 모르는 아이들을 숱하게 만났다. 그리고 장학사로 근무하면서 기초 학력 업무를 맡았던 지난 3년 반 동안 읽고 쓸 줄 모르는 아이가 적지 않다는 것을 알게 되었다.
 2016년 8월에 교육부에서 '읽기 학습 특성 체크리스트' 검사를 하겠다는 공문이 시·도교육청으로 왔다. 담임교사들이 학급 학생 중 검사가 필요해 보이는 학생을 뽑아 검사받게 했다. 읽기 곤란이 예상되는 아이, 난독증이 의심되는 아이, 난독증으로 추정되는 아이의 비율이 어느 정도나 되는지를 알아보기 위해서였다. 1학년부터 6학년까지의 전체 학생을 대상으로 실시한 이 검사에서 읽기가 곤란하거나 난독증으로 의심, 또는 추정되는 아이는 상당히 많았다. 이 문제가 비단 전주 지역에만 국한될까?

이 검사는 2017년에도 전국적으로 실시됐다. 이 검사 결과를 토대로 '부산 난독증 초등학생 700여 명 달해…. 진료 지원 나서야'[11] 라는 기사가 인터넷에 올라왔다. 읽기에 어려움을 겪는 학생을 모두 난독증으로 보고 치료의 관점에서 접근한 것은 분명 문제가 있지만 읽기에 곤란을 겪는 학생은 전주뿐만 아니라 전국의 교실에 많다는 것은 분명히 확인할 수 있다.

학년을 마치는 12월에 1학년 학생을 대상으로 담임교사의 판단에 따라 읽기와 쓰기에 어려움을 겪는 학생을 조사한 결과도 마찬가지였다. 상당수의 아이가 제대로 읽고 쓰지 못하는 상태에서 2학년으로 진급하고, 제대로 지원받지 못한 채 계속해서 문제점을 안고 다음 학년으로 올라가고 있다.

학습이 더딘 상태로 중학교로, 또 고등학교로 진학한 아이의 학교생활이 어떨지 굳이 짐작하지 않아도 알 만하다. 제대로 읽고 쓰지 못하고, 어찌어찌 읽을 수는 있다 해도 무슨 뜻인지도 모르는 교과서 문장을 들여다보며 고통스럽게 학교를 마치는 아이들. 이 아이들을 위해 우리는 어떤 정책을 세워야 할까?

---

11 『연합뉴스』 2017년 10월 14일

정책 따로, 현장 따로

'2015 개정 교육과정'이 적용되기 시작한 2017년 3월 중순 무렵, 한 통의 민원 전화를 받았다. 수화기를 드는 순간부터 목소리에서 가시가 느껴졌다. 다짜고짜 자신의 아이가 초등학교에 들어갔는데 올해부터 수업 내용이 달라지지 않았느냐고 물었다. 민원인을 진정시키고 차분히 이야기를 정리해보니 분명히 방송에서는 한글 교육을 낱글자부터 차근차근 지도한다고 들었는데, 수업 내용이 어려울 뿐만 아니라 학기 초부터 받아쓰기를 한다는 내용이었다. 교육지원청에서 이런 상황을 알고 있느냐고, 어떻게 할 거냐면서 한참 동안 항의했다. 어느 정도 예견된 일이었다.

정부는 2015년 9월에 개정 교육과정을 고시하면서 27차시로 편성되어 있던 한글 지도 시수를 45차시로 늘리겠다고 했다. 그 이듬해에 현장 교사들의 의견을 반영하여 시수를 더 늘리겠다고 해서 최종적으로 62차시로 확정했다. 또한 2015 개정 교육과정이 적용되는 2017학년도 1학년부터는 한글 교육을 학교 교육만으로도 가능하게 하겠다는 취지로 1, 2학년 단계에서 담임 책임지도 등을 통해 모든 학생의 한글 해득을 교육과정 편성·운영 기준에 포함시켰다.[12]

실제 학교 현장은 어떨까? 교육과정에서 수업시수를 늘리고, 교과서를 바꾼다고 해서 그동안 해오던 수업의 방식과 내용이 하루아침에 바뀔 수 있을까? 다음의 신문 기사를 살펴보자.

---

12 「2017학년도 초등학교 교육과정 편성 안내 자료」(교육부, 2017.1.11.)에서 발췌

ㄱㄴㄷ부터 가르치겠다더니… 갓 입학한 초등생에 "짝에 대해 써볼까요"

"연필 쥐는 법부터 학교가 가르치겠다는 말을
곧이곧대로 믿었던 우리가 어리석었던 건가요?"

초등학교 1학년 딸을 둔 윤상현(35)씨는 지난 21일 아내 대신에 학교 공개수업에 갔다가 당황스러운 풍경을 보게 됐다고 했다. 교육부가 이미 올해부터 소위 '한글 사교육'이 필요 없도록 새롭게 개편한 교과과정을 3월에 입학하는 초등학교 1학년 학생들에게 적용하겠다고 밝힌 터다. 학원을 다니거나 학습지 수업을 받아가면서 미리 한글을 떼고 오지 않아도 학교에서 충분히 한글을 익히도록 지도하겠다는 것이 교육부의 새 방침이다. 한글 교육 시간을 2학년까지 기존 27시간에서 60여 시간으로 늘리고, 연필 잡는 법부터 가르치겠다고 했다. 1학년 1학기 때까지는 받아쓰기 시험도 내지 않겠다고 했다. 그런데 정작 윤씨가 참석한 학교 공개수업에서 담임선생님은 초등학교에 이달 초 갓 입학한 아이들에게 이런 요구를 하고 있었다. "자, 각자 짝에 대해서 한번 써볼까요? 짝꿍의 꿈이 뭔지 묻고 공책에 적어보세요." 난데없는 '쓰기 요구'에 아이들은 우왕좌왕하면서 선생님에게 물었다. "선생님, 메이크업 아티스트는 어떻게 써요?" "선생님, 우주항공모함 만드는 사람이라고 짝이 적어 달라는데 어떻게 쓰나요?" 윤씨는 "미리 한글 사교육을 받고 온 아이들만이 자신 있게 공책을 채워나가더라"면서 "공개수업조차 이렇게 진행하는데 학부모는 대체 어떻게 학교만 믿고 아이를 보낼 수가 있겠느냐"고 한숨을 쉬었다. (하략)

초등학교 1학년 교실의 한글 교육 실태를 보도한 일간지 기사다.13 정부의 말만 믿고 한글을 가르치지 않고 아이를 학교에 보냈는데 정작 학교에서는 아이들이 한글을 모두 깨치고 왔으리라 전제하고 수업한다는 내용이다. 기사는 이에 따른 학부모의 불만과 불안을 적나라하게 표현하고 있다. 그런데 이 기사를 따라가 보면 학부모와 마찬가지로 교사는 교사대로 '그놈의 선행 학습 탓에'라며 한숨을 쉰다고 한다. 교육부에서는 연필 잡기부터 가르치라고 하지만 이미 한글을 떼고 온 대부분의 아이가 수업을 지루해하며 몸을 비비 꼰다고 하소연한다.

굳이 이 기사가 아니더라도 한글 지도 정책과 현실 사이에서 어려움을 겪는 교사는 쉽게 만날 수 있다. 글을 줄줄 읽는 아이에서부터 전혀 읽지 못하는 아이까지 한 교실에 앉아있는데 어느 수준에 맞추어 수업을 진행해야 하느냐며 난감해한다.

올해부터 교과서는 확실히 달라졌다. 한글의 첫걸음부터 가르칠 수 있게 쉽게 구성되어 있다. 그러나 교사들은 한글을 떼고 온 아이가 대부분인 교실에서 이렇게 쉬워진 교과서를 들고 무엇을 어떻게 가르쳐야 할지, 이미 다 알고 있는 'ㄱ'과 'ㄴ'을 정말로 가르쳐야만 하는지 혼란스러워하고 있다. 어쩌다 만나는 한글 미해득 아이, 어쩌다 있더라도 소수에 그치는 몇몇 아이를 위해 정말로 한글의 기초부터 가르쳐야 하는지 당황스러울 수밖에 없다.

교사만이 아니다. 혼란스럽기는 부모도 마찬가지다. 교육부에서 하는 말을 그대로 받아들여 진짜로 한글을 가르치지 않아도 되는지, 아니면

---

13 『조선일보』 2017년 3월 25일

예전처럼 한글을 가르쳐서 학교에 보내야 하는지 고민스럽다.

1학년 교실은 예년과 별반 차이가 없는 것 같다. 1학년 선생님의 말을 빌리자면 대부분의 아이가 글자를 읽을 줄 아는 상태로 입학한다고 한다. 그러나 소신으로 한글을 가르치지 않은 상태로 학교에 아이를 보낸 후 학교가, 교사가 어떻게 하는지를 마음 졸이며 살피는 부모도 있다. 어떤 이유에서건 글자를 제대로 읽고 쓰지 못하는 아이들이 상당수 있는 것은 사실이다.

고무줄 같은 한글 지도 시간

한글 교육은 어디서부터 잘못된 것일까? 교사들은 대체 왜 이런 난감한 상황에 놓이게 되었을까? 부모들은 왜 집으로 돌아온 아이를 붙잡고 오늘은 무엇을 배웠는지, 어떻게 배웠는지 꼬치꼬치 캐물으며 혹시라도 내 아이가 학습이 더딘 아이로 낙인찍히지나 않을지 불안해해야 하는 걸까?

$$6 \rightarrow 14 \rightarrow 27 \rightarrow 62$$

2000년 이후 한글 지도 시간의 변화를 나타낸 숫자다. 이 숫자의 변화를 해석해보면 문제가 어디서부터 시작되었고, 어떻게 흘러왔는지 짐작할 수 있다. 1999년까지 아이들은 적어도 1학년 교실에서 한 학기, 또는 일 년 정도 천천히 한글을 배웠다. 그러다가 2000년도 들어와서 문자 지도 시간이 6시간으로 갑자기 줄었다. 현장 교사들의 항의가 빗발치자 2009년도에 14시간으로 늘렸다가 2년 후에 27시간으로, 급기야 2017년도에 62시간으로 조정했다.

왜 그랬는지 이유를 발표하지 않아서 정확히 알 수는 없지만, 7차 교육과정이 학교에 적용되던 해부터 한글 지도 시수가 6시간으로 떨어졌다. 글자를 읽고 쓰는 방법을 배우기에 6시간은 턱없이 부족하다. 아이들이 한글을 배우고 왔는지 확인해볼 정도의 시간밖에 되지 않는다. 문자 지도 시간으로 6시간을 배정한다는 것은 한글을 가르치지 않아도 된다는 이야기와 같다.

초등학교 교육과정에서 문자 지도를 하지 않는다면 아이는 어디서 문자를 배워야 할까? 유치원 교육과정에서라도 문자를 배워야 하지 않을까? 그런데 유치원 교육과정을 살펴봐도 글자를 가르치라는 문구는 어디에도 없다. 유치원 교육과정에는 국어 교육과 관련하여 의사소통 영역이 있고, 듣기, 말하기, 읽기, 쓰기가 이 영역에 포함되어 있다. 내용을 들여다보면 읽기에 흥미를 가지게 하고, 쓰기에 관심을 가지게 하라고 되어 있다. 관심과 흥미를 가지게 하는 수준에서 그칠 뿐, 글자를 읽고 쓰게 하라는 내용이 없다. 대체 아이들이 언제 문자를 배워야 하는지 아무리 둘러봐도 공교육의 테두리 안에서는 근거를 찾을 수가 없다. 자기 나라 말을 공교육에서 가르치지 않는 나라가 대한민국 말고 또 있을까?

문자 지도에 6시간이 배정된 교육과정을 반영하여 만들어진 교과서를 받아든 1학년 선생님들은 혼란에 빠졌다. 문자 지도도 문제였지만 단어 수준과 문장의 길이도 문제였다. 그 당시 교사들 사이에서는 교과서가 강남의 중산층 아이 수준에 맞춰 만들어졌다는 소문이 떠돌았다. 교과서 진도도 나가야 하고, 글자도 가르쳐야 하는 교사들은 국가 정책을 비판하면서도 부모를 원망하기 시작했다. 왜 한글도 가르치지 않고 아이를 학교에 보냈는지 모르겠다는 말이 흘러나오기도 했다.

10여 년을 이런 상태로 보내다가 14시간으로, 다시 27시간으로 늘리기는 했으나 이마저도 한글을 지도하기에는 한참이나 부족했다. 2017년에 들어서야 비로소 1, 2학년 군에서 문자 지도를 위해 62시간을 확보하고, 이것으로 충분하지 않을 경우 시간을 더 편성하여 가르치라는 지침을 내려보냈다.

조기 한글 교육, 공교육을 믿지 못하는 학부모

공교육에서 이렇게 한글 교육을 소홀히 한 15년 동안 유아를 둔 가정에서는 무슨 일이 일어났을까?

나는 지금도 그 장면이 잊히지 않는다. 우리 큰아이가 4살이었으니 세연이도 4살이었다. 우연히 세연이네 집에서 잠을 자게 되었는데 아침에 세연이의 노랫소리에 잠에서 깼다. 가만히 들어보니 자·모음 이름을 담은 한글 노래였다. 그 집 벽에는 학습지 회사에서 준 브로마이드 형태의 큼지막한 한글 자·모음 판이 붙어있었다. 아침 일찍 일어나자마자 세연이는 엄마와 함께 노래를 부르기 시작했다.

그날 나는 세연이 엄마와 이런저런 이야기를 주고받았는데 나는 세연이가 부르는 한글 노래도 잠깐 화제로 올렸다. 그러나 세연이 엄마는 한글 조기 교육을 우려하는 내 목소리에 귀를 기울이지 않는 듯했다. 3살

남짓한 아기가 신문 위에서 글자를 찾아 읽으며 부모에게 뜻을 묻는 텔레비전 광고에 꽂힌 엄마의 관심을 돌리기에는 내 설득이 한참이나 부족했던 것 같다.

　부모들의 마음이 조급해진 이유가 광고 속의 아기 때문만은 아니었다. 담임선생님으로부터 아이가 한글을 몰라서 학교 수업을 따라가기 힘들다는 이야기를 들은 엄마들은 부랴부랴 아이를 데리고 사교육 시장으로 달려갔다. 이 무렵부터 학교에 들어가기 전에 반드시 한글을 떼고 가야 한다는 것이 아이의 입학을 앞둔 엄마들의 철칙으로 굳어졌다. 그러다 보니 문자를 억지로 가르쳐서는 절대로 안 되는 아주 어린 나이 때부터 아이들은 글자를 익혀야만 했고, 한글 사교육 시장은 팽창에 팽창을 거듭했다.

　아래 도표는 2016년에 국무총리실 산하에 설치된 육아정책연구소에서 발표한 아동 사교육 현황이다. 전체 아동의 35.5%가 만 2세부터 사교육을 받는데, 그중 국어가 26.8%로 가장 높은 비율을 차지하고 있다.

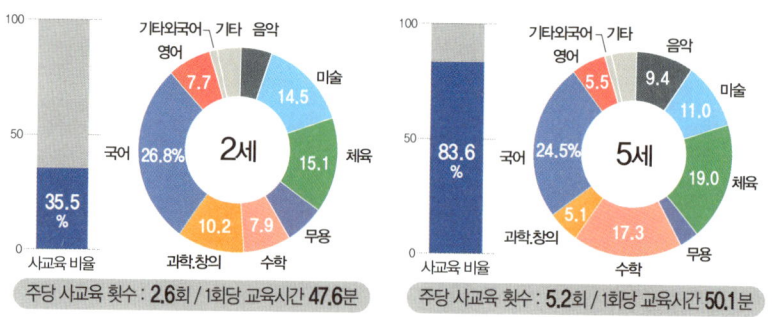

2015년 8~10월 전국의 2세 아동 부모 537명, 5세 아동 부모 704명을 대상으로 사교육 실태조사

2세·5세 아동 사교육 현황(출처: 육아정책연구소)

여기서 국어는 한글, 독서, 논술로 모두 글자를 읽어야만 가능한 것들이다. 3살이 되기도 전부터 글자를 읽어야만 하는 아이가 과연 행복할지 모르겠다.

그날 아침 나는 세연이를 무릎에 앉히고 그림책의 그림을 보여주면서 말을 걸고, 동물 흉내를 내며 관심을 끌어보려고 했다. 하지만 결국 그림책 한 권을 다 읽어주지 못했다. 시선이 자꾸 책 밖으로 벗어나서였다. 우리 아이가 엄마 병아리와 아기 병아리가 숨바꼭질하며 노는 그림책을 들고 와 스무 번이고, 서른 번이고 읽어달라고 떼를 쓸 때 세연이는 엄마와 함께 노래를 부르며 문자 해득에 억지로 끌려다녔고, 그 결과로 또래 아이가 관심을 가질 만한 그림책에는 전혀 관심을 두지 않게 된 것이다.

줄어든 한글 지도 시간 때문에 가정에서 한글을 익힐 형편이 되지 않았던 아이, 다문화 가정의 아이, 경계선 지능을 가진 아이, 난독증이 있는 아이와 같이 한글을 배우는 데 더 많은 어려움이 있는 아이가 학교 교육에서 충분히 한글을 배우지 못해 한글 미해득으로 남을 가능성은 이전보다 훨씬 더 커졌다.

그렇다면 일찌감치 사교육을 받아 한글을 깨치고 학교에 들어온 아이의 문해력은 그렇지 않은 아이보다 훨씬 더 좋을까? 일찍 깨친 한글 덕분에 더 많은 책을 읽고, 글을 읽고 더 잘 해석하며, 더 잘 쓰게 되었을까? 앞에서 언급한 문해맹 대학생의 이야기를 놓고 보면 일찍 글자를 읽는 것이 과연 아이의 학습에 도움이 되는지 의문이지만, PISA 결과를 들여다봐도 의미 있는 답을 얻기는 어렵다.

35%가 넘는 아이들이 만 2세부터 사교육을 시작하고, 그중 26%가

넘는 아이들이 그 어린 나이부터 글자를 읽고 책을 읽는데, 왜 읽기 능력이 우수한 아이의 비율은 다른 나라에 비해 떨어질까?

유아기는 문자를 익히기보다 부모와 애착 관계를 형성하고 그 애착 관계 속에서 감정을 키우며, 감정을 바탕으로 풍부한 언어를 구사하거나, 구사할 준비를 해야 하는 시기다. 초등학교에 입학할 무렵이면 언어에 대한 상상력은 최고조에 달한다. 문자를 익히고, 각 낱자를 구분하며, 낱글자를 연결하여 글자를 만들 수 있는 능력이 생겨나는 시기는 만 6세~7세 무렵이다. 초등학교에 입학한 아이에게 차근차근 문자를 가르치는 것과 더불어 언어적인 상상력을 충분히 발휘할 수 있는 시간을 주는 것은 그래서 중요하다. 어려운 단어와 긴 텍스트가 가득했던 그 당시 교과서 대신에 자연스럽게 소리와 문자를 연결시키며 글자를 가지고 놀 수 있는 교과서가 필요했다.

아이를 사교육으로 내몰아 유아 시절부터 문자에 빠져 허우적거리게 만든 책임으로부터 교육 당국은 자유로울 수 없다. 한번 사교육 시장으로 넘어간 한글 교육의 주도권이 다시 공교육으로 넘어올 수 있을지는 미지수다. 그러나 이제라도 주어진 한글 지도 시간을 충분히 활용하여 한글을 깨치지 못한 채 학교에 들어온 아이가 교실에서 주눅 들지 않고 즐겁게 학교에 다닐 수 있는 환경을 만들어야 한다. 한글을 깨치고 들어온 아이도 말놀이 글놀이 수업으로 언어 영역을 더욱 풍부하게 확장할 수 있는 수업이 가능하도록 정책을 펼쳐나가야 한다.

한글 지도, 그거 제가 해야 하는 건가요?

자·모음 음절표로 열심히 한글을 지도하다가도 아이에게 변화가 없으면 지치기 마련이다. 한글을 깨치는 데 다른 아이보다 시간이 더 필요한 아이를 가르치는 선생님은 특히 그럴 확률이 높다. 그러면 자포자기 심정으로 '이런 아이는 처음 봤다'고 말하기도 한다.

2016년 겨울 방학 때였다. 전북학습클리닉센터에서 방학 중에 문자 해득이 안 된 학생을 대상으로 학습 회복 프로그램을 운영했다. 나는 이때 프로그램을 운영하는 20여 곳의 학교를 모두 방문하여 아이 한 명 한 명을 만나 잠깐씩이라도 이야기를 나누었다. 다행히 아이들의 표정은 대체로 밝았고, 수업하는 선생님의 표정도 좋았다. 아이들과 코칭 선생님을 만난 후 교무실에 들러 교감 선생님과 기초 학력에 대해 이런저런 이야기를 주고받았다.

도심에 있는, 개교한 지 꽤 오래된 학교를 방문했을 때였다. 그날도 교실에 먼저 들러 글자 공부를 하고 있는 아이를 만난 후 교무실로 갔다. 그날은 마침 담임선생님이 있었다. 한글 지도에 관해 선생님과 이야기를 나누면서 한글 가르치느라 얼마나 힘들었는지, 선생님이 사용하는 한글 지도 방법은 무엇인지 등을 물었.

"그거, 제가 해야 하는 건가요?"

한글은 가정에서 당연히 깨치고 와야 하지 않느냐는 듯한 대답이었다. 순간 말문이 턱 막혔다. 아이의 학습부터 생활까지 모두 책임져야 하는 사람이 담임선생님이 아니겠냐는 말을 부드럽게 돌려 말하면서도 내가 하는 이야기가 얼마나 설득력이 있을지 답답하기만 했다.

아이가 글자를 모르는 상태로 학교에 오는 것이 잘못된 것이라면, 이는 누구의 책임일까? 글자를 가르치지 않고 학교에 보낸 부모의 책임일까? 사회와 국가의 책임일까? 책임을 떠나서 누가 이 아이들의 한글을 지도해야 할까?

사실 교사들은 한글 지도 방법을 잘 모른다

해마다 한글 미해득 학생이 반에 한두 명씩 앉아 있었다. 학기 초에 한글 공부를 시켰지만, 번번이 실패했다. 때가 되면 언젠가는 읽겠거니 하는 마음으로 중간에 그만두기도 했고, 한글을 읽지 못하는 것이 교사 때문이 아니라 학생의 능력이 모자라서 그렇다고도 생각했었다. 4학년 이상의 고학년의 경우는 그동안의 결손을 채우려면 어디서부터 손대야 할지 몰라 포기했었다.

올해 다시 1학년을 맡았는데 역시 한글을 모르는 아이가 있다. 한글을 처음 접하는 아이여서 제대로 된 한글 공부를 시켜보고 싶었다. 그래서 한 학기 동안 일주일에 두 번씩 남겨서 한글을 지도했다. 여름 방학이 지나고 학교로 돌아온 아이의 상태를 보니 방학 전에 배웠던 것들도 헷갈려 하고, 나아진 것이 없었다. 방법이 틀렸던 것일까? 효과적인 한글 지도 방법이 무엇인지 궁금하고 답답하다.

읽기 따라잡기 연수에 신청서를 제출한 어느 선생님의 참여 동기다. 나는 그동안 부모를 원망하는 교사, 아무리 열심히 가르쳐도 늘 제자리인 아이의 한글 실력에 실망하는 교사, 어떻게 가르쳐야 할지 방법을 몰라 답답해하는 교사, 또는 아이가 한글을 깨치지 못하고 다음 학년으로 올라가도 어쩔 수 없었다는 교사를 많이 만났다. 그러나 좀더 깊은 이야기를 나누어보면 그들은 모두 한글 지도 방법을 잘 알지 못하기 때문에 아이를 도와줄 수 없어서 안타까워했다. 또한 교사로서 스스로에 대한 부끄러움과 아이에 대한 미안함도 동시에 가지고 있었다. 교사라면 누구나 당연히 그럴 것이다.

아무리 열심히 가르쳐도 도무지 진전이 없는 아이, 공교육에 의심의 눈길을 보내는 학부모, 실효성이 부족한 정책과 제도, 틈만 나면 생채기를 내려고 하는 언론으로 인해 한글 지도 방법을 배운 적이 없는 교사들 역시 누구 못지않게 속앓이를 하고 있다.

> 지혜로운 사람은 아침나절이 되기 전에 이를 이해하고, 어리석은 사람도 열흘 만에 배울 수 있게 된다.

한글 창제에 중추적인 역할을 했던 정인지가 『훈민정음』 서문에 쓴 말이다. 한글은 지혜로운 사람이든, 어리석은 사람이든 누구나 배울 수 있다. 조금만 도움을 주면 대부분의 아이가 쉽게 익힌다. 그래서 그런지 교사는 한글 지도 방법을 특별히 배운 적이 없다. 대학교에서도, 교사가 된 이후의 연수에서도 체계적인 한글 지도 방법을 배우지 못했다.

한글을 배우던 때를 떠올려보면 나는 그랬다. 기역, 니은을 배우고 아, 야, 어, 여를 배운 뒤에 가나다라를 익히다 보니 어느 날 갑자기 글자가 훤히 보였던 기억이 있다. 그때가 초등학교에 입학하고 얼마 되지 않았던 때였다. 70년대에 초등학교를 다녔으니 그 시절에 사교육이 있었을

리 없었고, 이름 석 자만 겨우 쓰고 학교에 갔었다. 그런데 어느 날 갑자기 글자의 규칙이 보인 걸 보면 한글이 얼마나 과학적이고 쉬운지 알 수 있다. 새삼 한글 창제에 힘을 쏟았던 세종대왕에게 고개가 숙여진다.

그래서 그런 걸까? 한글을 모르는 아이를 만나면 대부분 자신이 어린 시절 교실에서 배웠던 방법을 사용한다. 먼저 자음과 모음을 가르치고, 이어서 자·모음을 조합하여 만든 음절표로 한글을 가르친다. 하준이와 순영이를 가르칠 때의 나도 그랬다.

보통의 아이들은 이런 지도만으로도 한글을 익힐 수 있다. 그러나 학교에 올 무렵까지 한글을 익히지 못한 아이에게는 잘 통하지 않는다. 원리가 맞지 않아서가 아니라 접근 방법이 맞지 않아서다. 한 번이라도 한글 미해득 아이를 만나 지도해본 선생님은 경험적으로 알고 있다. 그러나 선생님 대부분은 그 이상의 것을 배운 적이 없다. 체계적인 한글 지도 방법을 제대로 배운 적이 없으니 경험에 의존할 수밖에 없다.

한글은 정말 배우지 않아도 알 수 있을까?

우리는 너무도 쉽고 당연하게 글자를 익히고 썼기 때문에 특별한 지도 방법이 필요 없었는지도 모른다. 그런데 과연 그럴까?

2015년 9월 문자 지도 연수 후 실시했던 설문 결과를 보면 그 실상을 알 수 있다. 글자를 모르고 학교에 온 아이가 왜 글자를 완전히 깨치지 못하고 다음 학년으로 올라갈 수밖에 없는지 알 수 있다.

설문 결과에서 보듯 교사들은 한글을 익히지 못한 아이를 언제든 만

문항 내용	설문 결과	
	예	아니오
우리 반에 현재 읽기에 어려움을 겪는 학생이 있는가?	63.2%	36.8%
올해 말고 이전에도 한글을 모르는 학생을 만나 지도에 어려움을 겪은 적이 있는가?	66.3%	33.7%
한글 지도 방법에 대해 대학에서 배운 적이 있는가?	18.9%	81.1%
교사가 된 이후 한글 지도 방법에 대한 연수를 받은 적이 있는가?	12.4%	87.6%
아이들의 한글 발달 단계에 대해 알고 있는가?	30.4%	69.6%
한글을 모르는 아이를 만났을 때 지도할 자신이 있는가?	20.7%	79.3%

설문 참여 인원: 90명(초등학교 1, 2학년 담임교사 51명, 3~6학년 담임교사 39명)

2015. 9. 한글 지도 관련 설문 조사

날 수 있다. 초등학교 교사를 만나서 이야기를 나누어보면 문맹인 아이가 실제로 교실에 있다. 글자를 더듬더듬 읽는, 그래서 다른 학습을 진행할 수 없는 아이도 상당수 있다고 말한다. 통계에 잡히지 않는다고 해서 글자를 모르는 아이가 없는 것이 아니다.

한글은 배우지 않아도 알 수 있을 정도로 쉬운 글자이지만, 역설적으로 일부 아이는 아무리 가르쳐도 쉽게 익히지 못한다. 그러다 보니 한글 지도의 '골든 타임'이라고 할 수 있는 1, 2학년 시기를 놓쳐버린다. 그 아이들은 자신이 글자를 잘 모른다는 것을 철저하게 숨기며 10여 년이 넘는 시간을 학교에서 숨죽이며 살아가거나, 다른 방식으로 자신의 존재감을 드러낸다.

이런 아이가 전국적으로 얼마나 될까? 1945년 78%이던 문맹률이 문맹 퇴치 운동으로 1958년에 4.1%까지 줄었다는 통계가 있는데, 지금은 어떨까? 2008년에 문맹률 통계 조사를 5년마다 실시하기로 했다가 2013년에 이를 중단했는데, 비문해 비율이 1% 미만이라 조사의 의미가 없다는 게 이유였다. 이를 근거로 국가는 한글 지도 시간을 계속 줄였고, 이러한 한글 지도 정책의 피해는 고스란히 아이들에게 전해졌다. 여전히 교실에 남아 있는 문맹아를 보는 우리 모두를 눈 감게 했다.

자·모음 음절표는 만병통치약?

대체로 교사들이 한글을 모르는 아이를 만났을 때 가장 먼저 떠올리는 것이 있다. 자음과 모음을 조합하여 만든 음절표다. 이 음절표를 활용하여 자음을 먼저 가르친 다음, 모음을 가르치고, 합해서 음절 글자를 가르치는 방식의 한글 지도는 초등학교 교사라면 누구나 알고 있고, 대부분 시도해봤을 것이다. 사실 나도 그랬다. 수업 자료로 교실에 음절표를 들고 간 때가 있었다.

4월부터 시작한 은성이와의 한글 수업에 처음에는 그림책과 자석 글자를 들고 가서 책을 읽어주고, 글자를 만들게 했다. 두 달 정도 지난 후에 체계적인 한글 지도가 필요할 것 같아 6월 중순부터 음절표를 만들어 수업을 진행했다.

나는 은성이에게 아는 글자를 먼저 표시한 후 각 낱자를 읽게 하고, 조합해서도 읽게 했다. 이미 아는 글자도 있었고, 모르는 글자도 있었다. 그런데 은성이는 음절표를 가지고 간 첫날부터 책상에 엎드렸다. 절대 읽지 않으려고 했다. 은성이의 흥미를 끌기 위해 여러 방법을 동원하다

	ㅏ	ㅑ	ㅓ	ㅕ	ㅗ	ㅛ	ㅜ	ㅠ	ㅡ	ㅣ
ㄱ	가˅	갸	거˅	겨	고˅	교	구˅	규	그	기˅
ㄴ	나˅	냐	너˅	녀	노˅	뇨	누˅	뉴	느	니˅
ㄷ	다˅	댜	더˅	뎌	도˅	됴	두˅	듀	드	디˅
ㄹ	라˅	랴	러˅	려	로˅	료	루˅	류	르	리˅
ㅁ	마˅	먀	머˅	며	모˅	묘	무˅	뮤	므	미˅
ㅂ	바˅	뱌	버˅	벼	보˅	뵤	부˅	뷰	브	비˅
ㅅ	사˅	샤	서˅	셔	소˅	쇼	수˅	슈	스	시˅
ㅇ	아˅	야˅	어˅	여	오˅	요	우˅	유˅	으	이˅
ㅈ	자˅	쟈	저˅	져	조˅	죠	주˅	쥬	즈	지˅
ㅊ	차˅	챠	처˅	쳐	초˅	쵸	추˅	츄	츠	치˅
ㅋ	카˅	캬	커˅	켜	코˅	쿄	쿠˅	큐	크	키˅
ㅌ	타˅	탸	터˅	텨	토˅	툐	투˅	튜	트	티˅
ㅍ	파˅	퍄	퍼˅	펴	포˅	표	푸˅	퓨	프	피˅
ㅎ	하˅	햐	허˅	혀	호˅	효	후˅	휴	흐	히˅

2015. 6. 16. 은성이가 안다고 음절표에 표시한 글자

가 서너 번 만에 결국 그만두었다. 초등학교, 아니 어쩌면 유치원 시절부터 5학년이 된 지금까지 음절표로 한글을 공부하면서 얼마나 지겨웠을까를 생각하니 이해가 되었다.

나는 한글을 익히기 어려운 아이에게 음절표가 어떻게 느껴지는지 동찬이 덕에 깨달았다. 1학년이던 동찬이를 처음 만난 9월 어느 날이었다. 당시는 동찬이가 담임선생님과 한 학기 넘게 한글 공부로 씨름하는 중이었다. 나는 '나비'라는 글자를 쓰고서 동찬이에게 읽어보라고 했다. 글자를 바라보다가 동찬이가 별안간 손가락을 펼쳐 들었다.

"가나다라… 나…. 기니디리미비시… 비…. 아하~ 나비!"

동찬이는 음절표에서 외운 글자의 순서를 센 후 '나비'라고 외쳤다. 음절표로 담임선생님과 열심히 공부한 결과였다. 겨울 방학을 보내고 온 동찬이는 더 이상 순서를 세지 않았다. 그리고 글자도 읽지 못했다. 방학 동안 음절표의 순서를 잊어버렸기 때문이다.

은성이와 동찬이는 음절표를 외우고, 잊어버리기를 몇 번이나 반복했을까? 아이가 한글을 제때 익히지 못하는 데는 여러 이유가 있다. 뒤에 언급하겠지만 읽기가 어려운 5%의 구간에 해당하는 아이일 수도 있고, 문해 환경을 만나지 못해 그럴 수도 있다. 은성이와 동찬이가 무엇 때문에 한글을 읽지 못했는지는 알 수 없다. 다만 이 두 아이에게 음절표는 너무 지루하고 재미없는 학습 자료였다는 것만은 확실하다.

아이의 읽기 발달 단계에 따르면 초등학교 1학년 단계에서 음절표를 활용하여 각 낱글자를 가르치고, 조합하여 음절을 가르치는 방식이 어느 정도 옳기는 하다. 초등학교 1학년 국어 교과서도 읽기 발달 단계를 고려하여 각 낱글자를 가르치도록 되어 있다.

그러나 한글 읽기에 다른 아이와 달리 더 많은 어려움을 겪는 아이에게는 음절표를 활용한 교육이 맞지 않다. 나는 이런 사실을 경험으로 알게 되었다. 이것은 나뿐만이 아니라 나와 함께 문자 지도 연구를 수행했던 많은 선생님의 공통된 의견이다.

그런데도 대부분의 선생님은 한글 지도를 시작할 때 아이에게 가장 먼저 음절표를 들이민다. 마치 만병통치약처럼 말이다. 사교육 시장에 넘쳐나는 한글 지도 자료가 공교육에는 교과서밖에 없기 때문이기도 하고, 다른 방법을 알지 못해서 그렇기도 하다. 한글을 배우던 어린 시절을 더듬어 기억 속에서 음절표를 불러오는 탓도 있다. 음절표를 가지고 반복적으로 낱글자만 지도하다가 그다지 진전 없는 아이를 보며 좌절하고, 결국 아이를 탓하기도 한다. 그러나 이것은 단순히 교사 개인의 문제가 아니다. 나는 대학이나 어떤 연수 과정에서도 한글 지도 방법을 배운 기억이 없다. 그런데 이런 경험이 나에게만 없는 것일까? 그렇진 않을 것이다.

5%의 아이들

정부가 한글 교육에 대해 우왕좌왕하고, 현장 역시 혼란스러워하며 시간을 허비하는 동안에도 아이들은 1, 2학년에서 3학년이 되고, 4학년이 된다. 그리고 중학생이 되고, 고등학생이 되고, 어른이 되어 사회로 나간다. 그 속에서 문맹이 되기도 하고, 문해맹이 되기도 한다. 그들이 어떤 상태로 사회에서 살아갈지는 쉽게 짐작할 수 있다. 교사는, 학교는, 교육청은, 국가는 이 아이들을 위해 무엇을 어떻게 해야 할까?

2015년 12월 31일에 '느린학습자' 지원법이 국회 본회의에서 통과되어 시행에 들어갔다. 느린학습자 실태 조사와 예산 지원, 수업 운영 내용을 담고 있는 이 법이 통과된 것을 계기로 각 지자체에서도 난독증 조례 등을 만들고 있다.

전라북도교육청도 '전라북도교육청 난독증 초·중등학생 지원 조례[14]'

---

14 2016년 2월에 전라북도 의회에서 제정되었고 2017년 1월에 개정되어 시행되고 있다.

에 따라 중·장기 계획을 세우고 다양한 정책을 만들어 시행하고 있다. 2017년에는 난독증 학생을 파악하기 위한 전수 조사를 하고 담임교사에게 결과를 안내하여 이 아이들을 어떻게 지도할지에 대한 각종 연수와 자료를 제공한다는 계획을 세워놓고 있다.

학교에서는 느린학습자를 위한 예산을 편성하여 방과 후 보충반을 운영하고, 두드림학교와 같은 정책 사업을 시행하기도 한다. 그러나 정작 아이를 가장 가까운 거리에서 지도해야 하는 선생님은 바쁘기도 하고 모르기도 해서 어렵다고 한다.

한글 지도 시에 가장 어려운 점이 무엇인지, 어떤 지원을 바라는지 물어보면 선생님들은 이구동성으로 말한다. '한글 지도 방법을 모른다, 자료를 찾으러 갈 시간이 없다, 매뉴얼과 자료를 달라'로 요약된다. 지도 방법도 잘 모르고, 자료도 충분하지 않으며, 자료를 찾을 시간도 없는 교사를 위해 교육청에서는 무엇을 어떻게 해야 할까? 교육부에서는 어떤 지원책을 만들어야 교사가 적극적으로 문자 지도에 나설 수 있을까?

1991년부터 미국 학습장애 연구 프로그램의 책임연구원이었던 레이드 리온(G. Reid Lyon)은 1998년 4월에 상원위원회에서 '읽기와 쓰기의 시작에 관한 개요'를 보고했다. 그는 이 보고에서 '아동은 어떻게 읽기를 배우는가, 왜 일부 아동은 읽기 학습에 어려움이 있는가, 아이들의 읽기 학습을 어떻게 도울 수 있을까'에 대해 질문을 던졌다.

리온은 읽기 능력에 따라 아동을 네 집단으로 나누었다.

오른쪽 그래프의 각 구간에 속하는 네 집단을 『난독증의 이해』[15]에서

---

15 『난독증의 이해』(매리언 샌더스 저, 신민섭 역, 학지사, 2013)에서 재인용

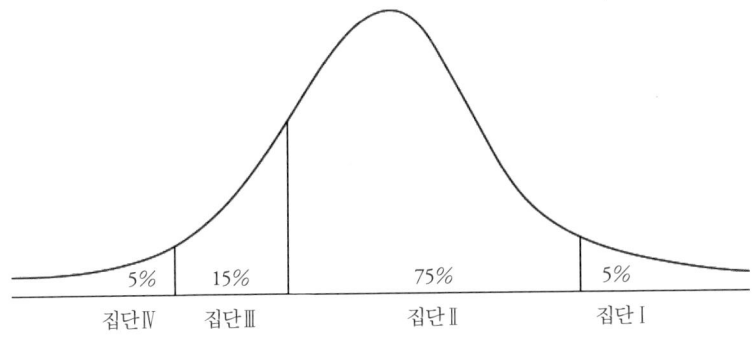

읽기 능력 정상 분포 곡선(리온, 1998)

는 다음과 같이 설명한다.

1. 집단 Ⅰ

이들은 학교에 입학하기 전에 읽는 법을 배우고, 종종 많은 부분에서 스스로 학습하는 조숙한 아동들이다. 정상 분포 곡선의 상위 5%가 이 집단에 속한다.

그림책만 읽어주어도, 텔레비전에 흘러가는 글자만 보고도 문자를 익히는 아이가 여기에 해당하지 않을까 싶다.

2. 집단 Ⅱ

약 75%의 대다수 아동이 여기에 속하는데 이들은 정규 읽기 교육 프로그램을 잘 따라갈 수 있는 충분한 능력을 갖추고 학교에 입학한다. 여러 연구

(Lyon, 1997)에 따르면 약 50%만이 발음을 직접적으로 가르치는 것의 여부에 상관없이 공식 교육을 통해 비교적 쉽게 문자를 배우는 것으로 기대된다.

이 연구 결과는 학교에 들어오기 전에 글자를 공부하지 않더라도 정상적인 학교 교육을 통해 대부분의 아이가 글자를 익힐 수 있음을 보여주고 있다.

3. 집단 Ⅲ

이들은 읽기를 쉽게 배우지는 못하지만, 초기의 개입 프로그램 및 치료적 도움에 잘 반응하는 아동들이다. 종종 이들은 기본적인 읽기 기술에 대한 이해력과 어느 정도의 지식을 지니고 있으나 읽기 속도나 기억에 어려움이 있어서 다수의 아이들이 보이는 속도를 따라가지 못한다. 초등학교 입학 아동의 약 15%가 여기에 속하며 새로운 내용을 배우고 기억하도록 하기 전에, 그들이 이해한 내용을 통달할 수 있도록 좀더 연습시키는 과정이 필요하다.

아이들에게 새로운 글자를 자꾸 가르치기보다는 같은 글자와 내용을 반복하여 연습할 기회를 만들어 주어야 한다는 점이 흥미롭다. 실제 우리는 익숙한 책 읽기 방법으로 아이들을 가르쳤고 또 효과도 있었다.

4. 집단 Ⅳ

하위 약 5%의 집단으로, 읽기를 학습하는 데 심각한 어려움이 있고, 확인이 가능하다면 중등도 내지 심한 정도의 난독증으로 진단될 수 있는 아동들이다. 이들은 읽기에 요구되는 기술의 어떤 측면에 중대한 취약성이 있으며 집중적인 치료적 도움이 필요하다.

교사들이 교실에서 어쩌다 만나는 글자를 읽지 못하는 아이, 아무리 가르쳐도 늘 제자리인 아이가 여기에 속하지 않을까 싶다.

읽기 능력 정상 분포 곡선이 한글에도 정확하게 적용되는지는 모른다. 그러나 학급에서 아이를 가르쳤던 경험, 기초 학력 업무를 맡아서 선생님들로부터 받은 통계 자료, 국립국어원에서 조사한 국민의 기초 문해력 조사 결과와 어느 정도 일치함을 알 수 있었다. 다만 한글은 다른 어떤 문자보다도 쉽고 과학적이어서 그런지, 그 수치가 훨씬 낮은 것만은 확실하다.

그런데도 이 글에서 읽기 능력 정상 분포 곡선을 인용한 이유는 읽고 쓰지 못하는 아이를 직접 만나는 학교 선생님들이 이 그래프를 보면서 읽고 쓰기가 안 되는 아이들이 실제로 존재한다는 것을 인정하고, 그들을 이해하기 바라는 마음 때문이다. 아이가 하지 않으려고 해서, 부모가 가르치지 않아서 그런 것이 아니라, 하고 싶어도 안 되는 아이가 있다는 것을 알면 좋겠다. 그 아이에게는 좀더 특별하고 꾸준한 지원이 필요하다는 것을 인식하면 좋겠다.

사실 나도 동찬이가 정말 심각한 난독증을 가진 아이인 줄 알았다. 그런데 동찬이는 나와 만난 일 년 반 동안 느리게나마 한글을 깨쳤고, 소리의 규칙을 따져서 소리 나는 대로 글자를 쓸 수 있게 되었다. 동찬이를 그대로 두었더라면 어쩌면 은성이처럼 5학년이 되고 6학년이 되어서도 한글을 익히지 못했을지도 모른다.

순영이는 이 중 어느 집단에 속했던 걸까? 순영이도 어쩌면 동찬이처럼 1학년 때, 늦어도 2학년 때 제대로 배웠더라면 한글을 깨칠 수 있지 않았을까?

순영이는 2017년에 서른아홉이 되었다. 작년, 재작년에 읽기 따라잡기 연수와 언어 연구를 진행하면서 나는 순영이가 자꾸 떠올랐다. 어떻게 살아가는지 궁금해서 급기야는 그 시절의 아이들에게 순영이의 근황을 아는지 묻기도 했는데, 연락이 되는 친구가 아무도 없었다. 그때처럼 세상 어느 구석에 꼭꼭 숨어서 숨죽이며 살아가고 있는 것은 아닌지 마음이 무겁다. 어쩌면 내가 문자 지도를 연구하고 이 글을 쓰고 있는 것도 순영이에 대한 미안함을 조금이라도 덜고 싶어서인지도 모른다.

한글 지도를 부모의 책임으로 돌리기보다는 아이를 좀더 자세히 보고, 무엇을 해줄 수 있을지 선생님들이 좀더 고민하면 좋겠다. 어제 가르친 '가방'을 오늘 까먹었다고 야단치기보다는 어떻게 재미있게 가르치면 더 잘 기억할 수 있고, 각 소리를 어떻게 더 잘 습득할 수 있을지 고민하면 좋겠다. 안 되는 것을 하려니 얼마나 힘들지 아이 입장에서 한 번 더 고개를 끄덕이며 안쓰러운 눈으로 바라보면 좋겠다.

5장

꼬인 매듭을 어디서부터 풀어야 할까?

> 국어에서는 기초부터 차근차근 배우게 되어있는데 왜 다른 과목에서는 읽기, 쓰기를 할 수 있다는 전제하에 교과서를 만들었을까요? 문제를 읽지 못하면 문제 해결이 안 되는데, 왜 자꾸 읽고, 쓰라고 할까요? 1학년부터 좌절감을 가르치는 것 같아 마음이 좋지 않습니다.
>
> – 2017. 1학기 문자 지도 연수 신청 교사의 글 중에서

체계적이지 못한 한글 지도 방법도 문제지만, 사실 이보다 더 심각한 문제가 있다. 설문 조사에서 선생님들은 이구동성으로 발달 단계에 맞지 않는 교과서와 부족한 시수를 가장 먼저 지적했다. 또한 음절표와 한글 단어 몇 개, 텍스트 몇 줄을 제외하고는 자료가 없어서 지도에 어려움을 겪는다고 했다. 그러니 교육청에서 지도 방법과 더불어 자료를 제공해주면 좋겠다고 했다.

한글 지도 방법을 잘 모르는 교사와 지나치게 어려운 교육과정, 부족한 한글 지도 시수, 거의 없다시피 한 교육 자료 등을 생각해보면 현재

의 시스템에서 한글 지도는 총체적 난국에 빠져 있다고 볼 수 있다. 이런 문제를 인식해서인지, 2017년부터 적용되는 2015 개정 교육과정에서는 한글 지도 시수를 62시간까지 늘렸고, 한글 쓰기 자료를 보조 교재로 제공하고 있다. 교과서 내용도 쉽게 구성하고, 문해 능력을 기르기 위해 '한 권 읽기'도 도입했다.

그러나 시수를 늘린다고 해서, 보조 교재를 준다고 해서 한글 지도가 제대로 될지는 미지수다. 교사에게 아이의 언어 발달 단계를 고려한 체계적인 교육 방법에 대한 교육은 물론, 아이의 언어가 담긴 교과서 개발을 비롯한 한글 지도 정책에 대한 대대적인 점검과 수정이 필요하고, 이와 더불어 현장 교사의 실천 연구와 학계의 전문적인 연구도 활발하게 이루어져야 한다.

2014년 한 해 동안 클리닉센터를 통해 만났던, 문맹 문제를 고민하는 와중에 나는 『학교 속의 문맹자들』을 만났다. 그것이 인연이 되어 2015년에 전주와 완주 지역 선생님과 함께 '읽기 따라잡기' 연수를 시작했다. 한글 지도 방법을 함께 찾아보고, 자료를 정리하며, 선생님들의 매뉴얼 갈망을 해소해보고자 했다. 그 연수에 나도 읽고 쓸 줄 모르던 은성이를 지도하며 함께했다.

2부에서는 우리가 만들어갔던 '읽기 따라잡기' 이야기를 풀어보려고 한다. 읽기 따라잡기 수업 방법과 아이의 읽기 발달 단계를 살펴보고, 내가 지도했던 5학년 은성이의 사례를 들여다보며 문자 지도 방법을 함께 고민하는 시간을 갖고자 한다.

2016년에는 은성이의 한글 공부를 코칭 선생님에게 부탁하고 나는 2학년 동찬이를 가르쳤다. 은성이와 달리 동찬이는 활기찬 아이여서 의자에 가만히 앉아있지를 못하고 돌아다녔다. 우리가 함께 만들었던 틀을 바탕으로 한 읽기 따라잡기 수업이 거듭될수록 동찬이는 수업을 힘들어했고, 나는 그런 동찬이를 바라보며 지쳐갔다. 상황이 이렇다 보니 그동안 해왔던 수업 방법이 옳은 것인지 고민할 수밖에 없었다.

그 무렵 우연히 완주 지역 교사들의 실천 연수에 합류하게 되었는데, 이 연수에서 내 수업을 제대로 돌아볼 수 있었다. 수업에서 내가 무엇을 놓치고 있는지, 어떻게 방향을 바꾸어야 할지 깨달았고, 7월부터 수업을 마친 12월까지 동찬이와 함께 즐거운 수업을 만들어갈 수 있었다. 교사의 시선에 머물러 있던 수업을 아이의 눈으로 바라볼 수 있게 되면서 문자 지도 너머의 것, 아이의 언어 세계를 조금이나마 이해할 수 있었고, 내가 얼마나 가르치려고만 했는지를 비로소 알게 되었다. 물론 동찬이는 글자를 읽고, 어느 정도는 쓸 수도 있게 되었다. 그 과정을 3부에 담았다.

4부에서는 은성이와 동찬이를 가르치면서 깨우친 아이의 언어 발달 과정과 그에 따른 국어 수업 방법을 이야기하려고 한다. 왜 아이들이 5학년, 6학년이 되어도 맞춤법과 띄어쓰기를 제대로 못하는지, 글 한 편을 제대로 읽어내지 못하는지, 해독과 독해의 문제를 어떻게 다뤄야 할 것인지 적었다.

5부에는 문맹과 기초 학력 정책 이야기를 담았다. 선생님들과 함께하기 위해서, 그리고 문자 지도를 위한 제대로 된 정책을 만들어보기 위해 시작한 두 아이의 한글 지도 시간이 없었더라면, 사실 나는 내가 교사였음을 잊고 행정가로만 살았을지도 모른다. 아이를 데리고 있는 현장의 선생님이 겪는 어려움을 순간순간 잊고 행정 위주의 사고를 하며 살

앉을지도 모른다. 두 아이가 있어 내가 교사임을 잊지 않았고, 선생님이 마주하는 어려움을 좀더 세밀히 들여다볼 수 있었다. 선생님들과 함께 한 연구 덕분에 알게 된 것을 정책으로 풀어낸 경험과 앞으로 무엇을 어떻게 하면 좋을 것인지 기록했다.

　마지막으로 나와 함께 읽기 따라잡기 수업을 했던 정미영 선생님과 오현옥 선생님의 수업 사례를 부록으로 넣었다.

　더불어 2015년부터 늘 머릿속에서 떠나지 않았던 1학년 국어 수업 사례도 함께 싣는다. 국어 교과서 내용을 벗어나서 아이들의 흥미와 요구를 따라갔던 수업을 전주 덕일초 1학년 선생님 4분이 함께 고민하며 실천했고, 그 수업의 과정을 김청미 선생님의 손끝을 빌어 정리했다.

2부

은성이의
문자 수업

2014년 한 해 동안 나는 아이들의 문해력이 떨어지는 문제를 어떻게 해결할지 치열하게 고민하며 방법을 찾아보려고 무던히도 애를 썼다. 그 와중에 글자를 읽지 못하는 5학년 은성이를 만났다. 그리고 은성이와 비슷한 아이를 데리고 있는 담임선생님들을 만났다.

　2015년에는 선생님들과 함께 문자 지도 방법을 찾아보는 연수를 일 년에 걸쳐 진행했다. 아이를 직접 지도한 경험을 나누고, 나눈 경험을 교실로 돌아가 다시 적용해보면서 우리만의 방법을 찾아 나갔다. 그렇게 일 년을 보내고 정리한 것이 '읽기 따라잡기'[1] 수업이다.

1. 생활 문장(한 문장) 쓰기

1　청주교대 교육연구원의 고유 상표로, 다음과 같이 정의한다. 읽기 따라잡기®란 정상적인 읽기 발달 수준에 미치지 못하여 학교 수업에서 어려움을 겪는 저학년 아동들을 조기에 진단하여 개별화된 초기 문해력 교육을 실시함으로써 중학년에 올라가기 전에 평균적인 교실 수준의 읽기 능력을 따라잡도록 하는 조기 개입 프로그램이다.

2. 익숙한 그림책 읽기

3. 새로운 그림책 읽기

　전혀 새로울 것이 없는 수업이지만 이 방법을 찾아가는 과정은 결코 쉽지 않았다. 함께했던 선생님 모두 일 년 내내 새로운 길을 가느라 힘든 시간을 보냈다.

　2부에서는 연수의 과정과 읽기 따라잡기 수업 방법, 아이들의 읽기 발달 단계, 그리고 은성이의 읽기 따라잡기 수업의 과정을 정리했다.

1장

읽기 따라잡기 연수

나는 순영이와 하준이를 까마득히 잊고 있었다. 학습클리닉센터로 의뢰가 온 아이들을 만나기 전까지는 말이다.

2014년에 전주교육지원청으로 발령받아 기초 학력 업무를 맡았다. 그때 학습과 정서적인 면에서 어려움을 겪는 아이를 지원하는 학습클리닉센터가 있다는 것을 처음 알았다. 학습클리닉센터를 운영하면서 기억 속에 꾹꾹 눌러 놓았던 그 아이들을 다시 떠올리곤 했다.

학습클리닉센터 코칭 선생님의 이야기 주제로 문자를 해득하지 못한 아이의 이야기가 단골로 등장하는 걸 들으며 이 문제가 얼마나 심각한지 알게 되었다. 학습클리닉센터로 지원 의뢰가 온 아이 대부분이 글자를 모르거나, 더듬더듬 읽거나, 글자를 알아도 무슨 말인지를 모른다는 것도 알았다. 교실에서 다른 아이들과 마찰을 일으키며 잘 적응하지 못하는 아이와 이야기를 나누어보면 하나같이 그 밑바닥에는 해독과 독해 부진으로 인한 좌절감이 있었다.

전에 하준이가 그랬던 것처럼 그 아이들도 때때로 교실을 뒤집어 놓아 선생님도, 주변 아이들도 힘들어하고 있었다. 어떻게 해야 할 것인지 고민스러웠다. 정서적으로 어려움을 겪고 있으니 상담도 해야 하고, 학습에 어려움을 겪고 있으니 공부도 시켜야 한다는데, 더 근본적인 해결책이 무엇일까 생각에 생각을 거듭했다.

운명처럼 만난 한 권의 책

여름 방학을 보내고 2학기가 시작되면서 무작정 그림책을 샀다. 학교에 있을 때 아이들에게 그림책을 읽어주고 대화를 나눴던 경험이 떠올랐기 때문이다. 코칭 선생님에게 그림책을 들려주면서 아이를 만나면 가장 먼저 그림책을 읽어주고 질문을 주고받으라고, 그림을 가지고 노는 시간을 가지라고 당부했다. 그런 다음 그림책을 활용한 사례를 나누었다. 이구동성으로 그림책을 읽어주니 참 좋았다고 했다. 아이들이 흥미 있어 하며 즐겁게 이야기를 나누었다고 했다.

그렇게 한 학기를 다 보낼 무렵 나는 운명처럼 우연히 한 권의 책을 만났다. 『학교 속의 문맹자들』이다. 중학교 국어 교사였던 저자는 학교에서 만났던 읽기 더딤[2] 아이 이야기를 중심으로 해독과 독해에 대한 이야

---

2 기존의 부진(不振)이라는 용어는 '어떤 일이 이루어지는 기세나 힘 따위가 활발하지 아니함'을 뜻하는 말로써 '뒤쳐져 있다'는 의미가 내포되어 있다. 이에 전라북도교육청에서는 2015년부터 학습 속도는 학습자 개개인의 특성과 환경에 의해 차이가 있다는 인식을 전제로 '학습 부진'이라는 용어 대신 학습자 개개인의 특성과 환경의 차이에 따라 천천히 더디게 배운다는 의미에서 '학습 더딤'이라는 용어를 사용하고 있다. 이 책에서도 뜻이 통하지 않는 경우가 아니면 학습 '부진' 대신에 학습 '더딤'을 사용한다.

기를 이론과 함께 풀어 놓았다. 마치 내 경험을 풀어놓은 듯 일 년 동안의 내 고민과 생각이 그대로 적혀 있었다. 책의 마지막 장을 덮고 나서 바로 저자에게 메일을 보냈다. 읽기 더딤 아이에 대한 애정과 열정으로 가득 차 있던 엄훈 교수는 메일을 받고 한걸음에 전주로 달려왔다.

먼저 전주교육지원청의 장학사들과 이야기 나누는 시간을 마련했다. 1학년 선생님 전체를 불러서 문자 지도 연수도 진행했다. 그러나 이런 일회성 연수로는 문제를 해결할 수 없음을 서로 인식했다. 그래서 개설한 것이 읽기 따라잡기 연수였다.

실행 연수와 하계 워크숍

전라북도교육연수원과 연계하여 30시간으로 편성된 읽기 따라잡기 기초과정 연수를 한 학기 동안 진행했다. 글자를 제대로 읽지 못하는 아이를 데리고 있는 전주와 완주 지역의 1, 2학년 선생님 23분이 이 연수에 참여했다. 2학기에는 전라북도교육청 교원인사과로부터 특수 분야 연수기관으로 지정받아 읽기 따라잡기 심화 과정 연수를 개설했다.

읽기 따라잡기 연수는 보고, 듣고, 고개를 끄덕이는 연수가 아닌 실행연구였다는 점에서 다른 연수보다 훨씬 더 힘들고 고됐다. 강사가 제안한 방법을 아이에게 적용하여 적어도 일주일에 두 번은 반드시 수업을 진행해야 했고, 그 과정을 기록해야 했다. 그리고 기록한 것을 연수에 가지고 와서 각자 사례를 발표하고, 토론해야만 했다. 단 한 명의 아이를 위해 시간을 내서 지도하고, 기록하는 일은 생각보다 훨씬 더 많은 노력을 요구했다.

정성과 노력을 기울인 만큼 아이가 성장하는 기쁨이 있어야 하는데 그것도 아니었다. 아이들은 아주 느리게 글자를 익혔고, 그것마저 안 되는 경우도 있었다. 글자를 가르치는 특별한 방법이 있는 것도 아니어서 이렇게도 해보고 저렇게도 해보며 효과적인 방법을 찾아 헤맸다.

여름 방학을 앞두고 한 학기를 돌아보며 열었던 워크숍에서 선생님들은 그동안의 사례를 정리하여 발표하면서 눈물을 쏟아냈다. 교사로서 책임을 다하지 못했음에 대해서, 안쓰러운 아이들 생각에, 힘들었던 시간을 돌아보며 눈시울을 붉혔고, 동시에 우리 스스로를 대견해 하며 서로 격려하는 시간을 가졌다. 그렇게 한 학기를 보내고 나니 읽기 따라잡기 수업의 패턴이 눈에 들어왔다. 연수를 이끌었던 엄훈 교수님이 연수 내내 누누이 이야기했던, 패턴을 놓치고 있었다는 생각을 한 학기를 다 보낸 다음에야 하게 됐다.

해마다 찾아오는 읽기 더딤 아이들

올해 처음으로 1학년 담임을 맡게 되었습니다. 아이가 초등학교에 입학하여 한글을 배우는 것이 맞는데, 국어 교과서 외에 수학, 통합 교과서는 한글을 읽지 못하면 활동하는 데 어려움이 많습니다.

현재 6명의 아이가 한글을 잘 읽지 못하고, 5명 정도는 잘 쓰지 못합니다. 이 아이 중 대부분은 같이 공부해나가면 한글을 터득할 수 있을 것 같은데, 1~2명의 학생이 방금 배운 글자인데도 다른 문장에서 나오면 인식하지 못하는 것을 보고 어떻게 지도해야 할지 고민입니다.

　작년에 2학년 우리 반 학생 2명이 난독증 간이 검사에서 난독증 의심 판정을 받았는데, 학교에서 1학년 때 집중적으로 한글 교육을 받았지만 하루가 지나면 잊어버리는 등 한글을 깨치지 못하고 2학년에 올라왔습니다. 저는 인디스쿨의 자료를 사용하여 지도했는데 한글을 모르는 학생 지도는 처음이어서 시행착오만 겪다가 3학년에 올려보냈습니다. 이번 연수를 통해 체계적이고 효과적인 지도 방법을 배우고 싶습니다.

- 2017. 4. 읽기 따라잡기 연수 신청서 중에서

　읽기 따라잡기 연수 신청을 받을 때 신청 이유도 함께 받았다. 어떤 아이를 지도하는지가 명확해야 연수에 열정을 가지고 참여할 수 있을 것 같아서였다. 예상대로 각자 가지고 있는 어려움은 비슷하면서도 달랐지만, 절박함만은 모두 같았다. 한글을 제대로 가르치지 못하는 데서 오는 속상함도 묻어 있었다. 처음 연수를 시작한 2015년에는 20명을 모집하는 데 애를 써야 했지만, 2017년에는 신청을 받기 시작한 지 이틀 만에 특별히 홍보하지 않았는데도 35명의 선생님이 몰려들었다.

　위에도 쓰여 있듯이 많은 선생님이 그해뿐만 아니라 전년, 또는 그 전년에도 그런 아이를 만났고, 또 지도해봤지만 별반 나아지지 않은 상태로 다음 학년으로 올려보낸 경험이 적잖이 있었기 때문이었으리라.

　문맹아를 데리고 있는 담임선생님이 겪는 어려움 중 가장 심각한 부분은 아무리 가르쳐도 해득의 정도가 나아지지 않는다는 것이다. 어제 가르친 것을 오늘이면 잊어버리고, 방학 전에 조금 알았다가도 방학이 끝나고 오면 까마득히 잊어버리는 아이 때문에 힘들어한다. 제대로 된 방법으로 가르쳐도 어려울 텐데, 설상가상으로 한글 지도 방법조차도 제대로 알지 못해서 자료를 찾아 헤매고, 시행착오를 겪다가 다음 학년으로 올려보내는 일이 다반사다.

2015년에 처음 개설한 읽기 따라잡기 연수를 신청한 선생님들도 그랬다. 신청 사유가 대부분 비슷했다. 전에도 있었고, 그해에도 이런 아이가 있는데 어떻게 가르쳐야 할지 모르겠다고 했다. 처음 연수를 시작했던 23명의 선생님이 한 학기 동안 30시간의 연수를 받으며 아이를 지도했고, 그중 16명의 선생님이 2학기에 30시간의 연수를 다시 받았다. 그리고 다시 13명의 선생님이 2016년도 1학기에 30시간의 읽기 따라잡기 전문가 과정 연수를 받았다.

심화 연수와 전문가 과정 연수, 그리고 그 후

2학기 시작과 함께 개설한 심화 연수에는 7명의 선생님이 이런저런 사정으로 참여하지 못해서 16명으로 진행하게 되었다. 1학기 때 놓치고 있던 것을 조금 더 정리해서 그것을 바탕으로 수업을 진행했다. 두 교수님이 함께 연구하고 적용했던 읽기 능력 검사지를 활용하여 아이들의 수준도 가늠해보고, 그림책의 수준을 조절해가며 1학기 때보다는 더 체계적으로 지도했다. 심화 연수를 받았던 선생님 대부분은 2016년에 한 학기 동안 전문가 과정 연수를 받았다.

2015년에 시작한 연수는 2016년을 지나 지금도 꾸준히 진행하고 있다. 달라진 부분이 있다면 전문가 과정 연수까지 받고 성장한 선생님들이 강사로 참여하여 다른 선생님들을 돕고 있다는 점이다. 연수가 거듭될수록 교사 스스로 우리 반 아이들의 문자 지도가 공교육의 책임임을 인식하게 됐다고 말하는 것도 달라진 점이다.

이 연구에는 처음부터 끝까지 청주교육대학교 엄훈 교수님과 정종성 교수님이 함께했다. 두 분이 제시한 읽기 따라잡기 수업 방법을 적용하여 수업을 진행했고, 수업 장면들을 찍어서 함께 이야기를 나누며, 국어 지식을 함께 공부했다. 이 두 분이 아니었다면 읽기 따라잡기 수업을 중간에 포기했을지도 모른다. 그만큼 어렵고 고된 작업이었다.

일 년 반 동안 나도 은성이와 동찬이를 지도하며 연구에 함께 참여했다. 교육청에 들어오기 전부터 국어 교육에 관심이 있었지만, 연구자가 아닌 행정가로만 참여할 경우 선생님들과 한살이 되지 못하고 겉돌 수밖에 없을 것이기 때문이었다. 선생님들과 같이하면서 진행 과정의 어려움을 직접 보고 느껴야 제대로 된 정책을 만들 수 있을 것 같았다. 5학년이나 되었는데도 여전히 글자를 읽지 못하는 은성이가 눈에 밟히기도 했다. 그대로 둘 경우 6학년이 되고 중학교에 가더라도 문맹으로 남을 가능성이 커 보였다.

매주 두 번씩 학교에 가서 은성이를 만나고, 수업 과정을 기록했다. 기록을 검토하면서 한글 지도 방법을 함께 연구했다. 이 과정을 거치면서 나는 기초 학력 정책 전반에 대한 새로운 시각을 갖게 되었다. 이를 바탕으로 조금 다른 방법으로 기초 학력 정책에 다가설 수 있었고, 아이와 교사 양측 모두의 이해와 요구에 좀더 귀 기울일 수 있었다.

2장

읽기 수업 전에 알아야 할 아이의 읽기 발달

읽기 발달 단계

초등학교 교사라면, 적어도 1, 2학년 교사라면 반드시 알고 있어야 할 아이의 읽기 발달 특징을 나는 교직 생활 23년 차가 넘어서야 알았다. 여기에 소개하는 읽기 발달 단계는 외국의 언어학자가 연구해서 정리한 것이지만, 지난 2년 동안 아이의 읽기를 면밀히 들여다보면서 비교해보니 은성이게도, 동찬이에게도 적용됨을 알 수 있었다.

사실, 아이가 나이대별로 읽기 과정에서 어떤 특징을 나타내는지 우리는 경험을 통해 파편적으로 알고 있다. 1학년 담임을 오래한 교사일수록 아이가 어떤 식으로 말하고, 읽고, 쓰는지 안다. 다만 우리는 그것들을 좀더 면밀히 관찰하고, 기록하고, 비교해보고, 공통점을 추출해내지 않았다. 여기에 내가 소개하고자 하는 읽기 발달 단계를 넘어서는 연구, 예컨대 아이의 나이대별 특징을 기록하고 정리한 현장 교사의 연구 결과가 앞으로 풍부하게 나오기를 기대해본다.

읽기 발달 단계를 이해하고 난 후 비로소 나는 왜 1학년 단계에서 음소 단위로 문자를 지도해야 하는지, 왜 받아쓰기 급수판을 사용하면 안 되는지를 깨달았다.

1) 자모 이전 단계(pre-alphabetic phase)[3]

'로고그래픽(logographic) 단계' 또는 '선택적 단서 단계'라고도 한다. 이 시기의 아이는 글자를 그림으로 인식해서 덩어리로 읽는다. 주변에서 자주 접하는 상표, 예를 들어 우유갑에 쓰여 있는 '우유'나 좋아하는 그림책 표지에 쓰여 있는 '호랑이'와 같은 글자를 읽을 수 있지만, '우유'나 '호랑이'를 다른 곳으로 옮겨 적으면 읽지 못하는 단계가 자모 이전 단계다. 글자를 읽는 데 도움을 주는 우유갑이나 호랑이 그림 같은 단서가 사라지면 읽지 못한다. 이 시기의 아이는 소리 하나에 글자 하나라는 것을 알아차리지 못하고, 글자도 그림처럼 하나의 덩어리로 본다. 보통 취학 이전 단계에서 나타난다.

2) 부분적 자모 단계(partial-alphabetic phase)

음절 개념과 익숙한 음절 글자들이 생기는 시기다. 음절의 개념을 안다는 것은 '호랑이'가 3개의 글자로 이루어져 있음을 이해한다는 의미이다. 이때 아이의 눈에 '호랑이'는 그림 덩어리가 아니라 각각의 글자로 떨어져 보인다.

이 시기의 아이는 '호랑이' 그림 아래에 있는 '호'로 시작하는 단어를

---

[3] 읽기 발달 단계(Ehri and McCormik, 1998). 『학교 속의 문맹자들』에서 재인용

'호랑이'라고 읽을 수 있다. '호랑이'라고 읽는다고 해서 '랑'과 '이'를 읽을 줄 아는 것은 아니다. 보통 이 단계에 있는 아이는 '호'를 알기 때문에 '호리병'도 호랑이로 읽고, '호박꽃'이나 심지어는 '호미'를 호랑이로 읽기도 한다. 읽기가 미숙한 1학년 아이 중에 종종 이런 아이를 볼 수 있다. 어느 정도 읽을 줄 아는 아이도 많은 경우에 첫 글자 뒤에 있는 글자들을 예측해서 읽다가 스스로 수정해서 읽기도 한다.

3) 자모 단계(full-alphabetic phase)

자소와 음소의 대응 규칙을 이해하고 글자를 한 글자씩 읽을 줄 알게 되는 단계다. 초등학교 입학 무렵이 되면 대부분의 아이는 자모 단계까지 간다. 이 시기의 아이는 '호랑이'를 한 글자씩 읽을 줄 안다. 소리와 글자 사이의 연관 관계를 이해하고, 소리 하나에 글자 하나가 대응된다는 것을 인식한다. 글자를 덩어리에서 해체하여 음절 단위로 하나하나 떨어뜨려 인식하게 되는데, 글을 읽을 때 아이가 '호-랑-이, 아하! 호랑이'라고 외친다면 자모 단계이다. 즉, 음절 단위로 다 읽은 다음에야 그 글자가 무엇을 의미하는지 알아차린다는 뜻이다.

4) 통합적 자모 단계(consolidated-alphabetic phase)

초등학교 2, 3학년쯤 되면 아이들은 통합적 자모 단계에 이른다. 이 단계에서는 단어를 읽을 때 한 글자, 한 글자 읽기보다는 단어 단위로 보기 시작하여 단어를 읽어내는 속도가 빨라진다. '호랑이'라는 단어를 볼 때 자모 이전 단계의 아이들은 글자와 소리를 구분하지 못한 채 호랑이라는 그림의 덩어리로 본다면, 통합적 자모 단계에서는 글자 덩어리를 보면서 3개의 글자로 인식한다. 단어 단위로 인식하기 시작하는 통합적 자모 단계에 다다라야 비로소 띄어쓰기에 대한 인식이 생긴다. 즉, 어디에서 띄어야 할지 이해하는 것이다.

5) 자동적 자모 단계(automatic-alphabetic phase)

우리는 글을 읽을 때 시각을 이용하여 왼쪽에서 오른쪽으로 읽어나간다. 글자를 한 글자씩 읽기보다는 단어 단위 또는 문장 단위로 읽는데, 읽기가 유창한 사람일수록 문장 단위로 빠르게 읽는다. 자동적 자모 단계에서는 익숙한 단어뿐만 아니라 익숙하지 않은 단어나 처음 보는 단어까지도 힘들이지 않고 읽을 수 있다.

은성이와 동찬이가 언어를 사용하는 상황을 발달 단계의 관점에서 살펴보니 신기한 장면들이 있었다. 아이가 왜 그렇게 읽는지 자연스럽게 해석되기도 했다.

은성이와 동찬이는 늘 아는 글자를 이용해 뒷글자를 상상하며 읽곤 했다. 호박꽃이나 호주머니를 '호랑이'로 읽어서 다시 읽어보라고 손가락으로 짚으면 그제야 한 글자씩 들여다보며 제대로 읽기 일쑤였다. 『누렁이와 야옹이』 그림책을 잘 읽다가도 '창턱을 좋아하고'를 읽을 때 '좋아했고'로 읽고, '좋아하지요'를 읽을 때는 평소에 많이 사용하는 '좋아해요'로 바꾸어 읽었다. 이렇게 읽는다고 해서 부분적 자모 단계라고 끼워 맞출 수는 없지만, 발달 단계를 익히고는 아이가 왜 이렇게 읽는지 더 잘 이해할 수 있었다.

"누렁아, 일어나!
놀러 나갈 시간이야."

누렁이는 지금부터 모험을 떠날 거예요.

야옹이는 집에 남기로 했어요.

빵빵!
누렁이는 자동차 타고
어디를 가는 걸까요?

'누렁아, 일어나'와 뒤에 나오는 '빵빵' 같은 단어는 다른 글자와 달리, 한 글자씩이 아니라 시각을 활용하여 리듬까지 넣어가며 덩어리로 순식간에 읽었다. 글자와 단어에 따라서 부분적 자모 단계의 특성을 보이기도 했고, 자모 단계, 통합적 자모 단계의 특성을 나타내는 부분도 있었다. 이 말은 곧 아이의 읽기 발달 단계가 딱 떨어지면서 구분되기보다는 노출 정도에 따라 한 문장 안에서도 섞여서 나타난다는 것을 의미한다.

한글 단어 읽기 발달의 특징과 받아쓰기

초등학교에 입학하면 가장 먼저 접하는 교육 활동 중 하나가 받아쓰기다. 선생님이 불러주는 문장 10개를 받아쓰고 100점을 받은 추억은 교사라면 누구나 가지고 있을 것이다. 최근 들어 초등학교에 이제 막 입학한 학생에게 기계적인 받아쓰기, 너무 이른 받아쓰기, 알림장 쓰기 등을 지양하라는 지침이 학교로 내려가는 추세다.

그러나 읽기와 쓰기는 처음부터 함께 가야 한다. 기계적이며 수준에 맞지 않는 받아쓰기를 지양하라는 것이지 쓰기를 하지 말라는 이야기는 아니다. 수준에 맞는 쓰기 지도는 읽기 지도 시작과 동시에 이루어져야 한다. 아이가 읽을 줄 안다고 해서 쓸 줄 아는 것은 아니다. 쓰기가 읽기를 촉진하고, 읽기는 다시 쓰기에 도움을 준다.

그렇다면 받아쓰기를 어떻게 해야 할까? 받아쓰기를 이해하려면 먼저 어절과 음절, 음소와 자소에 대한 개념을 알아야 한다. 부끄러운 고백이지만, 나는 고등학교까지의 교육과정에서 열심히 배웠던 이 단어들의 개념을 까마득히 잊고 있다가 『학교 속의 문맹자들』을 읽으며 다시 접했다. 그런데 개념을 읽고 또 읽어도 명확하게 구분이 되지 않았다. 특히 음소와 자소가 그랬다. 연구를 진행하며 어절과 음절, 음소라는 단어를 수시로 사용하고, 글로 쓰는 과정을 겪는 과정에서 자연스럽고도 정확하게 이해가 됐다. 음소와 자소의 개념을 구분하게 된 것은 한참이나 더 지난 뒤였다. 한글이 음소와 자소 구분이 뚜렷하지 않은 탓에 더욱 구분이 안 됐던 것 같다. 그런데 한글이 배우고 익히기 쉬운 이유도 여기에 있다.

'받아쓰기' 하면 제일 먼저 떠오르는 것이 급수표다. 초등학교 1, 2학년 교실이라면 반드시 있어야 할 학습 자료인 것처럼 코팅까지 해서 아이들에게 나누어 주는 급수표. 그런데 받아쓰기 급수표는 아이의 언어 발달 단계에 맞는 것일까?

어절, 음절, 음소, 자소

어절(語節)은 문장을 구성하고 있는 단어 마디로 문장 성분의 최소 단위이면서 띄어쓰기의 단위가 된다. '옛날에 호랑이가 살고 있었습니다'는 4개의 어절로 되어 있다.

음절(音節)은 단어의 구성 요소로 음의 단위, 소리마디를 의미한다. '호랑이'는 3개의 음절로 되어 있다.

음소(音素)는 음을 이루는 구성 요소로 가령 호랑이에서 호는 2개, 랑은 3개, 이는 1개의 음소로 구성되어 있다.

자소(字素)는 글자를 이루는 구성 요소로 가령 호랑이에서 호는 2개, 랑은 3개, 이는 2개의 자소로 구성되어 있다.

영어권은 대부분 음소와 자소가 다르다. 알파벳의 개수(자소)는 26개인데 반해, 소리를 이루는 요소인 음소는 40개가 넘는다. egg, feel, steak에서 e는 모두 다른 소리를 낸다. 심지어 apple의 e는 소리가 나지 않는다. 또, 같은 '이' 소리를 'e, ea, ee, i' 등 여러 가지로 적을 수 있다. 이런 식으로 같은 글자가 여러 소리를 갖기도 하고, 같은 소리를 적을 수 있는 글자가 여러 가지다 보니 음소와 자소의 대응 관계가 완벽하지 않고 분명하지도 않다. 그러나 한글은 자소와 음소가 특별히 구분되지 않는다. 낱글자와 말소리가 정확하게 일대일로 일치하기 때문이다.

한글 단어 읽기 발달 단계를 연구한 윤혜경과 이광오의 연구 결과[4]에 따르면 한글 단어 읽기 발달은 단어 읽기 → 글자(음절 단위) 읽기 → 자소(음소 단위) 읽기 → 단어 읽기의 단계를 거친다고 한다. 이를 해석하여 적용해보면 다음과 같다.

1) 단어 읽기: 처음으로 글자 읽기를 시작하는 아이들은 '호랑이'라는 글자를 읽을 때 그림으로 인식하여 덩어리로 읽는다. 이때의 아이들은 '호랑이'가 3개의 글자로 이루어져 있다는 것을 미처 인식하지 못한다. '호랑이'가 글자의 집합체라기보다는 그림 덩어리이기 때문이다.
2) 글자 읽기: '호랑이'를 각 음절 단위로 인식하여 '호'와 '랑'과 '이'로 분리하여 읽는다. 자모 단계 아이들이 여기에 해당한다. '호랑이'가 3개의 글자로 되어 있음을 알기는 하지만 아직 '호'가 'ㅎ'과 'ㅗ'의 조합으로 만들어진다는 것을 모른다.
3) 자소 읽기: '호랑이'에서 '호'는 'ㅎ'과 'ㅗ'로, '랑'은 '라'와 'ㅇ'으로 다시, 'ㄹ'과 'ㅏ'와 'ㅇ'으로 분리하여 읽을 줄 알게 된다. 즉, 음소 단위로 글자를 읽고, 조합할 수 있게 된다.
4) 단어 읽기: 음절 단위로, 음소 단위로 글자를 분리하고 조합하면서 자동으로 읽게 된다. 이때가 되면 글자의 조합과 분리가 자동으로 일어나 굳이 애써 생각하지 않아도 글자를 읽고 쓰는 것이 가능해진다. 그리고 글자에 맞는 이미지도 자연스럽게 떠오른다.

---

4 『학교 속의 문맹자들』에서 재인용

발달이 빠른 아이는 만 6세가 되면 자소 읽기가 가능해지며, 보통의 아이도 초등학교 1학년이 되면 가능하다고 한다. 초등학교 1학년 국어 교과서가 자·모음을 조합하여 글자를 읽히도록 구성되어 있는 이유가 바로 여기에 있다.

받아쓰기는 각 글자의 소리를 듣고 낱글자들을 구분하며 조합하여 문자로 쓰는 데 목적이 있다. 급수표에 있는 글자를 보고 연습하여 쓰게 하는 것은 받아쓰기 본래의 목적인 듣고 쓰기보다는 글자를 암기해서 쓰게 하는 방식이라 볼 수 있다. 이것은 단어 읽기 발달 단계 중 첫 번째 단계인 '단어 읽기'에 해당한다. 글자의 모양을 보고 기억하게 하여 써 보는 활동이라고 볼 수 있다.

이것이 아이의 받아쓰기에 어떻게 적용되는지 몰랐던 2015년에는 은성이를 가르치면서 받아쓰기를 할 때 단어를 살펴보게 한 다음 기억해서 쓰게 했다. 그러다가 '붕어는', '앉는', '참는가'의 '는' 자를 쓸 때 은성이의 반응을 보면서 받아쓰기 방법을 바꾸었고, 그 후로 음소 단위 받아쓰기를 계속했다.

물론 급수표를 이용한다고 모든 아이가 단어를 암기해서 쓰는 것은 아니다. 받아쓰기를 하는 아이를 자세히 지켜보면 아이가 어느 단계에 와 있는지 쉽게 구분할 수 있다.

받아쓰기를 잘하는 아이는 교사가 부르는 문장을 음소 단위로 중얼거리며 쓴다. '호랑이'라는 단어를 불러주면 아이가 '흐오 르아앙 이'로 혼자서 중얼거리며 쓰는 것을 쉽게 볼 수 있다. 이것마저도 하지 않고 순식간에 호랑이를 쓴다면 자유자재로 낱글자를 분리, 조합하여 자동으로 읽고 쓸 줄 아는 아이라고 볼 수 있다.

반면, 글자를 쓰지 못하고 어떤 글자인지 생각해내려고 애쓰는 아이도 볼 수 있다. 받아쓰기를 어려워하는 아이는 낱글자의 해체나 조합보다는 글자의 모양을 기억해내기 위해 애쓴다. 이런 아이에게 받아쓰기는 그야말로 고된 지적 노동이 될 수밖에 없는데, 기억에는 한계가 있어서 아무리 많은 노력을 기울여도 쓰기가 좀체 늘지 않는다. 받아쓰기를 싫어하게 될 수밖에 없는 이유다.

받아쓰기 본래의 목적인 듣고 쓰기를 달성하고, 발달 단계에 맞는 쓰기를 하려면 낱글자 단위로 받아쓰기를 해야 한다. 받아쓰기를 처음 시작하는 아이에게 '호랑이'라는 글자를 쓰게 하려면 '호' 자의 초성 자음이나 중성 모음 자리 중 한 곳을 비워놓고 써넣게 하는 방식도 좋고, 자석 글자를 칠판 가득 붙여놓고 하나씩 찾아다가 글자를 맞추게 하는 활동도 좋다.

먼저 아이가 어느 단계에 있는지 살펴본 다음 그 단계에서부터 받아쓰기를 시작하면 좋다. 단어를 아직 그림으로 인식하는 단어 읽기 단계에 있다면 글자 읽기 단계로 넘어가기 위해 '호랑이'가 세 글자임을 알게 하는 것부터 시작한다. 이때 유용한 방법 중의 하나가 손뼉치기다. 손뼉에 맞춰 호랑이를 큰 소리로 읽게 한다. 손가락으로 세어가며 읽을 수도 있다.

글자 수를 인식했다면 각 자소 읽기 단계로 넘어간다. '호'가 2개의 자소로, '랑'은 '라'와 'ㅇ'으로, 다시 'ㄹ'과 'ㅏ', 'ㅇ'의 3개 자소로 구성됨을 알게 하는 방법으로 글자 상자를 이용하면 좋다. 글자 상자는 읽기 따라잡기 연수에서 엄훈 교수님이 알려준 것으로, 방법은 다음과 같다.

글자 상자를 그린 후 동전이나 동그란 자석을 활용하여 자소 단위로

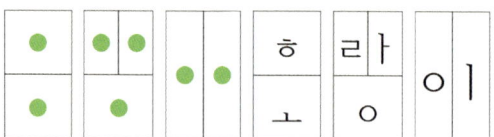
자소 인식을 돕는 글자 상자

천천히 읽으면서 채우는 활동을 반복한다. 글자 상자를 빈칸으로 그려 주고 맞게 써넣게 하거나 자석 글자를 채워 넣게 하는 활동도 좋다. 이런 활동은 낱글자의 수와 글자의 형태를 파악하고, 글자를 구조적으로 이해하는 데 도움을 준다.

받아쓰기가 꼭 문장 또는 단어 10개를 연필로 써야만 하는 것이라는 생각을 바꾸자. 자석 글자를 활용하여 붙이는 것도, 낱글자를 비워놓고 채워넣는 것도, 프린트로 나누어주는 알림장 어딘가를 비워놓고 써넣게 하는 것도 받아쓰기라고 생각해보자.

채점도 아이의 상황에 따라서 문장으로 채점해줄 아이와 단어, 또는 음절, 자소 단위로 채점할 아이를 구분해보자. 문장이나 단어 채점보다

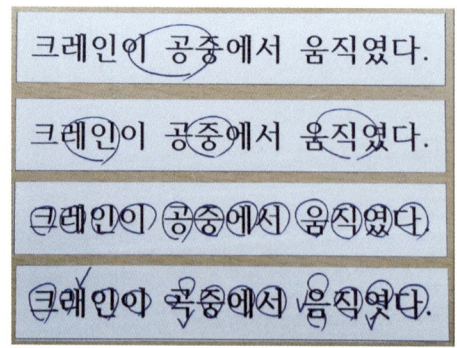
문장, 어절, 음절, 음소 단위 받아쓰기 채점

는 음절 단위, 음소 단위로 채점하면 아이는 자연스럽게 음소 단위로 바라보고 생각할 수 있게 된다. 물론 성취감도 더 높일 수 있다.

받아쓰기 급수표는 생활과는 동떨어진 것이어서 흥미 면에서 아이의 욕구와는 거리가 먼 학습자료다. 이제 목적에도 맞지 않고, 한글 익히기에도 별 도움이 되지 않는 급수표부터 교실에서 치우는 것은 어떨까.

3장

읽기 따라잡기 수업

　읽기 따라잡기 수업 방법으로 지도한 아이는 대부분 더듬더듬이나마 글자를 읽을 수 있게 되었다. 그렇다고 읽기 따라잡기를 적용한 수업으로 모든 아이가 한글을 깨칠 수 있을지는 모르겠다. 원인과 특성이 모두 다르고, 지도하는 교사의 방법도 조금씩 다르다 보니 아이마다 한글을 깨치는 속도에는 분명 차이가 있을 것이다.

　한글을 쉽게 떼지 못한 아이 중 상당수는 문자 배우기에 심각한 어려움을 겪는다. 경계선 지능을 가진 느린학습자이거나, 난독증을 가진 아이일 가능성도 크다. 이런 경우일수록 집중적이고도 꾸준한 지원이 필요하다.

　그럼에도 불구하고 글자는 누구나 읽고 쓸 수 있다. 실제로 우리가 지도한 아이들도 대부분 한글을 깨쳤다. 능숙하게 읽는 아이에서부터 더듬더듬 읽는 아이까지 정도의 차이는 있지만, 글자를 읽을 수는 있었다. 내가 지도한 5학년 은성이와 1학년 동찬이도 일 년 정도 지나자 적어도 글자를 읽을 수는 있게 되었다.

은성이를 지도하던 2015년은 읽기 지도의 방법을 찾느라 우왕좌왕하던 때였다. 이것을 조금 하다가 아닌 것 같으면 다른 것을 들이대며 검증하느라 체계적으로 지도하지 못했다. 그럼에도 불구하고 시간이 흐르자 은성이는 글자를 해독하고 그다음 단계로 나아갈 수 있었다. 은성이가 앞으로 세상을 살아가면서 자유자재로 읽고 쓸 수 있을지는 미지수이지만 적어도 생활하면서 만날 수많은 글자를 읽을 수 있을 것이며, 써야 할 일이 있을 때라면 쓸 수도 있을 것이다.

여기에 소개할 읽기 따라잡기가 한글을 익히는 절대적인 수업 방법은 아니다. 그러나 문맹인 아이를 만났을 때, 어떻게 지도해야 할지 몰라서 당황스러울 때, 아무리 가르쳐도 제자리인 아이를 보며 답답할 때 그동안 내내 써왔던 한글 음절표만 들이대지 말고 수업의 방법으로 가져다 쓰면 좋겠다. 몇 번 해보고 안 된다며 좌절하지 말고 시간을 내어 꾸준히 지도하면 좋겠다.

읽기 따라잡기 수업 방법

1. 생활 문장(한 문장) 쓰기
2. 익숙한 그림책 읽기, 새로운 그림책 읽기
3. 적어도 주당 2시간 이상, 시간당 40분 이하
4. 아이 해독 수준에 맞는 그림책 선택하기

선생님들은 이구동성으로 효과적인 한글 지도 방법을 배우고 싶다고 하는데, 엄밀히 말해 효과적인 지도 방법은 없다. 한글 해득은 얼마나 즐겁게, 꾸준히 공부하는가에 달렸다. 효과적이고 체계적인 지도 방법이 있다 하더라도 아이마다 특성과 원인이 다르기 때문에 딱 들어맞지도 않을 것이다. 그러나 우리 반에, 나와 인연을 맺은 아이 중에 문맹인 아이가 있고, 그 아이가 나를 필요로 함을 받아들이면서 아이와 대화를 나누며, 즐겁게 글자를 가지고 노는 시간을 꾸준히 가져보자. 아이는 분명 글자를 깨칠 수 있다.

읽기 따라잡기 수업은 읽기와 쓰기의 병행이 가장 중요하다. 아이와 자연스럽게 이야기를 나누면서 그 가운데서 문장 하나를 같이 정하여 쓴다. 그리고 익숙한 그림책과 새로운 그림책을 함께 읽는다. 아주 간단하다.

이때 적어도 주당 2시간 이상, 시간당 40분을 넘지 않도록 수업을 진행해야 한다. 할 수만 있다면 시간이 짧더라도 매일 하는 것이 가장 좋다. 학습 자료는 아이의 해독 수준에 맞는 그림책을 활용한다. 그림책은 글과 그림이 함께 있어 그림을 보는 즐거움도 있으며 글자 공부에도 유용하다.

요즘 들어서는 어른도 그림책을 많이 본다. 그림책 속에 숨겨진 다양한 의미를 해석하는 재미 때문이 아닐까 싶다. 아이도 마찬가지다. 그림을 가지고 놀면서 자연스럽게 글자도 익힐 수 있는 도구가 그림책이다.

생활 문장(한 문장) 쓰기

우리는 흔히 읽기를 먼저 가르친 다음 어느 정도 읽을 줄 알면 쓰기를 가르쳐야 한다고 생각한다. 그리고 읽을 줄 알게 되면 쓸 줄도 알게 될 것이라고 여긴다. 이것이 얼마나 잘못된 생각인지 은성이와 수업을 시작한 지 일 년을 거의 다 보내고서야 깨달았다.

은성이는 읽을 줄 알아도 쓰지 못했다. 은성이만 그런 것이 아니라 읽기와 쓰기를 따로 지도한 선생님과 함께 공부했던 아이 모두가 그랬다. 기존의 쓰기 지도 방법을 바꾸어서 처음부터 읽기와 쓰기를 같이 지도했어야 함을 늦게야 깨달았고, 동찬이와 한 문장 쓰기를 하면서 이 활동이 얼마나 중요한지 알게 되었다.

9월부터 1학년 동찬이와 수업을 시작했지만 쓰기를 시작한 것은 11월부터였다. 11월 들어서 받은 연수 시간에 한 문장 쓰기를 하자는 제안이 있었고, 그다음 시간에 바로 적용하여 수업했다.

생활 문장 쓰기를 처음 했던 11월 10일에 나는 동찬이를 만나자마자 아침에 있었던 일, 학교 오는 길에 봤던 것, 친구와 주고받은 이야기 등을 물었다. 그중 동찬이가 쓰고 싶어 하는 문장을 하나 골라서 받아쓰기를 했다.

동찬이는 처음이라 그런지 쓰지 않으려고 했다. 글씨는 정말 엉망이었고, 모른다고 투덜거렸다. 모른다고 할 때 처음부터 글자를 보여주지 않고 낱글자들을 차례로 알려주거나, 책에 있는 글자 중에서 찾아보게 했다. 나와 이야기로 주고받은 내용이어서 그런지 다행히 끝까지 썼다. 그날 동찬이가 만들어 쓰고 반복해서 읽은 문장은 '밥을 두 그릇 먹었어요'였다.

다 쓴 문장을 다시 한번 한 글자씩 짚어가며 읽게 한 후 이제부터 선생님이 받아쓰기를 할 테니 불러달라고 했다. 선생님 귀가 잘 안 들리니 큰 소리로 천천히 또박또박 불러야 한다는 당부도 덧붙였다. 동찬이는 선생님이 받아쓰기를 한다고 하니 무척 좋아하고 신기해했다. 보여주지 않으려고 문장을 가리면서 불러줬다. 나중에는 음소 단위로 불러달라고도 했다. 낱글자에 대한 인식을 높이기 위해서였다. 모르는 낱글자를 나한테 물어보기도 하고, 힘들다고 소리를 지르면서도 표정은 즐거워 보였다. 문장을 가위로 오리고 맞추는 활동을 반복하면서 동찬이는 한 문장을 가지고 대여섯 번 읽기를 반복한 셈이었다.

이런 식으로 동찬이는 2015년에 6개의 문장을 썼다.

날짜	동찬이가 쓴 한 문장
11. 10.	밥을 두 그릇 먹었어요.
11. 17.	오늘 아침에 블럭을 했어요.
11. 24.	엄마가 핸드폰을 안 시켜 줬어요.
11. 26.	신발을 안 신고 왔어요.
12. 1.	비행기를 만들어서 날렸어요.
12. 3.	목이 말라요. 물을 주세요.

1학년 2학기 때 동찬이가 쓴 생활 문장

<생활 문장 쓰기 절차>

▶ 아이와 함께 이야기를 나눈 후 쓸 문장을 정한다.

▶ 스케치북 아래쪽에 글자 수만큼 칸을 그려준다. 띄어쓰기와 마침표

도 한 칸으로 생각하고 칸을 그린다.
▶ 나눈 이야기를 한 글자씩 스케치북 아래 면에 쓸 수 있게 불러 준다.(윗면은 연습 공간으로 활용)
  - 모르는 글자는 자석 낱글자 3~4개 정도를 늘어놓아 그중에서 찾도록 한다.
  - 아이가 실패의 경험을 맛보지 않도록 모를 경우 교사가 옆에서 계속 힌트를 주면서 도와준다.

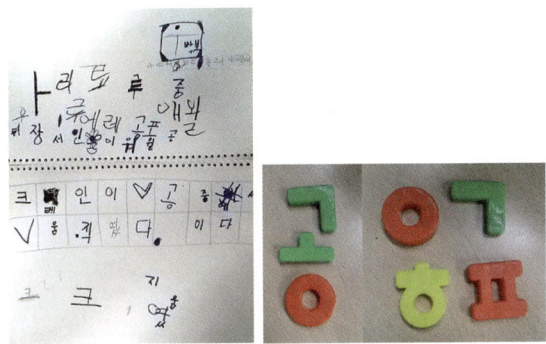

2016. 4. 18. 동찬이가 쓴 한 문장

▶ 다 쓴 후 아이에게 불러달라고 해서 교사가 띠지에 받아쓴다.
  - 띠지는 A4 용지를 활용하여 미리 만들어 둔다.
  - 가끔은 음소 단위로 불러 달라고 해서 받아쓴다.

|크|레|인|이|∨|공|중|에|서|∨|움|직|였|다|.|

▶ 가위를 이용하여 어절 단위로 자른다.(아이가 자르게 하면 좋다.)
▶ 교사가 문장을 불러주면 아이가 문장을 맞춘 후 소리 내어 읽는다.

|크|레|인|이|∨|공|중|에|서|∨|움|직|였|다|.|

▶ 가위를 이용하여 음절 단위로 자른다.
▶ 교사가 문장을 불러주면 아이가 문장을 맞춘 후 소리 내어 읽는다.

| 크 | 레 | 인 | 이 | ∨ | 공 | 중 | 에 | 서 | ∨ | 움 | 직 | 였 | 다 | . |

  생활 문장 쓰기를 먼저 할지, 그림책 읽어주기를 먼저 할지는 중요하지 않다. 아이의 흥미와 요구에 따라 선택하면 된다. 나는 아이와 만나자마자 자연스럽게 이야기를 나누고, 그것을 쓰기와 연결하느라 그림책 읽기보다 먼저 했지만 그림책을 읽고 나서 쓰기를 한 선생님도 있었다. 아이와 이야기를 나누어보면 늘 같은 이야기를 반복하기도 해서 재미가 없을 수도 있다. 그래서 교사가 어떤 질문을 하고, 어떻게 이야기를 끌어갈 것인지가 중요하다.

  아이와 생활 이야기가 잘 안 될 때는 그림책을 활용하는 방법도 있다. 그림을 가지고 이야기를 나누면서 아이가 한 이야기를 쓰기로 연결할 수도 있다. 그림책 이야기로 쓰기를 하려면 그림책을 먼저 읽고 난 후 쓰기에 들어가면 된다. 아이에게 말이 글이 된다는 것을, 그것도 내가 한 말을 글자로 쓸 수 있다는 것을 보여주는 일은 생각보다 훨씬 중요하며, 동시에 아이들이 무척이나 즐거워하는 활동이다.

  동찬이와 공부를 시작하면서 맨 처음 읽어준 그림책이 『똥개 아기』다. 안도현의 동시를 책으로 만든 것으로 문장이 많지 않을뿐더러, 그 나이의 아이가 가장 좋아하는 똥을 소재로 쓴 그림책이라 골랐다.

  동찬이도 이 그림책을 굉장히 좋아했다. 책을 읽어준 지 두 번째 만에 모든 글자를 읽을 수 있게 되었다. 책장을 넘겨 가며 아주 실감 나게 잘 읽었다. 세 번째 만나는 날 책에 나오는 단어를 카드로 만들어서 불러주고 찾게 하는 활동을 했다. 이날 동찬이가 찾은 단어, 즉 알고 있는 단어는 '아기, 하고, 아기가'였다. 3개의 단어를 빼고는 아는 것이 없었다. 그림 단서가 사라지고 나면 동찬이는 글자를 읽지 못했다. 갈 때마다 읽고, 각각의 글자를 손가락으로 짚어가며 읽어도 글자를 따로 떼어내면 읽지 못했다. 결국, 나는 몇 번 만에 단어 카드 찾기를 그만두었다.

첫날 한 문장 쓰기에서 동찬이는 어절 단위로, 음절 단위로 글자를 찾아내는 활동을 무척 어려워했다. 한 글자씩 음소 단위로 글자를 쓰고, 또박또박 읽고 말하기를 반복해도 글자 알아보기가 어려웠던 것 같다. 두 번째 문장이었던 '오늘 아침에 블럭을 했어요'도 마찬가지였다. 그러나 세 번째 문장, '엄마가 핸드폰을 안 시켜 줬어요'부터 어느 정도 글자를 찾을 수 있었다.

신기해서 다음 시간에『똥개 아기』단어 카드를 들고 가서 단어를 불러주며 찾아보게 했다. 책 읽는 동안 그렇게도 못 알아보던 단어를 정확하게 읽지는 못해도 알아보고 찾는 것이 참 신기했다. 동찬이는 어떻게 갑자기 단어들을 알아볼 수 있었을까?

앞서 설명했던 한글 단어 발달 특징과 연결 지어 보면 쉽게 이해할 수 있다. 그동안 동찬이에게 단어는 그림 덩어리였다. 어쩌다 하나씩 아는 글자가 생겨나면 그제야 덩어리에서 글자들이 떨어져나가 음절 단위로 인식되었을 텐데 그렇게 인식한 단어가 '아기'와 '하고'였다. 그렇게 뭉쳐 있던 것을 해체하여 단어를 음절 단위로, 다시 음절 글자를 낱글자로 분리하여 쓰고, 읽고, 그것도 내 이야기를 문장으로 만들어 쓰다 보니 다른 글자도 알아볼 수 있었던 것이다.

한글 단어 발달 단계와 연결 지어 동찬이가 『똥개 아기』 그림책으로 문자를 익히는 과정을 설명하면 다음과 같다.

1) 단어 읽기: 교사가 읽어주는 문장을 그림 단서를 활용하여 기억했다가 읽어낸다. 단어들을 카드로 만들어 읽게 했을 때는 읽지 못한다. 그림 단서가 없기 때문이다. 이때 동찬이가 읽은 단어는 글자라기보다 그림에 가깝다.

2) 글자 읽기: 생활 문장(한 문장) 쓰기를 통해 단어들을 음절 글자 단위로 분리하기 시작하면서 '할머니는'이 4개의 글자로 되어 있다는 것을 감각적으로 알게 된다. 쓰거나 정확하게 읽지는 못해도 단어 카드 중에서 찾는 것이 가능해진다. 시간이 흐르면서 점차 음절 글자를 정확하게 읽는다.

3) 자소 읽기: '할'을 '하'와 'ㄹ'로 분리하여 생각하고, 다시 'ㅎ'과 'ㅏ', 'ㄹ'로 분리할 수 있게 된다. 낱글자의 조합과 해체를 통해 글자를 읽고 쓸 수 있다. 글자 읽기와 자소 읽기가 순서에 맞춰서 가능해지는 것은 아니지만, 노출 정도에 따라 이 두 가지가 동시에 가능하기도 하다.

4) 글자 읽기: 굳이 생각하지 않아도 '할머니는'이라는 단어가 음절 단위, 자소 단위로 해체와 조합이 자동으로 일어난다.

대부분의 아이는 특별히 많이 가르치지 않아도 초등학교 1학년 무렵에 자소 읽기가 가능해진다. 그러나 동찬이는 특별히 가르쳐야 하는 경우였다. 단어 읽기 단계에 있던 동찬이와 한 문장 쓰기를 하면서 글자 읽기와 자소 읽기의 방법을 적용하니 자연스럽게 문자를 받아들일 수 있었다는 걸 나중에 알았다. 물론 그때는 이 방법에 그런 원리가 들어가 있다는 것을 미처 알지 못했다. 기록한 것을 읽으며 의미를 해석하는 과정에서 알아차린 것이다.

따라 읽으면서 무작정 암기하는 자·모음 음절표의 글자는 동찬이에게 그저 이미지화된 표식에 불과했다. 음절표의 글자가 어떤 의미인지 알 수 없었다는 뜻이다. 그러니 '나비'를 읽을 때 손가락으로 순서를 셀 수밖에 없었다.

아이의 흥미와 요구에 맞는 한 문장 쓰기의 위력에 대해서는 연수 받았던 선생님 모두가 한목소리로 훌륭하다고 입을 모았다. 한 문장 쓰기는 문자 지도에도 유용하지만, 아이들에게 자기 생각을 기록으로 남기는 과정을 통해 생각하는 힘을 길러준다는 측면에서도 훌륭한 공부 방법 중 하나이기 때문이다.

기역, 니은도 모르는 아이는 생활 문장 쓰기를 어떻게 할까? 각 낱글자를 알아야 찾기라도 하지 않을까? 분명 이런 질문이 떠오르는 선생님도 있을 것이다. 물론 나도 동찬이와 생활 문장 쓰기를 하기 전에 여러

동찬이와 했던 낱글자 익히기 놀이

가지 활동을 했다.

담임선생님이 한 학기 동안 잘 가르친 덕분에 동찬이는 각 낱글자 이름을 완벽하지는 않더라도 어느 정도는 알고 있었고, 가나다라도 순서대로 조금은 알고 있었다. 나는 동찬이와 칠판에 자석 글자 붙이기 놀이를 많이 했다.

여러 활동 중에서 동찬이가 특히 좋아하고, 잘 소화했던 활동은 낱글자로 노래를 부르며 조합하는 놀이였다. 문자 지도 연수에서 어떤 선생님이 가르쳐준 방법이었는데, 낱글자를 익히고 글자가 자음과 모음이 조합되어 만들어진다는 점을 이해하는 좋은 활동이었다.

기역을 왼손에 쥐고, 아를 오른손에 쥔 다음 '기역아, 기역아, 아아아아, 가!' 노래를 부르며 낱글자를 합해서 '가'를 만들었다. 이런 식으로 각 낱글자를 조합하는 글자 만들기를 매시간 잠깐씩 했는데, 나중에는 동찬이가 글자를 몰라서 어려워할 때 노래만 불러도 알아서 쓰기도 했다. 동찬이는 기역과 아가 합해져서 '가'가 되고, 니은과 오가 합해져서 '노'가 된다는 것을 자연스럽게 받아들였다.

이 밖에도 유튜브에 자음 노래, 모음 노래 영상이 많이 있다. 어떤 자료를 어떻게 활용할지는 가르치는 선생님 몫이다. 그러나 어떤 활동을 하더라도 아이의 반응에 따라서 적용해야 효과가 있다. 늘 활동적이고 부지런히 움직이는 동찬이는 직접 손으로 만지고, 오리고, 붙이고, 노래 부르는 활동을 좋아했다.

이듬해에도 동찬이와 4월부터 열세 번을 만나는 동안 꼬박꼬박 생활 문장 쓰기를 했다. 받침 없는 글자를 어느 정도 읽을 줄 알았던 동찬이

날짜	쓴 문장
4. 19	사마귀를 보았어요.
4. 21	노란색 우산을 가지고 왔어요.
4. 26	새벽에 애기가 울어서 죽을 뻔했다.
4. 28	크레인이 공중에서 움직였다.
5. 4	엄마가 전화를 안 받아서 울었다.
5. 9	선생님이 내 뒤에 있어서 돌아보았다.
5. 12	욕하면 안 돼.
5. 17	내가 하품을 했다.
5. 20	자고 일어났는데 엄마가 옷을 갈아입는데 도와주었다.
5. 24	그래서 너무 졸렸다.
5. 26	좀비가 돌아다녔다가 차와 자전거에 밟혔다.
5. 30	탱크를 한 번 타보고 싶다.
6. 2	내 이불로 비행기를 접고 싶었다.

2학년 1학기 때 동찬이가 쓴 생활 문장

에게 받침 있는 글자를 음절체와 말미 자음[5]으로 분리하여 사고할 수 있도록 매시간 질문을 했다. 다음은 '크레인이 공중에서 움직였다'를 쓸 때 주고받은 대화 내용이다.

"'중'은 뭐와 받침으로 이루어져 있을까?"
"이응이요."

---

5 '중'에서 음절체는 '주'이고, 말미 자음은 'ㅇ'이다.

"이응 위에 뭐가 있지?"

(대답 안 함)

"'움'은 뭐와 받침으로 되어 있지?"

"미음이요."

"미음 위에 뭐가 있지?"

(대답 안 함)

동찬이는 신기하게도 받침에 어떤 자음이 들어가는지 알고, 물어보면 받침을 먼저 떠올리며 말했다. 매시간 이런 질문을 받았던 동찬이는 어떨 때는 정확하게 대답했고, 또 어떨 때는 전혀 답하지 못했다.

'욕하면 안 돼'의 '면' 자와 '크레인이 공중에서 움직였다.'의 '공' 자는 이런 과정 없이도 잘 썼다. '면' 자는 '라면의 면'이라고 소리쳤고, '공'은 '공포 할 때 공'이라고 자랑하면서 썼다. 동찬이가 아는 '공'과 '면'은 각 낱글자를 조합하여 아는 글자가 아니라 단어 단위로 기억된 글자였다. 즉, 글자라기보다는 사진 찍은 이미지와 같다고 보면 된다. 한글 단어 읽기 발달 단계 중 두 번째 단계인 글자 읽기 단계라고 할 수 있다. 물론 모든 글자가 글자 읽기 단계인 것은 아니고, 글자에 따라 단어 읽기와 글자 읽기가 혼합되어 나타나기도 하며, 아예 모르는 글자도 많았다.

다음 단계인 자소 읽기 단계로 나아갈 수 있도록 낱글자를 조합하는 활동을 많이 했다. 자석 글자를 늘어놓고 글자를 먼저 조합한 다음에, 만든 글자를 보면서 쓰게도 하고, 음절체와 말미 자음으로 나누어서 생각할 수 있는 질문도 던졌다.

그림책을 읽으며 유창성을 기르고, 생활 문장 쓰기로 낱글자 단위로 해체하고 조합하는 활동을 하며 글자를 익힌 덕분에 동찬이는 조금씩 글자를 읽을 수 있게 되었다. 받침이 있는 글자를 모를 때 모르는 글자는 받침을 가리고 먼저 읽은 뒤에 다시 받침을 붙이면 곧잘 읽어냈다.

익숙한 그림책 읽기와 새로운 그림책 읽기

익숙한 책은 한 번 이상 읽은 책이고, 새로운 책은 그날 처음 접하는 책이다. 처음엔 그랬다. 한 권의 그림책을 가지고 가서 읽어주고, 같이 책을 읽고, 단어를 본 다음 그 시간에 해야 할 활동을 모두 마치고 나면 다음 시간에 새로운 책을 들고 갔다.

나중에 문자 학습에서 반복이 중요하다는 것을 알게 되었고, 이후로는 같은 그림책을 여러 번 읽혔다. 아이들은 같은 책을 여러 번 읽어도 전혀 지루해하지 않는다. 해독 단계에 있는 아이는 내용보다 글자 인식에 두뇌를 사용한다. 글자의 모양을 알아보고, 그것을 읽어내는 데 생소한 것보다는 익숙한 것이 훨씬 더 편하기 때문에 새로운 책보다 이전 시간에 본 책을 더 좋아한다. 그래서 반복해서 그림책 읽는 일이 중요하다. 익숙한 책을 먼저 읽은 다음, 새로 가져간 그림책을 꺼내어 살펴보게 하고, 이야기를 나눈 다음 읽히면 좋다.

사실 읽기 따라잡기 수업은 그리 대단할 것이 없다. 아마도 문맹인 아이를 만난 대부분의 선생님은 그림책을 활용해서 글자를 가르치려고 노력해봤을 것이다. 다만 어떤 그림책을 어떻게 활용할지가 중요하다. 해독 수준에 맞는 그림책을 골라서, 여러 번에 걸쳐서 반복해서 읽으며 성취감을 느끼게 해야 한다. 반복해서 읽히는 사이사이 글자를 해체하여

날짜	새로운 책	익숙한 책
4. 19	병아리	
4. 26	폴짝 폴짝	병아리
4. 28	나랑 놀자, 개구리야	병아리, 폴짝 폴짝
5. 4	뒹굴뒹굴 짝짝	병아리, 폴짝 폴짝, 나랑 놀자 개구리야.
5. 9		나랑 놀자 개구리야, 뒹굴뒹굴 짝짝
5. 12	나도 나도	뒹굴뒹굴 짝짝
5. 17	아기가 아장아장	뒹굴뒹굴 짝짝, 나도 나도
5. 20	수박을 쪼개면	나도 나도, 아기가 아장아장
5. 24	사과가 쿵	나도 나도, 아기가 아장아장, 수박을 쪼개면
5. 26		수박을 쪼개면, 사과가 쿵
5. 30	작은 새야 노래해	수박을 쪼개면, 사과가 쿵

2016. 4~5. 동찬이가 읽은 책

음절 단위로, 음소 단위로 보는 활동이 필요하다.

그림책의 장점은 아이가 그림을 보고 자유롭게 상상하여 말할 수 있다는 데 있다. 아이의 어휘나 문장 구성 능력, 사물 인식 능력도 함께 파악할 수 있다는 장점도 있다. 그림책을 보면서 그림에 대해 함께 이야기를 나누며 놀다 보면 자연스레 아이의 어휘 능력과 언어 패턴, 아이가 인식하고 있는 세상의 모습 등을 파악할 수 있다.

우리가 읽기 따라잡기 수업에 그림책을 들여온 이유는 재미와 즐거움, 어휘력을 늘리는 데도 있었지만 그림책을 활용하면 한글을 공부한다는 느낌보다 그림책을 가지고 논다는 느낌으로 아이와 학습을 시작할 수 있는 점도 크게 작용했다.

아이는 본능적으로 그림책을 좋아한다. 그림을 보면서 아이는 상상의 세계로 빠져든다. 교사의 눈에는 보이지 않는 것을 찾아내면서 즐거워하기도 한다. 아이의 이런 특성을 이해하고 문자 지도라는 목적에 얽매이지 않으며 자연스럽게 그림책을 활용한다면 조금 더 즐겁게 한글을 익힐 수 있다.

해독 수준에 맞는 그림책 선택하기

아이의 해독 수준에 맞는 그림책에 대해서는 이미 앞에서 이야기했다. 그렇다면 우리 아이 해독 수준에 맞는 그림책으로는 어떤 것이 있을까? 아래 그림책을 살펴보자.

우리에게 너무나 익숙한 그림책들이다.『강아지똥』은 작년까지만 해도 초등학교 2학년 교과서에 실려 있던 명작이다. 그 유명한 그림책 작가 앤서니 브라운의『터널』이 두 번째 그림이고, 세 번째는『곰사냥을 떠나자』다. 그다음이 아이들을 가르치는 선생님과 엄마들이 정말 좋아하는『틀려도 괜찮아』와『혼나지 않게 해 주세요』다. 아이도 좋아하고, 교사도 좋아하는 그림책이다.

돌이네 흰둥이가 똥을 눴어요
골목길 담 밑 구석 쪽이에요
흰둥이는 조그만 강아지니까
강아지똥이에요

동생은 자기 방에 틀어박혀 책을 읽거나 공상을 했어요.
오빠는 밖에 나가서 친구들과 웃고 떠들고, 공놀이를 하고,
뒹굴며 뛰어놀았고요.

곰 잡으러 간단다.
큰 곰 잡으러 간단다.
정말 날씨도 좋구나!
우린 하나도 안 무서워.

틀려도 괜찮아, 교실에선.
너도 나도 자신 있게

손을 들고

틀린 생각을 말해.

틀린 답을 말해.

엄마는 일하다 가끔 늦게 와. 그럴 때, 나는 동생이랑 놀아줘.

하지만 내 동생은 나랑 놀 때면 꼭 떼를 써.

"이런 엉터리 종이접기는 싫어! 엄마처럼 예쁘게 접어달라고!"

"시끄러! 오빠한테 대들래!"

　그림책의 한 쪽에 나오는 글의 내용이다. 글자를 전혀 읽지 못하는 아이, 이제 겨우 몇 글자만 읽는 아이, 더듬더듬 읽는 아이에게 이런 그림책을 주면서 읽으라고 하면 어떤 일이 벌어질까.

　그림책을 고르라고 하면 아이도 그렇고, 선생님도 대부분 이런 그림책을 가지고 온다. 널리 알려진 그림책, 학년 수준에 맞게 추려 놓은 권장 도서, 감동과 재미가 있는 그림책 위주로 선택하기 때문이다.

　아이들은 자신의 해독 수준보다 높은 그림책을 선택하는 경향이 있다. 그러나 이런 그림책은 문자를 모르는 아이의 해독 수준에는 맞지 않다. 『강아지똥』은 독해 수준에도 맞지 않다. 달구지나 감자꽃 같은 것은 예전에도 보지 못했고, 현재도, 앞으로도 보지 못할 가능성이 커서 머리로만, 그림으로만 이해해야 하는 사물이다. 아이가 교사의 설명이나 그림으로 내용을 이해할 수 없는 이유다. 전체적인 내용도 저학년 아이가 이해하기 어려운 철학적인 내용을 담고 있다. 해독 수준도, 독해 수준도 맞지 않는 그림책이다.

어? 비가 오네!

커다란 커어다란 사과가…

아기 병아리야, 어디 가니?

차례대로 『꼭 잡아』, 『사과가 쿵』, 『병아리』 그림책에 나오는 글이다. 세 권 모두 은성이도, 동찬이도 좋아했다. 특히 동찬이는 『병아리』를 정말 좋아했다. 그림책 말미에 나오는 들판에서 잠든 아기 병아리를 엄마 닭이 데리고 집으로 돌아가는 다정한 장면이 좋았던 것 같다. 글밥이 적은 이런 그림책을 받아든 아이는 '이런 책쯤이야 나도 읽을 수 있겠다'고 생각하지 않을까?

우리는 아이 수준에 맞는 그림책을 선택하는 방법으로 '읽기 정확도 기록(Running Record) 기법'을 활용했다. 읽기 정확도 기록은 아이가 지난 시간에 처음 읽었던 책을 다시 읽을 때의 읽기 수행을 교사가 빠르게 기록하는 것으로 아이가 어떻게 읽는지, 어느 글자에서 어려움을 겪는지, 얼마만큼 읽을 수 있는지 파악하는 기법이다.

<읽기 정확도 기록[6] 방법>

▶ 언제 할까?

그림책을 두 번째로 가지고 간 날 하면 좋다. 첫날 그림책을 살펴보며 이야기 나누고, 같이 읽어보거나, 혼자 읽거나, 읽어 주거나 하면서 그림책에 대한 아이의 반응을 살핀 다음, 두 번째 시간에는 아이 혼자 읽게 하고 교사는 기록한다. 녹음한 후 나중에 기록하면서 살펴봐도 좋다.

▶ 왜 할까?

읽기 정확도를 기록해보면 아이가 잘 읽는 부분과 도움이 필요한 부분을 정확하게 파악할 수 있다. 아이의 읽기 수준을 파악할 수 있어서 적절한 읽기 책을 선정하는 데 도움이 된다. 아이의 읽기 능력 성장을 꾸준히 기록함으로써 체계적인 지도에도 도움이 된다.

모든 책을 기록할 필요는 없으나 어떤 책을 선택할지, 아이가 어떤 글자를 어려워하는지 파악하고 싶다면 해볼 만하다.

▶ 어떻게 할까?

아이가 교사의 도움 없이 혼자서 읽는 동안 교사는 종이에 기록한다. 별도로 인쇄물로 만들지 않고 즉석에서 기록할 수도 있으나 나는 그림

---

6 뉴질랜드 및 미국의 읽기 회복 프로그램(Reading Recovery)에서 아이의 읽기 수준 파악과 지도를 위해 사용하는 기법이다.

책의 내용을 인쇄물로 만들어 아이가 읽는 글자를 어절 단위로 표시해 나갔다.

아이가 읽는 동안 틀려도 고쳐주지 않고 기록만 한다. 아이는 읽으면서 때때로 스스로 교정하기도 한다. 스스로 교정한 것은 오류로 보지 않는다. 아이가 글자를 틀리게 읽을 때 그 글자 밑에 적어두면 지도할 때 참고할 수 있다.

읽기 정확도 기록은 어절 단위로 해도 되고, 음절 단위로 해도 된다. 아래 예시에서는 어절 단위는 전체 38어절에서 4어절을 잘못 읽어 89.4%(34/38×100)의 수준을 보였고, 음절 단위는 98음절에서 4음절을 잘못 읽어 95.9%의 수준으로 나타났다.

정확도가 95% 이상이면 독립적 수준, 85% 이상, 95% 미만이면 교수적 수준, 85% 미만이면 좌절적 수준으로 본다. 아이가 읽기에 적당한 책은 교수적 수준에 있는 책이다. 너무 쉬워도, 너무 어려워도 안 된다.

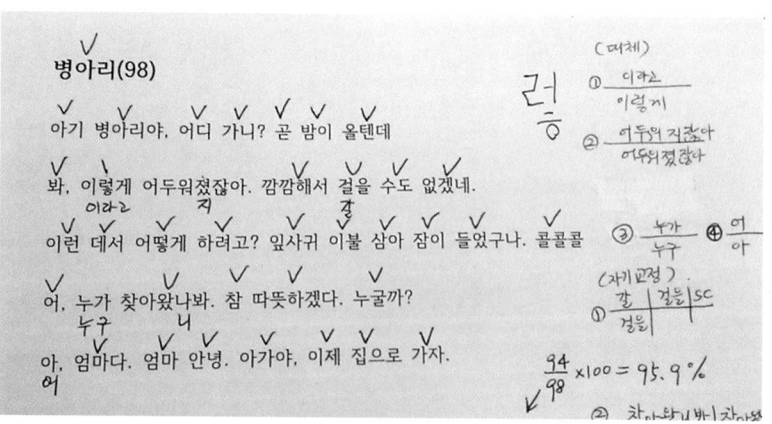

읽기 정확도 기록, 『병아리』

책 제목	날짜	정확도	수준	자수비(어절)
병아리	4. 26	95%	독립적 수준	38/40
	4. 28	87.8%	교수적 수준	35/40
	5. 4	92.5%	교수적 수준	37/40
병아리	4. 26	78.5%	좌절적 수준	44/56
	4. 28	96.4%	독립적 수준	54/56
	5. 4	98.2%	독립적 수준	55/56
나랑 놀자, 개구리야	4. 28	78.5%	좌절적 수준	22/28
	5. 4	100%	독립적 수준	28/28
	5. 9	89.2%	교수적 수준	25/28

2016년 동찬이의 읽기 정확도 기록

정확도가 100%가 나올 때까지 읽혀야 하는 것은 아니다. 아이에게 그림책을 읽혀보면 전날 정확하게 읽었던 글자를 다음 날에는 잘 읽지 못하는 경우도 있다. 95% 이상이 되어, 교사가 판단할 때 잘 읽는다는 생각이 들면 다른 책으로 넘어가야 한다.

아이 주도적인 그림책 읽기

아이 수준에 맞을 것 같은 그림책을 두세 권 정도 준비해놓았다가 아이가 직접 고르게 한다. 책을 고르게 하는 것은 아이에게 수업의 주도권을 준다는 의미다. 책을 읽는 주체가 교사가 아니라 아이라는 첫 신호다. 고른 그림책을 가지고 바로 책 읽기로 넘어가면 안 된다. 표지에서부터 안쪽까지 넘기면서 어떤 그림이 있는지, 어떤 내용일 것 같은지, 각 그림을 보고 어떤 생각이 드는지 등 미리 질문을 생각해두었다가 하나씩 물어보며 아이와 대화를 나눈다.

앞표지부터 마지막 표지까지 그림책에 있는 모든 그림은 의미를 담고 있다. 무의미하거나 맥락이 없는 그림은 한 컷도 없다. 왜 그 그림이 있는지 상상해보게 하고, 폭넓게 생각하며 이야기할 시간을 충분히 갖는 것이 중요하다. 아이가 하는 이야기가 그림책의 주제와 관련이 있는지 없는지는 별로 중요하지 않다. 이런 과정을 거치면 아이가 그림책에 흥미를 더 갖게 되고, 그러면 문자를 익히기도 조금 더 쉬워져 교사의 지도를 훨씬 잘 따라온다. 문자 지도에 얽매여 그것보다 더 중요한 것을 놓치는 일이 없으면 좋겠다.

그림책을 살펴본 다음에는 아이가 주도적으로 책을 읽게 한다. 이 과정에서 아이가 어려워하거나 힘들어하면 교사가 바로 돕는다. 아이가 실패의 경험을 맛볼 때까지 기다리지 말고 읽을 수 있게 단서를 주거나, 알려줘서 책을 읽을 수 있도록 돕는다. 아이가 읽지 않으려고 하면 교사가 한 쪽, 아이가 한 쪽 번갈아가면서 읽거나 한 줄씩 돌아가며 읽는다. 교사와 함께 책을 읽는 것을 아이는 생각보다 훨씬 더 즐거워한다.

다 읽고 나면 내용을 가지고 질문을 주고받으며 대화한다. 이때도 교사의 질문이 중요하다. 아이의 상상력을 자극할 수 있는 질문을 미리 생각해두었다가 물어보며 그것을 고리로 대화를 나눈다. 글자를 해독하지 못하는 아이일수록 읽기에만 어려움을 겪는 것이 아니라 말하기도 문제가 있는 경우가 많다. 아이는 어른의 언어를 듣고 따라 하면서 올바른 언어를 배운다. 그림책을 매개로 대화를 주고받는 것은 그래서 중요하다. 아이가 지치지 않았다면 한 번 더 읽어도 되고, 힘들어하면 다음 활동으로 넘어간다.

아이가 한 글자도 읽지 못하는 경우는 어떻게 해야 할까? 처음 만났을 때 동찬이도 그림책 속의 글자를 거의 알지 못했다. 겨우 한두 글자 정도만 알고 있었다. 이럴 때는 교사가 처음부터 읽어주면 된다. 읽어주면서 이야기를 나눈다. 두 번째 읽을 때는 아이와 번갈아가면서 한 줄씩 읽는다. 그런 다음 한 쪽씩 번갈아 읽고, 이후에 아이 혼자 읽게 하는 순서로 읽히면 된다.

대부분의 아이는 서너 번 정도 이런 식으로 반복하면 혼자서도 글자를 읽게 된다. 엄밀히 말하면 글자를 읽는 게 아니라 그림 단서를 활용하여 기억한 글자를 말하는 것이다. 이것만으로도 아이는 책을 읽는 경험을 하고, 글자를 가지고 놀 준비가 된 것이며, 음절 단위, 음소 단위로 쪼개어 글자를 학습할 준비를 한 것이라고 볼 수 있다.

아이가 책 읽는 것을 면밀히 지켜보고 기록하면서 어려움을 겪는 글자를 표시해보자. 그런 다음 자석 글자를 활용하여 글자를 만들고 해체하는 과정을 반복하면서 자연스레 글자를 익히는 과정으로 넘어가면 좋

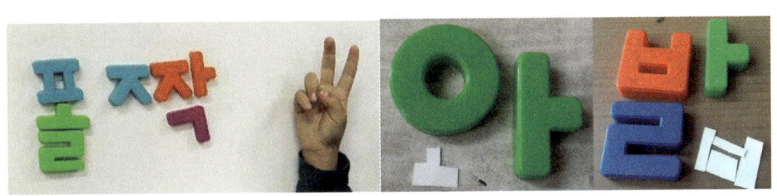

동찬이가 만든 글자들

다. 또, 글자를 써보거나 가위로 오려 글자를 만들어보는 활동도 좋다.

앞의 사진 속 글자들은 동찬이가 책을 읽은 후에 자석 낱자를 활용하여 만들고 읽으며 놀았던 글자다. '밟'을 만들 때 비읍 글자 하나가 부족하여 아무래도 글자를 제대로 만들지 못하겠다는 내 말을 듣고 동찬이가 가위로 오려서 글자를 만든 뒤로는 '밟'을 잊지 않으며 기억했고, 기억하고 있는 것을 자랑스러워했다.

동찬이는 자석으로 글자 만들기도 좋아했지만 가위로 오리는 활동을 더 좋아했다. 시키지 않아도 때때로 가위를 가져다 글자를 오려서 만들었다. 글자를 만들고, 오리고, 붙였다 떼었다 하면서 글자를 해체하고 조합하는 과정을 두뇌에 저장해갔다. 이렇게 저장된 낱글자는 자동화 과정을 거쳐 언젠가는 노력하지 않아도 조합되어 머릿속에 순식간에 떠오를 것이며, 결국에는 글을 자연스럽게 읽도록 이끌 것이다.

4장

두 아이와 함께한 좌충우돌 문맹 탈출기

5학년 은성이

쟤는 글을 모르잖아

『학교 속의 문맹자들』을 읽은 후 나는 선생님을 만나기만 하면 장소와 시간을 가리지 않고 문맹 문제를 화제에 올렸다. 그날도 혁신학교 선생님들이 모인 자리에서 수업 이야기 도중 공교육의 책무성과 수업, 그리고 문맹 문제를 꺼내들었다.

"우리 학교에도 그런 아이가 있어요. 지금 4학년인데 이제 5학년에 올라가요. 그런데 글을 전혀 몰라요."

학습클리닉센터를 운영하면서 이미 어느 정도 파악하고 있기도 했고, 감춰진 문맹, 문해맹 아이가 많다는 것도 알고 있었음에도 새삼 놀라웠다. 5학년이 된다는데 글자를 모른다면 어떻게 학교생활을 할지 궁금했다. 그래서 그 선생님에게 아이를 만나게 해달라고 부탁했다.

2015년 1월 7일 오후, 나는 『여우 누이』 그림책을 들고 은성이를 만나러 갔다. 겨울이었지만 햇볕이 참 따뜻하고 포근했다. 은성이는 어떤 아이일지, 글은 어느 정도나 읽을지 무척 궁금했다.
　교무실에 가서 간단하게 인사한 후 옆에 붙어 있던 교장실로 갔는데 아무도 없었다. 조금 기다리고 있으니 동글동글한 얼굴에, 굵은 쌍꺼풀이 있는 큰 눈을 끔벅이며 은성이가 나타났다. 축구를 하다가 선생님께 불려왔다고 했다. 빨간색 점퍼와 운동복을 입고 있는, 어디서나 만날 수 있는 평범한 아이였다. 이 아이의 모든 것이 궁금해서 이것저것 물었다. 은성이는 거의 대답하지 않았다. 또한 내가 누구인지, 왜 왔는지도 전혀 궁금해하지 않았다.
　나는 가지고 간 그림책을 폈다. 그림책을 내놓자마자 '여우와 누아'라고 제목을 읽었다. 그림책에 바로 반응하는 것이 뜻밖이었다. 다시 읽어보라는 요구에도 틀리게 읽었다는 것을 알아차리지 못하고 계속해서 '아'로 읽었다. 내가 손가락으로 짚으니 비로소 '이'라고 읽었다. 책을 읽어줄 때 그림을 보긴 하는데 시선이 이리저리 옮겨 다녔다. 다 읽어준 다음 내용을 물어보았다.
　아들은 몇 명이었는지, 그중 아버지에게 쫓겨난 아들은 몇째인지, 셋째 아들이 돈을 주고 산 것이 무엇인지, 그리고 병 세 개가 무슨 색이었고 각 병을 던질 때 무엇이 나타났는지 물었다. 놀랍게도 은성이는 내용을 거의 다 기억하고 있었다. 관현악부에서 활동하는 은성이는 악보도 잘 보고 수업하는 데 별문제가 없다는 말이 떠올랐다.
　그런데 첫 장을 펼치며 아는 글자에 동그라미를 그리며 읽어보라고 했더니 받침이 없는 쉬운 글자에만 동그라미를 몇 개 그렸다. 한눈에 보

> 옛날에 어떤 부잣집이 있었는데
> 아들 셋을 두었지만 딸은 하나도 없었어.
> 그래서 늘 딸 낳는 게 소원이었지.
> 날마다 서낭에 가서
> '여우 같은 딸이라도 하나 낳게 해 주세요.'
> 하고 빌었거든.

2015. 1. 7. 은성이가 알고 있었던 글자

아도 심각했다. 겉으로는 아무 문제가 없어 보이는 은성이는 왜 5학년이 다 될 때까지 한글을 익히지 못했을까?

은성이에게 다음에 또 만나자고 하니 고개를 저으며 싫다고 했다. 바쁘다고 했다. 지역아동센터에도 가야 하고, 학원에도 가야 해서 안 된다고 했다. 다음에 똥 이야기책을 비롯하여 재밌는 책을 가져오겠다고 했더니 마지못해 나오겠다고 했다.

그러나 은성이는 약속된 날짜에 나타나지 않았다. 전화하니 시골에 가 있어 안 된다고 했다. 한편으로는 이해도 되었다. 학습 더딤으로 낙인 찍혀 정작 필요한 지원은 제대로 받지도 못한 채 그동안 지역아동센터에서, 학원에서, 교실에서 얼마나 시달렸을까 싶었다.

한 손에는 칼을, 다른 손에는 망치를 들고 이빨을 드러내며 씩 웃으면서 닭을 잡으려는 그림을 그리며 은성이는 어떤 생각을 했을까?

"쟤는 글을 모르잖아."

초등학교에 입학한 후 만 4년 동안 글자를 모르는 상태로 수업 시간을

2015. 4. 9. 은성이가 그린 그림

버텨내고, 아이들의 수군거림을 견디느라 얼마나 힘들었을까. 주변에서 아이들이 때때로 주고받는 귓속말을 들을 때마다 기가 죽는다는 은성이의 속마음이 이 한 장의 그림 속에 고스란히 담겨 있는 것 같다.

'담'을 모른다

은성이가 글자에 흥미를 가질 수 있도록 나는 자석 글자를 가지고 다니면서 글자 만드는 활동을 하곤 했다. 그날도 역시 쉬운 글자에서 시작하여 받침이 있는 글자를 만들어보는 활동을 했다.

감, 남, 담과 같이 초성 자음을 바꿀 때 어떤 소리가 나는지 이야기 나누고 글자를 만들 때였다. 담벼락이라는 글자를 만들어보자고 했더니 그 말을 입에서 중얼거렸다. 그러더니 어렵다면서 모른다고 했다. '벼락'을 빼고 먼저 '담'을 만들어 보자며 '담'의 뜻을 아는지 물었다. 은성이가 고개를 저었다. 정말 모르냐고 몇 번을 물었는데, 진짜 모르고 있었다. 은성이가 사는 동네는 대부분 단독 주택으로 담이 있으니 알 법도

2015. 4. 24. 은성이가 만든 글자

한데 그 쉬운 단어를 모른다는 게 이해되지 않으면서도 안타까웠다.

　운동장 끝부분을 가리키며 학교 안과 밖을 구분하는 저것이 담이라고 했더니 수업 장면을 촬영하던 캠코더 줌을 이용하여 담을 잡아당겼다. 학교가 한쪽은 담으로 되어 있고, 한쪽은 울타리로 되어 있어 담과 울타리의 차이에 대해서도 설명했다. 고개를 끄덕이기는 하는데 담의 뜻을 제대로 이해했는지는 모를 일이다.

　『여우 누이』를 읽어주고 이야기를 주고받을 때는 몰랐다. 내 질문에 곧잘 대답했고, 도움을 받아서 줄거리를 회상하여 말했기 때문에 눈치 채지 못했다. 그런데 은성이와의 만남이 거듭될수록 의미를 모르는 단어가 많다는 것을 알게 됐다. 매우 쉬운 단어들도 잘 모르고 있었.

　『꼬리 잘린 생쥐』를 읽어줄 때였다. 두 개의 챕터를 읽었는데 읽는 중간에는 다른 질문 없이 쭉 읽었다. 내용에 집중하기 위해서였다. 이야기의 끝부분에 '회색눈'이 잘난 쥐들과 싸우겠다고, 더 이상 못난 쥐가 아니라고 선언하는 장면이 나온다.

　은성이에게 '회색눈'이 선언한 것이 무엇이었냐고 물었는데 싸우겠다고 한 것은 쉽게 말했지만, 못난 쥐가 아니다고 한 것은 말하지 못했다.

　"나는 더 이상 뭐가 아니라고 했지?"

　"그 뭐지? 뭐지? 뭐지?"

은성이는 단어를 생각해내려고 애를 썼다.

"못…? 나는 더 이상 못…?"

"못된 쥐?"

은성이는 못난 쥐의 의미를 모르고 있었다. 이런! 세상에나 '못나다'는 말을 이해하지 못하고 있다니. 잘난 쥐의 의미도 모르고 있었다. '잘나다, 못나다'는 말을 아느냐고 물었더니 모른다고 했다. 안쓰러웠다. 이야기의 흐름을 어느 정도는 말하기에 당연히 아는 단어라고 생각했는데 인물 이름의 의미도 모르고 있었다니. 공부를 잘한다와 못한다를 예로 들어 설명하니 그제야 이해했다.

의미를 다 알지 못함에도 불구하고 은성이는 이야기책을 참 좋아했다. 이야기책을 통해 은성이가 아는 단어가 늘어나기를 바라면서 나는 되도록 많은 책을 읽어주고 이야기 나누려 노력했다. 언젠가는 은성이가 자유자재로 단어를 꺼내 쓸 날이 올 거라고 믿으며 책을 읽어줬다.

'사각 서걱'을 안다

『곰 사냥을 떠나자』는 은성이와 같이 소리 내어 읽으려고 가져간 그림책이다. 곰을 잡으려고 떠나는 가족이 처음으로 만나는 곳이 풀밭인데, 넓은 풀밭 그림에 '사각 서걱'이라는 글자가 반복되어 쓰여 있다. 풀밭을 미끄러져 내려가는 아이들의 표정과 동작을 보다 보면 저절로 신이 나는 그림책이다.

첫 장을 그냥 넘기고 '사각 서걱, 사각 서걱, 사각 서걱'을 먼저 읽게 했다. 받침을 가리고 읽고 다시 연결해서 읽고, 또 반복해서 읽었다. 큰 소리로 반복해서 읽으니 리듬이 생겨서 재밌었다. 글자를 읽은 후 평소처럼 의미를 물어봤다.

"풀 밟을 때…."

모르는 단어가 많아 사각과 서걱의 의미를 알까 싶었는데 의외였다.

"누르면 사각, 떼면 서걱 소리가 나요. 눕혔다 일어날 때."

감탄이 절로 나왔다. 은성이와 이야기 나눈 이 장면의 영상을 다시 돌려보니 하품과 무기력은 어디로 가고 눈동자를 반짝이며 손짓까지 해가면서 설명하고 있었다. 할아버지와 함께 낚시하러 다니며 이런 풀밭을 지나간 적이 많았다고 했다. 풀을 밟는 느낌을 설명하면서 그 당시의 상황을 생생하게 묘사했다. 행복한 경험이었던 풀밭이 은성이의 머릿속에 생생하게 살아 있었다.

'사각, 서걱'은 누가 가르쳐줘서 알게 된 지식이 아니라 경험을 통해 뇌의 어딘가에 저장되어 있다가 적절한 상황을 만나 튀어나온 단어다. 만약 그 시절에 이 그림책을 은성이에게 읽어주고 글자 공부를 했으면 어땠을까? '사각, 서걱'을 낱글자 단위로 하나씩 해체하며 글자를 가지고 놀게 했더라면 어땠을까? 굳이 힘들게 외우지 않고도 글자를 익히지 않았을까?

인간의 두뇌는 초등학교 1학년 무렵이 되면 글자를 익힐 준비가 된다고 한다. 그 시기에 적절한 방법을 통해 집중적으로 문자를 가르치면 누구나 글자를 익힐 수 있다고 하는데, 은성이는 그 시기에 왜 글자를 익히지 못했을까? 황금 같은 그 시기를 놓치고 글자를 몰라서 받은 수많은 상처로 인해 무기력을 학습하고, 관심이 이미 다른 곳으로 가버린 은성이에게 글자 공부를 하자고 하니 하품하고, 책상에 엎드리며, 급기야는 배가 아프다고 하는 것이 아닐까 싶다.

줄거리가 있는 책을 좋아한다

어느 날 우연히 나는 은성이가 그림책보다 줄거리가 있는 동화를 더 좋아한다는 것을 알게 됐다. 가지고 간 그림책 여섯 권을 펼쳐 놓으며 은성이에게 골라보라고 한 날이었다.

그림책을 쓱 둘러보더니 은성이는 한 치의 망설임도 없이 『염소 시즈카』를 골랐다. 두꺼워서 재미있을 거 같다고 했다. 다른 그림책에 비해 두꺼웠지만, 글자 수가 적어 혹시나 해서 가져간 책이었다. 그래서 아예 그다음 시간부터는 1, 2학년이 읽을 만한 동화책을 찾아서 가지고 갔다. 은성이는 나와 함께 다섯 권의 동화책을 읽었다. 동화책을 읽어주며 간단한 문답과 단어의 의미를 이야기 나누고, 줄거리를 회상하여 말하기를 했다.

처음으로 읽어준 동화책이 『꼬리 잘린 생쥐』다. 꼬리를 잘린 생쥐가 안전한 곳이라고 생각하여 찾아간 곳이 학교 교실이고, 이후에 그곳에서 펼쳐지는 이야기를 담은 책이다. 한 번에 한 챕터씩만 읽어주고 이야기를 나눴다.

줄거리가 있는 이야기를 좋아하는 은성이에게 책을 읽어주고 나면 늘 줄거리를 회상하여 말해보게 했다. 5학년인 은성이에게 문해 능력도 필요하다는 생각 때문이었다. 세 번째 부분 '햄스터라고?'를 읽어 준 후 나눈 이야기다.

"햄스터라고 누가 그랬어?"

"그, 처음 온 애요."

"그 애 이름이 뭐였지?"

"몰라요."

"자, 어디 이름이 뭔지 보자."

나는 책에서 이름을 찾아 손가락으로 짚었다.

"여…."

"'여'자에 니은 받침이 있네."

"연."

"그렇지! 연."

"연, 지."

"그 여자애 이름이 연지야, 연지가 햄스터라고 했지?"

"네."

"응. 그런데 햄스터라고 했는데 그다음은?"

"아이들이 몰려왔어요."

"그렇지. 아이들이 몰려왔지? 그래서?"

"햄스터 같기도 하고 생쥐 같기도 하댔어요."

"응. 햄스터 같기도 하고 생쥐 같기도 하다고 했어. 그다음은 어떻게 됐지?"

은성이는 눈알을 굴리며 그다음이 뭔지 생각해내느라 애를 썼다.

"아이들이 결론을 햄스터라고 했어? 생쥐라고 했어?"

"햄스터."

"응. 햄스터라고 결론 내렸지? 그래서 아이들끼리 이런저런 이야기를 막 했어. 이야기를 했는데?"

"아! 선생님이 갑자기 들어오셨어요."

"응. 선생님이 갑자기 들어오셔서?"

"응…. 그 뭐지? 여자애들이, 연지가 빠른발을 주머니에다 넣고… 넣고… 애들한테 자리로 가서, 빠른발을 주머니다 넣고 빨리 그걸로 뛰어갔어요. 그… 어디지? 그… 자리로." (중략)

혼자서는 내용을 말하지 못해도 내가 옆에서 줄거리를 말할 수 있도록 도와주면 은성이는 그다음을 곧잘 생각해내고 이야기를 이어갔다. 나중에 글자를 쓸 줄 알게 된다면 아마 글로도 이렇게 쓸 수 있지 않을까 싶다.

은성이가 가장 좋아한 책은 『똥귀신』이었다. 아이들은 똥 이야기를 참 좋아한다. 흥미와 재미를 위해 똥 이야기 그림책과 동화책을 찾다가 『똥귀신』을 발견했다. 아빠가 딸에게 들려주는 똥 이야기인데, 줄거리도 재밌지만 행간에 흐르는 시간적, 공간적 배경과 의미가 참 좋은 책이다. 특히 마지막에 똥귀신이 파릇한 싹들과 예쁜 꽃으로 피어난다는 결말에서 나는 무릎을 쳤다. 대체 똥귀신 이야기가 어떻게 마무리될지 무척 궁금했는데 자연의 섭리와 이치를 자연스럽게 이야기 속에 풀어놓았다.

예상대로 은성이는 이야기 속에 푹 빠져들었고 이 책을 다 읽어줄 때까지 집중하며 잘 들었다. 『똥귀신』은 유치원이나 저학년 아이들에게 읽어주고 이야기 나누기 참 좋은 책이다.

가장 먼저 선택한 활동

나는 수업을 시작하기 전에 그림책들을 펼쳐놓고 오늘 할 공부에 대해 먼저 설명했다. 그런 다음 무엇을 먼저 하고 싶은지 순서를 직접 정하게 했다.

아주 특별히 기운이 없었던 날을 빼고는 은성이는 늘 혼자서 책 읽기를 가장 먼저 선택했다. 내가 읽어주는 동화책이나 그림책들을 좋아해

> \<9월 22일\>
> 1. 혼자서 책 읽기: 똥개 아기
> 2. 동시 읽기: 개구리, 장마
> 3. 번갈아 가며 읽기: 내가 모조리 차지해야지, 토끼도 채소예요?, 무지개가 피어나요.
> 4. 그림책 읽어주기: 오러와 오도

은성이가 선택한 공부의 순서

서 그런 활동을 먼저 선택한 줄 알았는데 기록을 살펴보니 늘 혼자서 책 읽기를 가장 먼저 선택한다는 것을 알았다.

글자를 읽어야 하는 고된 일임에도 불구하고 늘 혼자서 책 읽기를 선택했던 은성이의 행동이 의미하는 것은 무엇일까? 간섭 없이 혼자서 무언가를 해내는 것, 그것도 한 권의 책을 혼자서 읽어낸다는 것에 대한 기쁨이 아니었을까. 그러고 보면 혼자서 책을 읽는다는 것은 얼마나 대단하고 즐거운 일인가. 우리가 너무나 당연하게 받아들여서 그렇지, 따지고 보면 이제 막 글을 깨친 아이에게 혼자서 책을 읽고 글을 쓸 수 있는 것만큼 멋진 일이 또 있을까.

글자의 분량이 중요하다

해독 단계에 있었던 은성이는 글자의 분량에 민감하게 반응했다. 받침 없는 동화 시리즈 다섯 권 중 『도깨비의 귀가 아파요』를 볼 때였다. 은성이에게 먼저 책을 살펴보라고 했다. 넘기면서 그림도 보고 글자도 보며 책의 특징을 찾아보라고 했다. 책장을 넘기면서 보기는 하는데 받침이 없다는 것을 알아차리지는 못했다. 결국 나는 받침 없는 동화라서 쉽게 읽을 수 있을 거 같아 특별히 가져왔다고 말해주었다.

은성이는 책장을 넘기면서 계속 놀랍다는 표정과 행동을 취했다. 그러더니 어렵겠다고 했다. 그동안 혼자 읽은 책들은 글자 수가 적었는데 이 책은 글자 수가 많다고 했다.

제목부터 난관에 부딪혔다. '도깨비의 귀가 아파요'를 자꾸 틀리게 읽었다. 겨우 제목을 다 읽고 첫 장을 읽는데 계속 틀리고, 받침이 없는데도 받침 있는 글자로 읽고 그러더니 결국 받침 없는 게 더 어렵다며 엎드렸다. 특히 이중 모음이 들어있는 '위, 쬐'와 같은 글자를 어려워했다. 받침이 없는 글자를 자꾸만 받침을 넣어가며 읽으려고 했다. '시끄러워'와 같은 글자를 '시끌'이라고 읽었는데 글자를 보고 찬찬히 생각하며 읽기보다는 앞글자를 보고 뒷글자를 유추해서 읽으려고 하는 것 같았다. 결국 은성이는 세 쪽을 겨우 읽고서 그만 읽겠다고 했다. 세 쪽을 읽는 동안 "어려워요"라는 말을 스무 번 정도는 한 것 같다.

『수박을 쪼개면』을 볼 때였다. 책을 펴자마자 꼭 읽어야 하냐고 장난을 쳤다. 책장을 넘기면서 그림을 먼저 살펴보고 글자의 분량을 봤다. 처음 보는 책인데 신기하게도 잘 읽었다. 책을 덮고 나서 하이파이브를 하고 엉덩이를 두드리며 잘 읽는다고 칭찬했다. 처음 교실에 들어올 때 짜증이 묻어 있던 얼굴이 활짝 펴지는 게 보였다. 책 한 권을 다 읽어내고 받은 칭찬이 은성이의 기분을 바꾸어놓은 것 같았다. 무언가를 해냈다는 성취감은 때때로 은성이의 태도와 행동까지도 바꾸었다.

은성이는 쉬운 글자보다는 글자 수가 적은 책에 더 흥미와 관심을 보였고, 읽기도 잘했다. 은성이가 그림책에 반응하는 것을 보면서 아이의 해독 수준에 맞는 그림책을 고르는 것이 얼마나 중요한지 새삼 깨달았다. 실제로 이 부분은 나중에 읽기 따라잡기 수업에서 지켜야 할 중요한 원칙 중의 하나가 되었다.

혼자서 책 한 권을 읽다

은성이와 함께한 일 년 동안 나는 은성이에게 서른아홉 권의 책을 읽어줬다. 그림책을 읽어주고 난 후 이야기를 나누고 그것을 매개로 글자 공부를 했다.

은성이는 그림책을 읽어줄 때는 대체로 집중하며 재밌어하다가도 대화를 주고받을 때, 특히 글자를 공부하려고 하면 딴짓하기 일쑤였다. 급기야 6월 들어서부터는 읽는 도중에는 절대 물어보지 말라고 선언했다. 다 읽어준 후에도 내용을 묻지 말라는 날이 점차 늘어갔다. 글자 공부는 더욱 힘들어졌고, 은성이와의 신경전도 깊어졌다.

그 무렵 읽기 따라잡기 연수에서 '책 한 권 읽기'의 중요성에 대해 계속 토론했다. 그래서 은성이 수준에 맞는 그림책 『나도 나도』를 찾아냈다. 받침이 거의 없는 쉬운 그림책이었다. 그러나 너무 쉬워 5학년인 은성이에게는 맞지 않을 것 같아 한참 동안 들고만 다니다가 어느 날 은성이에게 내밀었다. 혼자서 읽어볼지 물어보니 흔쾌히 읽겠다고 했다.

'얼룩말이 달려요. 다다다. 나도, 나도.'

은성이가 먼저 읽고 나서 내가 다시 한 글자, 한 글자 짚으며 정확하게 읽어주고 따라 읽게 했다. 생각보다 참 잘 읽었다. 은성이에게 그날은 어쩌면 혼자서 책 한 권을 읽어낸 역사적인 날이 아닐까 싶다. 그 후로 나는 내가 읽어주는 그림책과 동화책, 그리고 은성이가 혼자서 읽는 그림책으로 구분하여 가지고 다녔다. 은성이는 이후로 18권의 책을 혼

순	그림책 이름	순	그림책 이름
1	나도 나도	10	똥개 아기
2	나란히 나란히	11	누구야?
3	아기가 아장아장	12	마음이 쑥쑥
4	쿨쿨쿨 잠자요	13	옹기종기 냠냠
5	수박을 쪼개면	14	꿀
6	모자가 빼꼼	15	냠냠냠 맛있다
7	나도 사자가 무서워	16	쓱싹 쓱싹
8	넉 점 반	17	뒹굴뒹굴 짝짝
9	병아리	18	아침이야

은성이가 혼자서 읽은 책

자서 읽었다.

제목에서 느껴지는 대로 『넉 점 반』이나 『꿀』과 같은 책 서너 권을 빼고는 대부분 유아용이다. 어린아이가 말을 배우기 시작할 때 부모가 읽어주며 함께 놀아주라고 만든 그림책이다. 처음에는 이런 책을 은성이가 좋아할까 싶었으나 내 생각과 달리 은성이는 이런 그림책을 좋아했다. 다 읽고 나서 뿌듯해했다. 한 권을 읽어낸 기쁨이고 성취감인 것 같았다.

은성이의 사례는 해독 단계에서는 독해 수준이 아닌 해독 수준에 맞는 그림책을 고르는 것이 얼마나 중요한지를 보여준다. 내가 처음에 들고 가서 읽어주고 글자 공부에 활용했던 그림책은 은성이의 해독 수준에서는 높아도 너무 높은 것이었다. 『곰사냥을 떠나자』 같은 그림책을 읽으며 은성이는 무슨 생각을 했을까? 가족 간의 끈끈한 유대감이나 자연의 아름다움보다는 글자에 대한 공포를 느끼지 않았을까 싶다. 실제로 은성이는 이 책을 다 읽어주자마자 "재미가 없어요. 특히 이 책"이라며 시큰둥한 반응을 보였다.

해독이 자동화되지 않은 아이는 글자를 해독하느라 내용을 보지 못한다. 글자의 모양과 소리에 집중하느라 어떤 내용인지 잘 기억할 수 없다. 이런 점에서 해독 단계에 있는 아이에게 어떤 그림책을 보여줄지 신중해야 한다. 성공의 경험을 맛볼 수 있는 수준의 그림책을 고르는 것이 중요하다는 사실은 아무리 강조해도 지나치지 않다.

읽기가 되면 쓰기도 자연스레 따라올까

한 학기 동안 자석 글자를 활용하여 간간이 글자 만들기를 했으나 본격적인 쓰기 공부는 하지 않았다. 쓰기가 불가능하기도 했지만, 읽기가 되면 쓰기는 자연스레 따라올 것이라 생각했기 때문이다.

1학기 워크숍을 마치고 2학기 심화 과정 연수가 시작되면서 엄훈 교수가 우리에게 제안한 것 중 하나가 '한 문장 쓰기'였다. 읽기 먼저 가르치고, 쓰기를 나중에 가르치기보다는 읽기와 쓰기를 동시에 가르쳐야 효과적이라고 했다.

2학기를 시작하면서 그동안 은성이에게 쓰기를 어떻게 가르쳐왔는지 돌아봤다. 읽기와 마찬가지로 쓰기도 고민의 초점이 재미에 맞춰져 있던 게 눈에 보였다.

6월 마지막 날이었다. 『쿨쿨쿨 잠자요』에 나온 '쿨'을 불러주며 글자를 만들어보라고 했다. 잘 모른다고 해서 셋을 셀 동안 보게 한 후, 책을 치우고 글자를 만들라고 했다. 그날 이후에도 '하나, 둘, 셋!'을 외쳐가며 글자들을 만들었다. 숫자를 세니 긴장감을 느끼면서 흥미를 보였고, 이 활동은 2학기에도 계속되었다. 생활 문장 쓰기는 은성이가 싫어할까 봐 시도조차 해보지 못했다.

10월에 들어서서야 비로소 글자 만들기에서 받아쓰기로 넘어갔다. 10월 첫날 단어 받아쓰기를 처음 해봤는데 힘들어하고 싫어할 거라는 내 예상과 달리 은성이는 쓰기를 무척 좋아했다. 이날 나는 받아쓰기를 어떻게 도입할까 고민하다 그동안의 방법을 그대로 가져왔다.

단어 카드를 펼쳐놓고 쓰고 싶은 낱말 5개를 고르게 한 다음, 먼저 단어들을 잘 보라고 했다. 그다음에 카드를 가져다가 천천히 불러줬다. 단어 6개 중 뻐꾸기만 '뻐구기'로 쓰고 나머지는 모두 제대로 썼다. '뻐구기'를 가리키며 다시 보라고 하자 곧바로 고쳐 썼다.

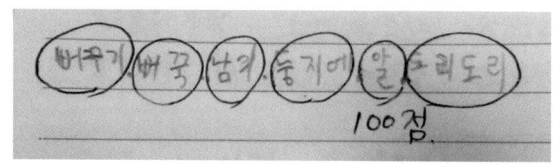

2015. 10. 1. 처음으로 한 받아쓰기

은성이는 이 글자들을 알고서 쓴 것일까, 아니면 본 것을 기억해서 쓴 것일까. 한동안 이런 식으로 받아쓰기를 진행했다. 먼저 카드를 본 다음 기억하게 한 후 쓰게 하는 방식으로 하다가 우연히 다른 방법을 발견했다. 그리고 그 방법이 맞지 않을까 생각했다.

동시를 읽고 시 속에 있는 단어들을 카드로 만들어 받아쓰기를 하곤 했는데, 그날의 동시는 「붕어」였다.

붕어[7]

안도현

얼음장 속에 갇힌 붕어 한 마리
꼬리도 까딱 않는 붕어 한 마리

봄이 와서 천천히 강물 풀리면
강물하고 어울려 헤엄치려고
붕어는 기다리며 참는가 보다

어려운 글자가 많은 동시였고 읽을 때도 다른 시에 비해 힘들어했다. 잘못 읽은 글자에 그려진 동그라미를 보더니 은성이가 '많이 틀렸다'며 시무룩해했다. 나는 '어려운 글자가 좀 많다'고 말해줬다. 다 읽은 다음 '얼음장'이 무슨 뜻인지 물었더니 '강이 얼었다'는 뜻이라고 대답했다.

받아쓰기할 단어 카드를 은성이가 5개 골랐다. '보다, 붕어는, 않는, 꼬리도, 참는가'였다. 내가 '풀리면, 한 마리'를 골라 총 일곱 단어를 쓰기로 했다. 그날 나는 은성이에게 앞으로는 받아쓰기할 때는 몰라도 보여주지 않겠다고 말했다.

'보다'는 쉽게 썼지만, 나머지 단어에는 모르는 글자들이 있었다. 미리 이야기한 대로 글자를 모른다고 해도 보여주지 않았다. 대신 첫소리가 무엇인지 물었고, 그다음으로 중성 모음, 마지막 종성 자음이 무엇인지

---

[7] 안도현, 『나무 잎사귀 뒤쪽 마을』, 실천문학사, 2007

질문하고 찾아서 쓰게 했다. 생각보다 잘해냈다. 하다 보니 글자를 보여 줄 일이 아니라 처음부터 이렇게 해야 했다는 생각이 들었다.

그날 받아쓰기를 하면서 발견한 사실이 있다. 쓴 글자 중에 '는' 자가 세 번 나왔다. 첫 번째 쓴 단어가 '붕어는'이었다. 이 단어를 쉽게 쓰기에 '는' 자를 아는 줄 알았다. 두 번째로 '않는'을 쓸 때였다. '아'를 쓴 다음 'ㄴ'을 찾게 하고 'ㅎ'은 알려 줬다. 이렇게 '않'을 쓰고 '는'을 쓸 때였다. 쓰지 못하고 망설이는 걸 보고 '위에서 썼다'고 찾아보라 했더니 한참을 바라보고 '아하!'라고 외치고는 위에 쓴 글자를 보고 썼다.

4번 '꼬리도'를 쓰고 난 후, 5번 '참는가'의 '는' 자를 쓸 때였다.

"첫소리는?"

"니은."

"그다음은?"

"몰라요."

"'으'인데 모음삼각도에서 찾아볼래?"

"몰라요."(결국 '으'를 알려줬다)

"받침은 뭐지?"

"몰라요."

"니은이야."

'느'에 'ㄴ'을 붙여서 '는'이라고 쓰더니 "아! 이 글자구나" 하고 외쳤다. 위에 두 번이나 썼던 '는' 자라는 것을 그제야 알아차렸다. '붕어는'을 쓸 때 '는' 자를 아는 줄 알았다. 그런데 두 번을 다 쓸 때까지 모르고 있다는 것이 이상하기만 했다. '붕어는'을 쉽게 썼기 때문이다. 이때까지 은성이는 받아쓰기 전에 먼저 단어 카드를 살펴보고 나서 기억에 의존하여 글자를 썼는데, 이날에야 비로소 본 것을 기억해서 쓰는 것이 무슨 의미이고, 어떤 점에서 틀린 방법이었는지 알 수 있었다.

처음에 쉽게 썼던 '붕어는'은 글자라기보다는 그림에 가깝다. '붕'과 '어', '는'을 음절(글자) 단위로 보지 못하고 통으로 사진 찍듯이 이미지화하여 기억하고 있다고 봐야 한다. 글자를 쓰기 전에 먼저 살펴보라고 했기 때문에 가능한 일이었다. 두 번째 글자였던 '앉는'을 쓸 때까지도 동찬이에게 '는' 자는 낱글자를 조합하여 쓰는 글자이기보다는 이미지에 가까웠을 것이다. 위에 있는 '는' 자의 모양을 기억하여 썼기 때문에 세 번째 '는' 자를 낱글자 단위로 쓰지 못했던 것이다.

이제 막 글자를 접하기 시작하는 아이는 글자를 그림으로 인식하여 덩어리로 본다. 그러다가 점차 음절 단위로, 낱글자 단위로 분리하게 된다. 5학년이었던 은성이에게 이제 막 글자를 익히기 시작하는 아이들에게서 나타나는 특징을 반영한 받아쓰기 방식은 그래서 맞지 않는 것이었다.

이날 나는 처음으로 글자를 통으로 보여줄 일이 아니라 음소 단위로 해체하여 하나하나 짚어가며 받아쓰기를 해야겠다고 생각했다. 그동안에 은성이가 모른다고 할 때 통으로 보여주면서 받아쓰기를 했는데, 그게 잘못되었다는 것을 그날에야 비로소 깨달았다. 이후에는 그런 방법을 더 이상 사용하지 않았다.

다시 한번 강조하고 싶다. 초등학교에 입학한 아이들에게 받아쓰기를 지도할 때 아이들이 반드시 음소 단위로 사고하고 쓸 수 있도록 해야 한다. 그래야 낱글자들을 자유롭게 조합하고 해체하는 방법을 사용하여 글자를 쓸 수 있다. 기억에는 한계가 있어서 음절 단위, 또는 어절 단위

이미지로 모든 글자를 기억하여 쓰기는 불가능하다.

1학년 동찬이

여름 방학을 앞둔 7월 중순에 나는 은성이 어머니를 만났다. 방학 중 한글 공부 때문이었다. 방학 전에 알았던 글자라도 방학이 끝나고 오면 싹 잊어버린 것을 경험적으로 알고 있었던 터라 어떻게든 방학 중에도 한글 공부를 이어가고 싶었다. 그런데 은성이가 막무가내로 방학에는 쉬어야 한다고 했다. 그래서 어머니를 만나 은성이를 설득해달라고 해볼 생각이었다. 그날 나는 은성이 어머니와 많은 이야기를 주고받았다.

> 유치원 다닐 때 은성이는 연필을 잡고 쓰면서 노는 것을 좋아했어요. 특히 '아버지, 어머니'를 잘 썼어요. 그런데 어느 순간부터 그림만 그려왔어요. 6살, 7살 무렵부터 글자에서 손을 뗐어요. 도대체 무슨 일이 일어났는지 모르겠어요. 은성이에게 물어봐도 별다른 이야기를 하지 않았어요.
> 그런데 사실 더욱 큰 문제는 동생 동찬이에요. 한글을 전혀 모르거든요. 둘 다 글을 모르니 어떻게 해야 할지 모르겠어요.

은성이 동생도 글자를 읽지 못한다는 걸 그날 처음으로 알았다. 은성이 어머니는 은성이보다 더 답답한 것은 동찬이라고 했다. 동찬이도 글자를 모른다며 나에게 어떻게 하면 좋을지 물었다.
어머니와 이야기를 나누는 동안 나는 동찬이가 어떤 상태인지 무척 궁금했다. 그리고 은성이와 비슷한 양상을 보일 동찬이가 혹시 읽기 따라잡기 수업을 하면 한글을 깨칠 수 있지 않을까 하는 생각이 들었다. 1학년인 동찬이가 나와 공부하는 동안 한글을 깨친다면 5학년이나 된 은성이도 분명 저학년 때 한글을 깨칠 수 있었지 않을까 싶기도 했다.

　어떻게 수업해야 동찬이가 글자를 깨칠 수 있을까? 은성이도, 동찬이도 글자를 읽지 못한다면 어머니는 얼마나 답답할까. 이런 아이들을 위해 교육청에서는 어떤 정책을 만들어야 할까. 은성이 어머니와 헤어진 후 여러 생각이 꼬리를 물고 일어났다. 그래서 일단 동찬이를 만나보기로 하고 학교로 찾아갔다.

깜깜한 절벽

　은성이와 달리 동찬이는 굉장히 활동적인 아이였다. 어쩌면 은성이도 1학년 때는 그랬을지도 모르겠다는 생각이 들었다. 처음 만난 나를 호기심 어린 눈으로 바라보면서 누구냐고 묻고 왜 왔는지 물으며 관심을 보였지만, 정작 내가 묻는 말에는 제대로 대답하지 않고 부산하게 움직였다. 그래도 참 귀엽고 반짝이는 아이라는 생각이 들었다.

　그날 이후 형인 은성이 수업을 끝내고 나서 동생인 동찬이와 30분 정도 그림책을 보고, 글자를 익히는 다양한 놀이를 했다. 두 번째 만나는 날『고양이는 나만 따라 해』를 들고 가서 읽어주면서 내용을 아는지 물었다. 가령, "고양이는 나만 따라 해. 빨래를 널 때도, 파리를 쫓아다닐 때도 따라 해"라고 읽어주고 "뭘 따라 하지?"라고 물었다. 이런 물음에 동찬이는 거의 대답을 하지 못했다. 질문 자체를 이해하지 못하는 듯했다. 그림책을 비롯하여 책이라는 것을 제대로 본 적이 없는 것 같았다.

그날 나는 이렇게 적었다.

> 깜깜한 절벽 같다. 어쩌면 이런 아이를 만나는 수많은 담임선생님의 심정이 이러지 않을까 싶다. 대체 이런 수업 방법이 맞기나 한지 답답하기도 하고, 이렇게 해서 언제 글자를 깨치게 될지 확신도 서지 않는다. 읽어준 내용, 들려주는 이야기를 전혀 이해하지 못하는 동찬이를 데리고 나는 무엇을 어떻게 해야 할까.

그림책을 가지고 놀아본 적이 없다

시간이 지나면서 동찬이는 조금씩 그림책에 흥미를 붙였다. 그러다 의외의 장면을 발견했다. 어느 날 동찬이에게 『고 녀석 맛있겠다』라는 그림책을 읽어주었다. 이 책은 갓 태어난 아기 공룡 안킬로사우루스가 자기를 잡아먹으려는 티라노사우루스가 자신을 보고 말한 '고 녀석 맛있겠다'를 자기 이름인 줄 알고 티라노사우루스를 아빠라고 부르며 따른다는 내용을 담고 있다.

처음 그 책을 읽어줄 때는 방금 읽어준 내용을 이해하지 못하고 자꾸 엉뚱하게 대답했다. 두 번째 만났을 때 읽어주면서 중간 중간에 내용을 물었다. 이날은 절반은 맞고, 절반은 틀렸다.

마지막 부분에 안킬로사우루스를 진짜 부모에게 돌려보내기 위해 달리기 시합을 하자고 하는 장면이 나온다. 떨어지지 않으려는 어린 안킬로사우루스에게 언덕 꼭대기까지 먼저 달려가면 같이 살 수 있다고 하자 안킬로사우루스는 있는 힘을 다해 언덕 위까지 달려간다. 그리고 그곳에서 진짜 엄마 아빠를 만난다.

다 읽고 나서 티라노사우루스가 달릴지, 안 달릴지 물었다. 안 달린다고 하기에 왜 그렇게 생각하느냐고 했더니, "헤어져야 하니까"라는 답이 돌아왔다. 헤어져야 한다는 것은 내용을 이해한 후 유추해야 하는 내용이었다. 유추해서 대답도 할 줄 아는 것이 기특하고 예뻐서 꼭 껴안아 주었다.

동찬이에게 물어보니 그동안 누군가 한 번도 그림책을 읽어준 적이 없었다고 했다. 그러다 보니 그림책의 내용에 대하여 질문과 대답을 주고받으며 이야기를 나누어준 사람이 전혀 없었을 것이다. 어쩌면 동찬이가 그림책의 내용을 잘 이해하지 못하는 것은 지극히 자연스러운 일이지 싶었다. 가정에서도, 유치원에서도 동찬이가 글을 읽을 수 있는 환경을 만들어주지 않았기 때문이다.

처음에는 전혀 알아듣지 못하고, 이해하지 못했지만 시간이 흐르면서 동찬이는 내 질문의 의도와 책에 나온 것들의 의미를 조금씩 이해하기 시작했다. 조금 더 일찍 동찬이를 위한 문해 환경이 만들어졌더라면 얼마나 좋았을까.

엄마와 관련된 책

동찬이가 내용을 잘 이해하는 책은 모두 엄마와 관련된 것이었다. 아직은 엄마가 좋을 나이고, 엄마와 관련된 이야기를 좋아할 나이라서 그런 책들을 좋아할 뿐만 아니라 이해도 쉽게 한다는 걸 알게 되었다.

분명 『고양이는 나만 따라 해』 그림책은 그림도 예쁘고 글밥도 적어서 동찬이와 같은 어린아이에게 좋은 책이다. 그러나 그림이 예쁘고, 글밥이 적다는 것만으로는 동찬이의 관심을 끌어내기 어려웠다. 이 책의 내용은 동찬이의 삶과 무척이나 동떨어져 있었다. 삶의 맥락과는 전혀 상관없는 이야기다 보니 내용을 이해하지 못하고 내 질문에도 대답을 못하거나 엉뚱한 답을 내놨다. 물론 평소에 책을 좋아하고, 많이 접한 아이라면 내용이 새로워도 예쁜 그림을 보면서 좋아할지도 모르겠지만 책을 처음 접하는 아이라면 경우가 다르다.

1학년을 마칠 때까지 동찬이는 나와 함께 그림책을 읽고, 모음삼각도를 보고, 말놀이 동시집의 동시를 외우고, 끝말잇기와 같은 다양한 놀이를 했다.

시간이 흐르면서 동찬이는 그림책에도 흥미를 보였다. 그림책 보는 시간을 가장 즐거워했다. 약 일 년 정도의 시간이 흐른 후 동찬이가 가장 재미있게 보고, 가장 좋아한 책은 바로 『고양이는 나만 따라 해』였다. 나와 동찬이는 한 달 넘게 이 책을 보면서 숨은 그림을 찾고, 옷장 속의 옷들에 관해 이야기를 늘어놓았다. 우리는 고양이와 여자아이의 씩씩해진 표정을 따라 해가며 신나게 놀았다.

그러나 은성이와 마찬가지로 동찬이와의 수업도 우왕좌왕했다. 11월 쯤에 가서야 제대로 읽기 따라잡기 수업을 했는데, 그중에서 동찬이의 한글 읽기 수준을 한 단계 올려놓은 것은 생활 문장 쓰기였다. 그 덕분에 1학년을 마칠 12월 무렵에 동찬이는 글자를 어느 정도 깨쳤다. 적어도 그림책이 무엇인지, 어떻게 보는 것인지 정도는 알게 되었다.

다행히 방학 후에 글자를 모두 잊지는 않았다

아이들이 방학에는 공부하려고 하지 않아서 겨울 방학에는 수업을 하지 않았다. 이듬해 봄에 나는 다시 동찬이를 만나러 나섰다. 전에 읽었

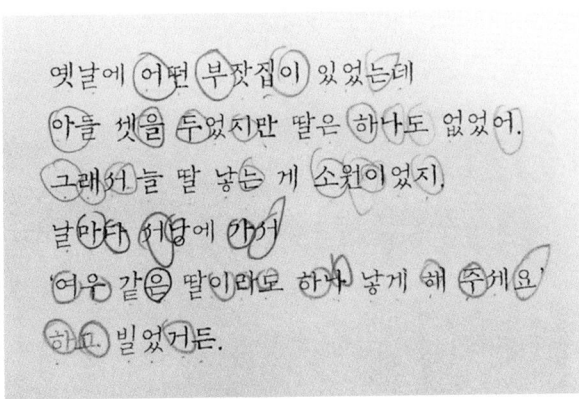

2016. 4. 19. 동찬이가 알고 있던 글자들

던 『병아리』와 『여우 누이』 그림책을 들고 갔다. 정말인지는 모르겠으나 동찬이는 내가 누군지 모르겠다고 했다. 그런데 『병아리』 책은 기억하고 있었다. 『여우 누이』를 읽어주고 내용을 물어봤는데 어느 정도는 대답을 했다. 동찬이는 나에게 한 번 더 읽어달라고 했다. 한 번 더 읽어준 다음 첫 장의 글자들을 얼마나 알고 있는지 표시하게 했다.

받침이 없는 글자는 '에'를 제외하고 모두 알고 있었고, 받침이 있는 글자 중에서도 '는, 은, 들, 을'과 같이 단어에 붙어 조사로 쓰이는 글자는 알고 있었다. 이 글자들을 제외하고 받침 있는 다른 글자는 몰랐다. 적어도 방학 전에 했던 것을 모두 잊지는 않아서 다행이었다.

이때 동찬이는 글자를 읽기 위해서 나를 처음 만났던 날 '나비'를 읽기 위해 세었던 '가나다라…'와 같은 순서를 더 이상 세지 않았다. 알아서 세지 않은 것이 아니라 순서를 잊어서였다.

5장

아이의 필요와 요구가 빠진 한글 수업

    은성이와 한글 수업을 시작했던 2015년에는 한글 공부에 관한 한 나도, 은성이도 초보자였다. 나는 가르치는 방법을 몰랐고, 은성이는 글자를 몰라서 늘 힘들어했다. 그렇게 일 년을 다 보내고 나서야 깨달은 것이 있다. 그때는 미처 알지 못했던 은성이의 말과 행동의 의미를 나중에야 알아내고 아쉬워했다. 조금만 더 일찍 알았더라면 은성이도 나도 좀 더 즐겁게 시간을 보낼 수 있었을 텐데 지금 와서 돌아보아도 아쉽기만 하다.

이제 여기에 안 올 거예요

    은성이를 처음 만난 2015년 1월 이후 약 석 달이 지난 4월 21일, 다시 첫 수업을 하러 학교에 갔다. 나는 설레는 마음으로 은성이가 다니는 학교에 바로 출근했다. 2층 방과후교실로 곧바로 올라갔다. 은성이가 어떤 표정으로 올지 궁금했다. 은성이를 만나면 무슨 이야기를 할지 생각하는 차에 담임선생님과 함께 은성이가 나타났다. 반가운 마음에 은성이에게 아는 체를 했다. 그러나 은성이는 마지못해 건성으로 인사하며 자리에 털썩 주저앉더니 곧바로 엎드렸다. 기분을 물어도 몰라요, 나를 기억하는지 물어도 몰라요, 무엇을 물어봐도 '몰라요'라고만 했다.

나는 가지고 간 몇 권의 그림책을 꺼냈다. 책상 위에 꺼내놓으며 어떤 책을 보고 싶은지 골라보라고 했다. 은성이가 『똥자루 굴러간다』를 가리켰다. 책을 읽어주면서 살짝살짝 내용을 물었다. 다 읽고 나서도 내용을 물어봤다. 아니나 다를까 모른다는 대답이 돌아왔다. 분명 지난 1월에 만났을 때는 내용을 죽 꿰고 있었는데 지금은 무조건 모른다며 귀찮아했다. 힘도 없고, 의욕도 없어 보였다. 참으로 난감했다.

수업 첫날부터 뭐든 모른다고 시큰둥하던 은성이는 나와 일 년을 보내는 동안 걸핏하면 모른다, 싫다는 말을 내뱉으며 엎드리기 일쑤였다. 수업하는 내내 은성이가 가장 많이 사용한 말이 '몰라요'와 '싫어요'다. 학습이 더딘 아이일수록, 읽기가 더딘 아이일수록 학습에 흥미가 없고 집중 시간이 짧다. 학습에 대한 성공의 경험과 성공에서 오는 기쁨을 맛본 시간이 적으니 당연한 수순이다.

집중 시간이 짧고 흥미가 없는 이 아이를 학습으로 끌어오기 위한 다양한 활동도 학습의 과정이 될 수밖에 없고, 그래서 교사들의 특별한 준비와 노력이 더 필요하며, 집단이 아닌 개별 지도가 필요하다.

은성이도 한 가지 활동에 대한 집중도가 5분을 채 넘지 못했다. 수시로 책상에 엎어지고 하품했다. 활동이 조금만 길어져도 필통을 열고 연필을 꺼내어 책상에 낙서하거나 연필심을 칼로 깎아냈고 눈동자도 흐려졌다. 그런 은성이를 위해 늘 간단한 게임이나 재미있는 이야기를 준비했다. 글자 공부를 할 때도 한 가지 활동이 10분을 넘지 않게 진행했다. 짧게는 2, 3분에서 아무리 길어도 5분 이내로 마무리했다.

그런데도 은성이는 대부분의 수업 시간을 공부에 집중하지 못했다. 집중하지 못하는 정도를 넘어서 짜증을 냈다. 공부하는 교실에 오지 않아서 찾으러 다닌 날도 많았다. 어느 날은 급기야 "이제 여기에 안 올 거예요"라며 연필을 던지고 나가기도 했다. 그날 나는 사무실로 돌아와 저녁 늦게까지 수업 장면을 돌려보고 기록하며 무엇이 문제인가를 살펴보면서 이렇게 적었다.

'올해가 다 가기 전에 은성이는 글자를 읽을 수 있을까? 집중 시간이 짧고 늘 엎드려서 하품을 해대며 공부하기를 싫어하는 은성이에게 학습 의지를 심어주려면 어떻게 해야 할까?'

그런데 사실 이 물음에 대한 답은 이미 나와 있었다. 어쩌면 수업할 때마다 은성이가 온몸으로 나에게 계속 신호를 보내고 있었는지도 모른다. 그런데 나는 그 신호를 알아채지 못했다. 오직 내가 미리 준비한 것, 가르치고 싶은 것만 했다. 안타깝게도 은성이와의 수업을 모두 마치고서야 그것이 무엇인지 깨달았다.

하품할 때와 눈을 반짝거릴 때

나는 일주일에 두 번씩 은성이를 찾아가서 한 시간 반 정도 수업을 진행했다. 무엇을 어떻게 해야 할지 정해진 것은 아무것도 없었다. 그림책을 활용하겠다는 원칙만 있었다. 이미 선생님들과 함께하는 읽기 따라잡기 연수가 시작되었지만, 어떤 방법이나 원칙이 있던 것이 아니었기 때문이다. 우리는 수업 후에 결과를 정리하고, 정리한 것을 토대로 토론하면서 가장 효과적인 한글 지도 방법을 찾아갔다. 그 당시 기록한 것을 다시 살펴보니 어떤 것은 맞고, 어떤 것은 틀리고, 어떤 것은 아쉬웠다.

은성이는 대체로 수업 시간에 하품을 했고, 또 심드렁했다. 심지어 온갖 핑계로 틈만 나면 도망가려고 했다. 그런 은성이도 어쩌다 한 번씩은 눈을 빛낼 때가 있었다.

은성이와 『요술 항아리』를 읽을 때였다. 먼저 제목을 읽게 한 다음 그림을 보면서 이야기를 나누었다. 요술 항아리 이야기를 아는지 물었는데 역시 모른다고 했다. 어떤 그림이 보이는지 물었더니 항아리 안에 돈이 있고, 사람들이 항아리 안을 들여다보고 있다고 했다.

은성이에게 항아리 안의 돈을 꺼낼 수 있다면, 그 돈으로 무슨 일을 하고 싶은지 물어봤다. 그러자 은성이는 요요와 요요에 필요한 물건들을 사고 싶다고 했다. 내 질문은 딱 여기까지였다. 더 이상 질문이 필요 없었다.

은성이는 요요를 돌릴 때 필요한 것에 대해 말했다. 라이터 기름과 베어링을 빼는 기구와 장갑, 끈과 선수용 요요 등 묻지도 않은 것을 줄줄이 쏟아냈다. 나는 요요도 대회가 있다는 것을 그날 처음 알았다. 은성이는 요요 선수가 되고 싶어 했고, 나중에 요요 강사가 되고 싶다고도 했다. 요요에 관해 하고 싶은 이야기를 다 쏟아놓은 은성이는 그날 내가 묻는 말에 대답도 잘했을 뿐만 아니라 그림책 속의 글자도 다른 날보다 훨씬 잘 읽어냈다. 그런데 이날뿐 아니라 은성이가 기분 좋게 수업을 했던 날에는 모두 공통점이 있었다.

여름 방학을 앞둔 7월 어느 날, 동화책 『여우의 전화박스』를 읽어준 후 내용을 물었더니 왜 묻느냐는 표정으로 날 바라봤다. 뭘 물어도 '몰라요'라고만 대답했다. 그래서 '몰라요' 글자부터 써보라고 했다. 그러자 은성이는 짜증스러운 표정을 걷어내고 씩 웃더니 공책에 잽싸게 썼다. '몰라요'를 쓴 후 은성이는 내가 불러준 단어 몇 개를 순순히 더 썼다.

글자를 쓰고 난 후였다. 은성이가 갑자기 외삼촌 이야기를 꺼냈다. 겨울에 외삼촌이 은성이네 집에 온다는 이야기였다. 운전을 할 줄 아는데 동네 밖으로는 나가지 않는다고도 했다. 나는 얼른 이 문장을 받아썼다.

'운전을 할 줄 아는데 동네 밖으로 안 나간다.'

왜 쓰냐고 은성이가 눈을 부릅떴다. 그래서 그것을 쓴 것이 아니라 다른 것을 썼다고 했다. 은성이가 나에게 쓴 걸 읽어보라고 했다. '여우의 전화박스'라고 읽었더니 '여우'가 없다고 아니란다.

"은성이가 오늘 공부하는데 '몰라요'라고 말했다."

"'은성이'가 없잖아요."

"은성이가 오늘 공부하는데 짜증 내고 '몰라요'라고 했다."

"'오늘'도 없잖아요."

"'오늘'이라는 글자도 알아?"

"네. '오늘'도 없고, '몰라요'도 없어요."

"그래? 그럼, 다시 읽을게. '공부를 할 줄 아는데….'"

"'공부'가 없잖아요."

"공부도 알아? 에이, 그럼 네가 읽어봐."

"운전을 할 줄 아는데 동네 밖으로 안 나간다."

아주 잘 읽었다. 이날도 은성이는 다른 날보다 글자를 잘 읽었다. 묻는 말에 대답도 참 잘했다.

요요 이야기나 몰라요, 그리고 외삼촌 이야기까지 모두 은성이 주변 이야기다. 은성이가 관심이 있는 것, 생활에서 일어나는 것이라는 것과 이런 것을 읽고 쓸 때, 말할 때 은성이의 눈빛이 달라진다는 것을 아주 늦게 깨달았다.

요요 이야기가 나왔을 때 은성이 입에서 나온 이야기를 글로 옮겨봤더라면 얼마나 좋았을까 싶었다. 내가 계획하고 들고 간 것을 가지고 억지로 공부를 시킬 것이 아니라 자연스럽게 이야기를 나누고, 그것을 가지고 문장을 만들어 쓰고 읽었더라면 얼마나 더 즐거웠을까?

'아마 읽으려는 노력만 있다면 충분히 금방 읽을 수 있을 거 같다. 언제나 은성이의 노력과 자세가 안타깝다. 좀더 열심히 읽는다면 얼마나 좋을까?'

기록 곳곳에 나는 이런 말을 적어놓았다. 은성이의 관심과 요구는 뒤로 미뤄둔 채 내가 가지고 간 수업의 계획을 들이밀면서 노력하지 않는다고, 공부하기 싫어한다고 생각했다.

나와 즐겁게 이야기를 주고받다가도 글자를 읽자고 하면 은성이는 언제나 하품을 했다. 그것도 아주 자연스럽게 말이다. 참 신기했다. 처음에는 공부하기 싫어서 그런다고 생각했다. 노력하지 않는 태도가 문제라고 생각했다. 그러다가 나중에는 얼마나 힘들면 저럴까 이해하려고 했다. 언어 방에 쌓인 자원이 부족하여 과부하가 일어나서 그런다고도 생각했다. 그러나 수업을 하는 동안 은성이가 나에게 보여줬던 반응들을 분석해보면 이 생각이 얼마나 잘못된 것인지 알 수 있었다.

한글을 익히지 못한 아이 대부분은 공부를 힘들어한다. 글자를 읽자고 하면 하품을 하거나 엎드리고, 돌아다니며 심지어는 책상 밑으로 들어간다. 그런 아이를 바라보면서 우리는 아이가 노력하지 않는다고 생각한다. 공부에 관심이 없다고 생각한다. 그러나 인간은 누구나 학습에 대한 의욕이 있고, 그것을 어떻게 수면 위로 끌어올지는 아이가 아니라 교사의 몫이다.

외삼촌에 관해 이야기할 때 은성이가 눈빛을 반짝거리고, 그 문장을 가지고 은성이와 좋은 수업을 했지만, 그 후로 그런 수업을 거의 하지 못했다. 그 수업의 의미와 가치를 그때는 미처 알지 못했기 때문이다. 말이 글이 되고, 좀더 재미있게 공부할 수 있는 좋은 방법이 있다는 것을 은성이와 헤어질 무렵에야 알게 되었다.

아이의 필요와 요구가 빠진 한글 수업

은성이가 어떤 장면에서 눈을 빛내는지, 흥미를 보이는지 왜 그렇게 늦게야 알아차렸을까? 수업을 하고 돌아온 날 저녁엔 늘 녹화해온 동영상을 돌려보며 그날 무슨 일이 있었는지 기록했으면서도 왜 그것을 놓치고 있었을까?

어느 날 저녁에 은성이의 현재 한글 수준이 어떤지 정리해봤다. 지금까지 적었던 모든 기록과 드문드문 떠오르는 기억들을 더듬었다. 그리고 체계적인 글자 교육이 필요하다고 적었다.

- 자음은 다 알고 있고 각 소리도 알고 있다. 즉, 'ㄱ'은 '그' 소리가 'ㄴ'은 '느' 소리가 난다는 것을 안다.
- 모음은 따로 떼어도 읽을 수는 있다.
- 자음과 모음이 합해진 글자를 읽을 때 모음 때문에 글자 읽기가 어려운 거 같다. 즉, '구'에서 'ㄱ'은 정확하게 알지만 'ㅜ'를 짚으면서 읽어보라고 하면 시간이 걸리고 합쳐서 읽는 데도 시간이 걸린다.
- 받침이 있어도 이미 알고 있는 단어들이 있다. '메르스 걸리지 말자'에서 '리' 자나 '지' 자를 쓸 때는 한참을 생각했으나 '말' 자와 같은 글자는 순식간에 썼다.
- 받침이 있든 없든 어려운 건 마찬가지고, 모르는 글자는 한참을 생각하고 옆에서 도와줘야 읽을 수 있다. 즉, 알고 있는 단어를 뺀 나머지 글자를 읽을 때는 받침이 있는지 여부와 상관없다.
- 자·모음표를 보고 '고노도로…'와 같이 한꺼번에는 읽을 수 있으나 각각의 글자를 따로 떼어 분리하면 읽기 어려운 글자가 있다.
- '호랑이'와 같은 글자를 읽을 때 '호'를 알고 다음 글자를 상상해서 읽는 '자모 이전 단계'에 있다. 자꾸만 글자를 상상해서 읽는다.
- 그림책이나 동화책 읽어 주는 걸 무척 좋아하나 직접 글자 공부를 하는 것은 싫어한다. 그것도 심하게 말이다. 조금만 힘들어도 금방 포기한다.
- 책을 읽은 후 회상하는 것은 제법 잘한다. 읽은 책의 내용은 어느 정도 파악한다.
- 의미를 모르는 단어가 많다. 그동안 읽은 책이 없어서인 것 같다.

은성이의 상태를 조목조목 정리한 뒤, 앞으로의 지도에 중점 사항들로 다음의 것들을 적었다. 그러고는 뒤에 맞는지 모르겠다고 적었다.

- ▶ 모음 읽고 입 모양과 일치시키기, 모음도 'ㅇ'을 떼고 'ㅏ, ㅑ, ㅓ…' 읽기
- ▶ 자음과 모음을 합해서 읽기
- ▶ 글자표에서 받침 없는 글자 읽기 훈련

물론 이대로 수업하지는 못했다. 은성이의 이해와 요구가 빠졌다는 것을 눈치 빠른 이라면 금방 알아차렸을 것이다. 즐거워야 할 읽기를 훈련이라고 적었으니 내가 그때 얼마나 일방적으로 가르치려고만 했는지 새삼 부끄럽다.

지금 와 생각해보니 나는 늘 촘촘하게 수업 계획을 짰다. 그러고는 그 계획에 따라서 그날 해야 하는 것을 은성이에게 들이밀었다. 안 하려고 하거나, 싫어하는 것들을 효과적으로 가르치기 위해 온갖 방법을 다 동원하여 재미있게 하려고 했다. 그러나 이미 학교에 다닌 4년 동안 무기력해질 대로 무기력해진 은성이에게 효과적인 방법이라고 할 만한 게 있을 리 만무했다. 이때까지도 나는 은성이의 입장에서, 은성이의 눈으로 수업을 들여다볼 생각을 미처 하지 못했다.

글자를 잘 읽은 날, 잘 읽지 못한 날

은성이를 만나는 일 년 동안 내 기분은 은성이의 행동과 태도에 따라 널뛰었다. 은성이가 조금이라도 열심히 하거나, 글자를 좀더 잘 읽은 날에는 하루 종일 행복했고, 짜증 내거나 엎어지는 날에는 내 기분도 별로 좋지 않았다.

수업을 하러 가는 도중에 또는 얼굴을 마주하는 순간에 나는 은성이 기분이 어떨까 상상하고 살피는 일이 다반사였다. 은성이 기분에 따라 그날의 수업이 결정되기 때문이었다. 맑은 얼굴로 교실에 들어오는 날에는 글자 공부도 잘했고, 흐린 얼굴로 들어오는 날에는 공부도 힘들었다. 은성이의 얼굴을 늘 살피면서 아이가 왜 아침에 기분 좋게 잠에서 깨어나야 하고, 아이들을 마주 대하는 선생님의 표정이 밝아야 하며, 아침에 가벼운 농담이라도 던질 줄 아는 여유 있는 태도가 왜 필요한지 다시 한번 새기게 되었다.

조금 일찍 학교에 도착했다. 교실 문이 잠겨있었다. 일찍 도착한 탓이려니 생각하고 기다리는데 수업 시작을 알리는 종이 울렸다. 조금 더 기다리다 결국 은성이를 찾으러 교실로 갔다.

'나도 바쁜데... 아!'

속으로 소리치며 복도를 걸어갔다.

'그래도 화 안 난 척해야지.'

사실 교실 문에서 은성이를 본 순간 화보다는 '에구 그래, 어른인 내가 참아야지'라는 맘이 들었다.

글자를 공부하는 교실로 데리고 왔는데 엎어지고, 안 한다고 하고, 모른다고 하고, 그야말로 어른의 입장에서 보면 버릇없고 나쁜 녀석이었다. 그래도 할 건 다했다. 계획한 대로.

마지막으로 혼자서 책을 읽는데, 어라! 속도가 빠르다. 가령 '반'이라는 글자를 읽을 때 받침을 가리고 '바'를 읽은 다음에 받침을 붙여서 '반'을 읽는데 오늘은 속도가 빨라졌다. 그동안의 공부 효과인지는 모르겠다.

"열심히 좀 하자. 이눔아."

등을 두드리며 칭찬했다.

― 2015. 6. 23. 기록 중에서

이날 은성이는 흐린 얼굴로 마지못해 공부하러 왔지만, 교실을 나갈 때는 얼굴을 활짝 펴고 나갔다. 공부하는 동안 무엇 때문에 기분이 좋지 않았는지 잊어버린 듯했다. 기록을 꼼꼼히 살펴보니 수업 방법이 다른 날과 조금 달랐다. 글자표에서 글자를 찾아 동그라미 그릴 때 셋을 세어주며 찾게 했다. 숫자를 센다고 하니 긴장하며 엎어진 몸을 일으키고, 눈동자를 굴리면서 연필을 들고 재빠르게 표시해나갔다. 이날 나는 이걸 '하나 둘 셋' 효과라고 적어놓았다.

아이들은 어느 때 잘 배울까

은성이가 언제 수업에 집중하는지 분석해보니 대략 3가지 정도로 나뉘었다.

첫째는 집과 교실에서부터 기분이 좋은 날이다. 왜 기분이 좋은지 물어보면 '그냥'이라는 대답이 주로 돌아왔다. 조금 더 이야기를 나누어보면 엄마에게 칭찬받았거나, 전날 일찍 잠자리에 들었거나, 현장 학습을 앞두었다는 것과 같은 아주 사소한 이유들이었다. 그러나 이런 사소한 것이 학습에 지대한 영향을 미쳤다. 교실에 들어설 때부터 기분이 좋으면 수업에도 열심히 참여했다. 묻지 않은 말도 술술 하고, 글자도 다른 날보다 훨씬 잘 읽었다. 양이 좀 많아도 봐주겠다는 태도를 보이며 끝까지 열심히 공부했다.

둘째는 내가 뭔가 새로운 수업 방법을 들고 간 날이다. 거창한 계획이나 방법이 아니어도 새로운 것을 들이대면 관심을 보였고, 수업에도 잘 참여했다. 인간의 뇌는 늘 새로운 것을 탐구하고 실행하기를 좋아한다는데 그런 맥락이 아닐까 싶었다. 은성이는 똑같은 패턴으로 진행되는 읽기 훈련과 학습을 그 무엇보다도 싫어했고, 하지 않으려고 했다. 그래서 같은 교재를 가지고도 그것을 어떻게 적용할지 항상 고민했고, 수업의 방법을 찾아 헤맸다. 아이디어에 목말라하던 나는 이런 점에서 읽기 따라잡기 연수에 참여했던 선생님들의 도움을 많이 받았다. 2주에 한 번씩 모여서 경험을 나누며 수업 방법을 토론했는데 이 자리에서 많은 도움을 주고받았다.

마지막 요인은 이미 앞에서 설명했던 내용이다. 은성이의 흥미와 요구에 맞는 수업이다. 은성이 주변에서 찾아온 것을 자연스럽게 연결하여 수업을 진행할 때 가장 활발하게 사고하고 움직였다. 아이가 어떻게 살아가는지 자세하게 들여다보고, 그것을 어떻게 학습으로 끌어올지 고민하는 것은 그래서 중요하다. 의미 있고 좋은 수업을 하고자 한다면 먼저 아이를 자세히 들여다보고 출발해야 하지 않을까 싶다.

은성이와 읽기 따라잡기 수업을 하면서 문자 학습과 관련된 몇 가지 의미 있는 특징을 발견했다. 이러한 것은 은성이뿐만 아니라 다른 아이에게도 공통으로 나타나는 특징일 것이다. 어쩌면 이미 우리 모두가 알고 있고, 논의해온 내용이기도 하리라. 아이에게 언어를 가르칠 때 참고해야 하겠지만 구체적인 방법은 아이에 따라, 그리고 상황에 따라 각자 마련하는 것이 좋겠다.

내 삶과 주변 이야기를 읽고 쓸 때 더 쉽게 배운다.
경험한 것은 그것이 비록 어려운 것일지라도 잘 안다.
읽고 싶어 하고, 쓰고 싶어 한다.
(글자를 몰라도 읽기, 쓰기에 대한 욕망이 누구에게나 있다.)
줄거리가 있는 책을 좋아한다.
텍스트 속 단어의 의미를 잘 모른다.
읽을 때 재미와 내용보다는 글자의 분량이 중요하다.
읽기와 쓰기를 함께할 때 더 쉽게 배운다.

6장

마지막 수업

　나는 사춘기에 들어선 은성이를 데리고 우왕좌왕하며 한 학기를 보냈다. 이 방법을 쓰다 안 되면 저 방법을 쓰며 좌충우돌했다. 그림책을 읽어주고, 가나다를 가르치고, 아무 받침이나 뗐다 붙였다 하면서 마음 내키는 대로 지도했다. 더구나 문자 배우기에 많은 노력을 기울여야 하는 아이에게 절대로 사용해서는 안 되는 자·모음 음절표를 들고 가서 억지로 읽게 했다. 아이의 삶이나 관심사와는 전혀 관계없는 것을 읽고 쓰게 했다. 더구나 그것들이 아이 해독 수준에도 맞지 않는 것이었다면 얼마나 공부가 힘들고 싫었을까? 나는 왜 그렇게 우왕좌왕하며 시간을 보냈을까?

　은성이는 그림책을 읽어주거나, 동화책을 읽을 때는 그나마 하품하지 않고 듣기도 하고 묻는 말에 대답도 했다. 자세는 썩 좋지 않았으나 그래도 줄거리와 그림에 관심은 가지고 있었다.

그런데 그림책과 동화책 읽기가 끝나고 글자 공부로 들어가면 어김없이 하품부터 했다. 책상에 엎드리고 낙서하고, 딴소리를 했다. 글자와 상관없는 다른 행동을 하다가 생각나면 한 번씩 글자 공부로 들어오지만 금세 싫증을 냈다.

생각해보니 나는 한글 가르치는 법을 배우지 못했다. 아니 나뿐만 아니라 평범한 교사들은 한글을 깨치지 못한 아이, 특히 여러 이유로 보통의 아이보다 글을 배우는 데 더 많은 어려움을 겪는 아이를 지도하는 방법을 어디서도 배운 적이 없을 것이다. 교대에서도 배우지 않았고, 발령받고도 그런 연수를 받은 적이 없다. 간혹 어쩌다 연수를 받더라도 두어 시간 듣는 것으로 그친다.

그러다 보니 교사는 교사대로, 아이는 아이대로 힘들고 어려운 시간을 보내다가 한글 지도의 골든타임이라고 할 수 있는 1, 2학년 시절을 그냥 흘려보내고 만다. 학습 속도가 느린 아이일수록 배운 것을 잘 잊는다. 어제 가르쳐서 가까스로 익힌 것도 오늘 다시 하려면 기억해내지 못한다. 방학 전에 어느 정도 읽었다가도 방학이 끝나면 새까맣게 까먹고 오는 경우도 많다. 그러면 교사는 이 아이를 내 힘으로는 어쩔 수 없다면서 아이와 부모, 가정의 문제로 돌리고는 애써 잊으려고 한다.

한글은 다른 어떤 문자보다도 과학적이고 쉬워서 보통의 아이라면 책을 읽어주고, 조금만 글자를 가르쳐도 쉽게 읽을 수 있다. 한글 지도에 관한 체계적인 연구와 지도 자료가 영어권 나라에 비해 부족한 이유가 어쩌면 여기에 있는지도 모른다.

이런 분위기 속에서 한글 해독에 어려움을 겪는 아이는 그 쉬운 글자도 모르는 이상한 아이가 되고 더딤아라는 낙인이 찍혀 방과 후 공부에 나머지 공부를 하면서 공부의 즐거움보다 지겨움을 먼저 학습하지 않았을까?

은성이와 수업을 하면서 나는 은성이의 담임선생님과 가끔 대화를 나눴다. 은성이의 생활 전반을 비롯하여 읽기 수업 등에 관해 이야기를 나눴고, 부탁도 했다. 교실에서 선생님과 무엇을 할 것인지 숙제를 내곤 했는데 잘 안 될 때가 종종 있었다. 12월에 들어선 첫날, 그동안 선생님과 동시를 꾸준히 읽었는지 아이에게 물었다.

"월요일에는 회의하러 간다고 내일 하자고 했고요, 화요일에도 또 회의하러 간다고 못 했고요, 수요일에는 무슨 일 때문에 못 했고요, 목요일에도 또 무슨 일 때문에 못 했고, 금요일에 했어요."

은성이의 대답을 듣고 웃고 말았지만, 한편으로는 한숨이 나왔다. 12월에 접어들었으니 얼마나 바쁘고 회의가 많을지 이해가 되기도 했다.

한글을 쉽게 깨치지 못하는 아이 대부분에게는 교사의 특별한 노력이 필요하다. 그래서 교사의 열정과 헌신이 더 중요하다. 교사가 시간이 날 때 아이를 가르치는 것이 아니라, 시간을 내서 정기적으로 지도해야 효과가 있다.

우리가 했던 읽기 따라잡기 수업의 가장 큰 원칙은 교사가 시간을 내는 것이었다. 적어도 일주일에 두 번 이상은 지도하자고 했었고, 담임을 맡았던 선생님 중에는 매일 5분, 10분씩 꾸준히 지도한 선생님도 있었다. 지도해도 늘 제자리인 것 같은 아이들도 이런 꾸준한 수업 덕분에 조금씩 글자를 읽어나갔다.

읽기 따라잡기 수업을 한다고 아이가 단번에 글을 읽게 되는 것도 아니고, 다른 아이처럼 유창하게 읽을 수 있게 되는 것도 아니다. 서서히, 조금씩 좋아진다. 아주 조금씩 좋아진다. 언젠가는 아이가 글자를 유창하게 읽을 것이라는 믿음을 가지고, 지치지 말고 꾸준히 지도하겠다는 교사의 마음이 특히 필요하다. 조금 해보고 나서 안 된다고 그만두고, 매번 다른 방법을 찾아 들이밀면서 아이를 혼란에 빠트리지 말고 천천히, 꾸준히 믿음을 가지고 해나가면 좋겠다.

 읽기 따라잡기 수업이 최선의 방법은 아니다. 아이마다 환경과 특성, 기질이 모두 다르기 때문에 각자에게 맞는 방법을 찾아 나가야 한다. 다만 아이와 교사 모두 지치지 않고, 좀더 재미있게 배우고 가르치기 위해 그림책을 활용하거나 아이 주변에서 소재를 끌어다가 쓰기를 하겠다는 원칙만 지키면 된다. 읽기 발달 단계와 특징을 이해하고 아이의 언어 사용을 면밀히 들여다보면서 그에 맞는 수업의 방법을 고민하고 적용하면 된다. 그것이 무엇이 되었든 말이다.

 그리고 또 한 가지, 기록에 대해 말하고 싶다. 나는 수업 날 저녁에 반드시 찍어온 영상을 돌려 낱낱이 기록했다. 200쪽에 가까운 기록을 면밀히 살펴보면서 은성이가 어떨 때 수업에 집중하는지, 어떤 그림책을 좋아하고, 어떤 언어를 사용하는지를 살폈다. 그렇게 일 년을 지내 보니 문자 지도가 비로소 눈에 들어왔다. 기록이 없었다면 내 한계를 넘어서는 것도, 한계 상황에 대한 객관적인 분석도 절대 불가능했을 것이고, 여기까지 오지 못했을 것이다. 꼭 문자가 아니더라도 아이가 하는 말을 하루에 한 장면만이라도 기록하고 모아서 꾸준히 살핀다면 분명 무엇인가가 보일 것이고, 교사로서 고민하는 것을 해결할 수 있을 것이며, 연구자로 살아가는 밑거름이 될 것이다.

은성이와 함께한 지난 일 년의 시간은 좌절과 희망의 연속이었다. 은성이는 초점 없는 흐릿한 눈동자였다가도 어느 날에는 글자들을 술술 읽어 나를 놀라게 하기도 했다. 그런 날엔 어김없이 희망이 솟아올라 열을 내며 효과가 있었던 한글 지도 방법이 무엇이었는가를 찾아 머리를 싸매곤 했다. 그렇게 일 년이 흘러갔다. 그리고 오늘, 12월 15일 은성이와 마지막 수업을 했다. 나도 모르게 코끝이 아렸다. 인연이란 게 이런 건가 보다.

12월이 되면 극장에 데려가겠다고 약속했는데 기어이 가지 못하고 수업을 끝내게 되었다. 아이들이 볼만한 영화가 개봉되기는 했으나 더듬거리며 겨우 글자를 읽는 은성이가 자막을 읽지는 못할 것 같아서였다. 은성이에게 그런 상황을 설명하며 글자를 읽는 것이 얼마나 중요한지 이야기를 하면서도 말의 앞뒤가 맞지 않다는 것을 알고 있다. 은성인들 읽기 싫어서 읽지 못했을까. 남들보다 열 배, 스무 배가 넘는 노력을 기울여야 겨우 한글을 읽을 수 있었을 테지만 가정도, 학교도 은성이를 제대로 돌보지 못해 여기까지 왔을 것이다.

'한글 공부가 어렵다.'

'공부할 때 좀 힘들었다.'

겨우겨우 얻어낸 일 년의 소회 속에 지난 5년간 느꼈을 은성이의 고통이 압축되어 녹아 있음을 느낄 수 있었다.

어쨌든 은성이에게는 일 년간 정말 많은 발전이 있었다. 지난 1월에 처음 만났을 때 가지고 간 『여우 누이』 책을 오늘도 가지고 갔다. 그때는 글자를 거의 읽을 수가 없어서 아는 글씨에 동그라미를 그려보라고 했다. 책 자체를 읽을 수가 없었기 때문이다. 그런데 오늘 은성이는 더듬더듬 책을 읽었다. '옛날'을 '엿날'이라고 읽는 것처럼 몇 글자는 틀리고, 없는 글자를 넣어서 읽기도 했지만, 은성이는 분명 책을 읽었다. 눈물이 핑 돌았다. 등을 두드리며 정말 애썼다고, 잘했다고 칭찬했다. 그 칭찬은 은성이에게만 한 것이 아니다. 나에게 해주는 칭찬이기도 했다.

'은성아, 정말 잘했어. 애썼다.'

어쩌면 5학년 아이가 겨우 더듬더듬 책을 읽는 것이 뭐 그리 대단한 일이냐고 할지도 모른다. 그러나 은성이가 글자를 익히는 과정을 지켜본 나는 이게 어떤 의미인지 안다. 이제 겨우 두어 발짝 앞으로 나갔지만 겨울방학에도 글자를 읽으러 나올지도 모른다는 은성이의 대답에서 다시 또 희망을 보고 있다.

은성이가 볼만한 영화가 개봉하면 전화를 해야겠다.

"은성아, 영화 보러 가자!"

그러면 아마도 은성이는 먼저 싫다고 대답하고, 내가 몇 번 졸라대면 마지못해 나올 것이다. 같이 영화 보는 내내 마치 나를 위해 나와준 것처럼 행동할 것이다. 그래도 좋다. 은성이가 이만큼이라도 따라와준 것이 고맙다. 내가 선생이었음을 일깨워준 은성이와 같이 영화 볼 날을 기다리고 있다.

— 2015. 12. 15. 기록 중에서

은성이와 마지막으로 수업을 한 날 기록한 글이다. 2015년 한 해 동안 나는 일주일에 두 번씩 은성이를 만났다. 은성이와 한글 공부를 같이하는 동안 참 많은 일이 있었다. 나만 그런 것이 아니라 읽기 따라잡기 수업을 같이한 선생님들도 그랬다.

마지막 수업을 하고 나서 돌아와 그동안 은성이와 만났던 순간순간을 떠올리며 정리하다 보니 은성이가 지난 5년간 겪었을 법한 일들이 영상처럼 지나갔다. 은성이를 맡아서 한글을 가르치며 답답해했을 선생님의 고민과 아픔도 느껴졌다. 안타까웠다. 은성이도, 선생님도 모두 얼마나 힘들었을까? 가르쳐도, 배워도 늘 제자리인 글자를 두고 얼마나 많은 좌절과 고통을 겪었을까?

그 이듬해 은성이의 담임선생님을 우연히 만난 적이 있다. 그 자리에서 은성이가 한글 공부를 진작 조금 더 열심히 할 걸 그랬다는 말을 엄마한테 했다는 말을 들었다. 그때는 은성이가 철들었다며 웃고 말았지만, 교육청으로 돌아와 곰곰 새겨보니 가슴이 아팠다.

은성이가 좀더 열심히 할 수 있도록 학교는 무엇을 해야 했을까, 교육청에서는 무엇을 해야 했을까 생각하니 더욱 안타까웠다. 4년의 시간을 흘려보낸 이후에야 겨우 집중적인 지원을 받아 한글을 깨치고 나서 은성이가 노력하지 않은 자신을 탓하게 만든 교육 정책에 문제는 없는지 돌아보며 나는 앞으로 무엇을 어떻게 해야 할지 깊게 고민했다.

7장

문자 지도
이렇게 하자

　일 년이 넘는 연구와 수업 덕에 아이의 읽기 발달 단계와 단어를 익혀 나가는 순서를 비롯하여 그동안 분절적으로 알고 있던 것, 감각적으로만 알고 있던 것, 경험에 비추어서만 바라보던 것들을 좀더 명확하게 정리할 수 있었다. 2부에 내 생각을 모두 풀어놓았지만, 그중 중요한 것 서너 가지만 다시 정리해보려고 한다. 아이에게 문자를 가르칠 때 꼭 기억하면 좋겠다.

　첫째, 아이는 읽기와 쓰기를 함께 배울 때 더 쉽게 배운다. 그날 읽은 것 중에서 한 글자라도 가져다가 만들어보게 하고, 만든 것을 써보게 하고, 다시 그것을 읽는 활동을 해야 한다. 읽기 먼저 가르친 다음 쓰기를 가르치려 하지 말고 동시에 가르쳐야 한다. 이런 점 때문에 쓰기는 초등학교에 입학하는 아이에게 처음부터 가르쳐야 한다. 다만 알림장 쓰기나 받아쓰기와 같은 무리한 것을 아이에게 요구해서는 안 된다.

　문자를 배우는 시기의 아이에게는 자석 글자로 글자 만들기, 만든 것

옮겨 적기, 글자의 일부분 오려서 완성하기, 비워진 자음이나 모음 부분 완성하기 등과 같은 활동으로 쓰기를 지도하면 좋다.

둘째, 1학년 아이에게 글자를 가르칠 때는 음소 단위(낱글자 단위)로 지도해야 한다. 통문자를 읽게 하고, 그것을 암기하게 하는 것은 발달 단계와도 맞지 않을뿐더러 학습의 흥미 면에서도 결코 바람직하지 않다.

'가'를 가르치기 위해서 '가지', '가방'과 같은 글자를 그림과 함께 보여주며 읽게 하고 암기시켜도 '가'를 구분하지 못하는 아이를 우리는 쉽게 만날 수 있다. 글자를 잘 익히지 못하는 아이일수록 암기한 것을 잊어버릴 가능성은 더 크다. '가나다라…'를 열심히 가르쳐서 외우게 해도 다음 날이면 잊어버리는 이유가 문자를 통문자로 보고 암기하기 때문이다. 문자는 암기를 통해 익혀지는 것이 아니라 소리와 모양을 감각적으로 연결할 때 저절로 알게 된다. 더구나 '가나다라…'는 아이에게 무의미한 단어다. '가지'나 '가방'도 그럴 가능성이 크다. 이런 무의미한 단어 암기는 아이에게 그 어떤 작업보다도 고될 가능성이 크다.

이런 점에서 앞에서 설명했던 생활 문장 쓰기(한 문장 쓰기)는 매우 유용한 방법이다. 실제로 동찬이가 그렇게도 알아보지 못하던 단어를 알아보고 찾는 데 결정적인 역할을 한 것이 생활 문장 쓰기였다. 아이에게 의미 있는 단어나 문장을 낱글자 단위로 만들어보게 하고, 쓰게 하고, 보게 하고, 찾게 하고, 소리 내보는 활동을 통해 동찬이는 비로소 글자를 알아보기 시작했다.

셋째, 소리 내어 읽기는 아무리 강조해도 지나침이 없다. 소리 내어 읽는 활동으로 아이는 소리의 규칙을 자연스럽게 터득할 수 있고, 각각의 소리를 정확하게 구분하게 되며, 소리와 문자를 연결할 수 있게 된다.

이런 점에서 교사가 또박또박 읽어주는 그림책 속의 글자, 아이와 교사가 한 줄씩 번갈아 가며 읽는 활동, 아이 혼자서 또는 여럿이 함께 큰 소리로 읽는 활동은 매우 중요하다. 아이와 함께 책을 읽으면서 정확하지 않은 발음은 교정해주어야 한다. 교사의 입 모양을 보게 하고, 그대로 따라 말하기를 시키면서 정확하게 발음하도록 도와야 한다.

넷째, 우리는 아이에게 문자를 가르치는 도구로 그림책을 활용했다. 자료가 꼭 그림책이 아니어도 괜찮으나 소리 내어 읽고, 읽은 것 중에서 의미 있는 단어를 찾아 낱글자 단위로 만들어보며, 글로 써보는 자료로 그림책만큼 좋은 것은 없다. 다만 처음 문자를 처음 배우는 아이 수준에 맞는 그림책 고르기에 좀더 많은 신경을 써야 한다.

첫 단계의 아이에게는 비록 그 아이가 1학년, 또는 그보다 더 높은 학년일지라도 『아기가 아장아장』 같이 한 장에 한 문장 정도만 나오는 그림책을 가지고 시작해야 한다. 글자를 배울 때 아이는 '아기'나 '아장아장'과 같은 내용이 아니라 글자의 양과 모양을 본다. 그래서 이런 그림책을 골라 교사가 먼저 읽어주고, 함께 읽고, 혼자 읽게 하면서 글자 읽는 즐거움을 맛보도록 해야 한다. 우리는 이런 그림책을 유치원 교실에 가서 찾아 함께 읽었다.

마지막으로 아이는 익숙한 것, 생활 속에서 끌어온 것을 말하고, 쓰고, 읽을 때 훨씬 더 잘 배운다. 내 주변의 이야기, 내가 어제 먹었던 것, 봤던 것, 놀았던 것을 가져다가 쓰고 읽을 때 더 잘 기억하고, 익혔다. 이 점은 3부에서 다룰 동찬이와의 수업의 근간을 이루는 생각이기도 하다.

3부

동찬이의
언어 수업

우현이가 이제 글도 잘 읽고 해서 그런 기대를 했나 봐요. 진단 평가가 끝나고 나서 더딤 학생 명단에 우현이 이름이 올라왔는지 아닌지 제일 먼저 살펴봤어요. 살짝 떨리기도 했죠. 그런데 제 기대와는 달리 우현이 이름이 명단에 떡하니 올라와 있었어요. 순간 한숨이 나왔어요.

우현이가 3학년이 되던 2016년 3월 어느 날, 김 선생님이 한숨을 쉬며 털어놓은 이야기다. 우현이는 학교에 들어오기 전까지 활발한 아이였다. 하지만 한글을 모른 채 학교에 입학해 일 년을 보내는 동안, 한글을 다 익히지 못한 우현이는 운동장에서와 달리 교실에서 늘 조용하고 말없이 지냈다. 2학년이 되어서도 친구에게 글을 읽지 못한다는 놀림을 자주 받으면서 일상생활에서도 어려움을 겪었다.

그런 우현이를 2학년 때 김 선생님이 맡았다. 읽기 따라잡기 연수에 우현이 사례를 들고 와서 이야기를 나누었고, 나눈 이야기를 바탕으로 일 년 동안 정말 열심히 가르쳤다. 그 덕분에 우현이는 2학년이 끝나갈 무렵에는 글을 잘 읽게 되었다. 김 선생님은 우리 연구회 회원 중 가장 성과가 좋았다. 가르치는 기쁨을 누구보다도 많이 누린 선생님이었다. 그렇게 가벼운 마음으로 우현이를 3학년에 올려보냈다. 그런데 얼마 전 우현이가 학습 더딤 학생 명단에 포함되었다는 것을 알았다고 한다.

 김 선생님의 말이 끝나자 3학년 라온이를 가르쳤던 오 선생님도 따라서 한숨을 쉬었다. 기대를 했지만, 라온이도 학습 더딤 학생 명단에 이름을 올렸다고 했다. 더구나 라온이는 방학을 지나면서 한글 실력이 좋아지기는커녕 더 나빠졌다고 했다.

 그때 우리는 한글 공부 이후에 닥쳐올 교과 학습 상황에 대한 구체적인 대안 없이 막연하게 더 읽고, 더 공부하다 보면 좋아지겠거니 하고 생각했던 것 같다.

 두 선생님의 이야기가 아니더라도 우리는 '이 아이들이 글자를 읽게 된다고 해서 다른 아이들처럼 제대로 공부할 수 있을까?' 하는 의구심을 늘 떨쳐버릴 수 없었다. 아무도 입 밖으로 꺼내어 말하지는 않았지만, 아마도 공부를 제대로 하는 데 상당한 어려움을 겪거나 영영 따라갈 수 없을지도 모른다고 생각했던 것이 사실이다. 문자 지도에 열을 올리다가도 이 문제를 생각하면 가슴이 답답했다. 글자는 읽을 수 있지만 문해 능력이 떨어지는 아이들, 그래서 전반적인 학습 능력이 떨어지는 아이들은 어떻게 해야 할지도 고민이었다.

1장

읽고 쓰기
너머의 것

　나는 은성이와 2015년 한 해 동안 읽기 따라잡기 수업을 했다. 2015년 9월부터는 동찬이와도 수업을 했으니 2학기에는 은성이와 동찬이를 함께 가르친 셈이다. 2016년에 들어서면서부터 은성이에게는 코칭 선생님을 붙여주었고, 동찬이는 나와 수업을 일 년 동안 더 했다. 두 아이 모두 읽기 따라잡기 수업을 하면서 어느 정도 성과가 있어서 더듬더듬이나마 읽고 괴발개발이나마 쓸 수 있었다.

　동찬이만 가르치던 어느 날이었다. 수업을 하고 있는데 은성이가 불쑥 교실에 들어왔다. 동생을 데리러 왔다고 했다. 반갑게 인사를 나누고 난 후 문득 은성이의 한글 실력이 궁금했다. 은성이는 6학년이 되면서 나와의 한글 공부를 그만두었기 때문이다. 은성이에게 동생이 쓴 문장을 읽어보라고 했더니 술술 잘 읽었다. 문장을 읽고 난 은성이가 눈을 빛내며 그 문장을 쓸 수도 있다고 자랑했다.

'엄마가 전화를 안 받아서 울었다.'

동찬이가 그날 쓴 생활 문장이다. 동찬이에게 일어난 중요한 사건이었고, 동찬이 입에서 나온 문장을 글로 썼다. 은성이는 이 문장을 읽기도 잘했고, 쓰기도 잘했다. '받아서'를 '밤아서'라고 쓰기는 했지만 대견했다. 나는 아낌없이 칭찬해주었다. 은성이는 쓰기가 재미있다고, 요즘엔 읽기보다 쓰기를 많이 한다며 잘 쓸 수 있다고 재차 자랑을 했다.

— 2016. 5. 4. 기록 중에서

6학년 아이가 이깟 한 문장 읽고 쓰는 것을 가지고 호들갑 떤다고 할 수도 있겠지만, 그 자리에 있었던 은성이와 나에게는 감격스러운 장면이었다. 그 무렵 우리는 아이, 어른 할 것 없이 문자 해독에 열을 올리고 있었기 때문이다.

나는 이들 형제를 만나는 동안 끝없이 우울하기도 하고 한없이 행복하기도 했다. 수업이 잘 안 될 때는 온종일 왜 그랬는지 고민하면서 기분이 가라앉았고, 수업이 잘되는 날에는 콧노래까지 부르며 날아갈 듯이 기뻤다. 이 아이들, 정확히 말하면 이 아이들과의 수업이 내 기분을 좌지우지했다.

나는 두 아이를 통해서 문맹이 아이들에게 어떤 의미인지 가슴에서부터 이해할 수 있게 됐다. 문맹은 단순히 읽고 쓰기를 못하는 데서 그치지 않는다. 일상생활에서의 기본적인 의사소통에 지장을 주는 것은 물론, 무엇인가 생각하고, 그 생각을 표현하는 인간의 기본적인 삶에 심각한 장애가 된다. 어쩌면 문맹은 한 인간을 평생 그늘 속에서 숨죽이며 살아가게 하는 요인일지도 모른다.

다행스럽게도 은성이와 동찬이는 적어도 글자를 읽을 수는 있게 되었다. 그리고 이 아이들에게 읽고 쓰는 것을 가르치다 보니 나도 한글 가르치는 방법을 터득할 수 있었다. 읽기 따라잡기 수업이 문맹인 아이를 가르치는 방법으로 손색이 없음도 알게 되었다.

읽기 따라잡기 수업에서 놓친 것

그러나 2016년 6월 무렵부터 나는 새로운 어려움에 직면했다. 시간이 흐를수록 공부하기 싫어하고 힘들어하고 하품하고 책상에 엎어지며 돌아다니는 동찬이를 어떻게 해야 할지 늘 고민이었다. 담임선생님과 복습 삼아 읽을 그림책을 가져가지 않으려고 수업이 채 끝나기도 전에 엉덩이를 들썩이며 나가려는 동찬이를 보며 그림책을 싫어하게 된다면 문자를 익히는 것이 무슨 의미가 있을까 고민스러웠다.

은성이가 수업을 몸으로 거부하는 것을 보면서 때때로 방법이 틀렸는지 고민도 했지만, 문자 지도라는 목적에 매몰되어 문제의 본질을 제대로 못 보고 있었다. 흥미를 잃어가는 은성이를 보면서 좀더 새로운 방법을 찾아 지도하려고만 했다. 그것은 동찬이에게도 마찬가지였다. 그러다가 드디어 한계 상황에 부딪히게 되었다. 그때가 2016년 6월이었다.

그 무렵 완주 지역에서 '학생중심수업 실천연구회'[1]를 서근원 교수[2]

---

1 추창훈, 『로컬에듀』 에듀니티, 2017, 3장. '교사, 실천하면서 배우다'
2 대구가톨릭대학교 교수, 『수업, 어떻게 볼까?』(교육과학사, 2013) 저자

가 이끌고 있었는데, 나의 이런 고민을 듣고 연구회에 합류할 것을 제안했다. 실천연구회에 합류하면서 비로소 가르치려고만 했던 내 수업을 돌아볼 수 있게 되었다.

새로운 시도, '아이의 눈으로'

사람은 누구나 자신만의 고유한 의미 세계를 가지고 있다. 아이도 마찬가지다. 어떤 사물이나 주변에서 일어나는 사건을 말할 때 아이는 자기가 알고 있는 의미를 동원하여 세상을 바라보고, 자기만의 방식대로 해석해낸다. 본 것, 겪은 일 등을 자신이 이해하는 수준에서 말로, 문자로 표현한다.

그래서 학습을 시작할 때는 아이를 이해하는 작업이 반드시 선행되어야 한다. 아이가 주변의 사물과 사건을 어떻게 인식하는지, 세상을 어떤 눈으로 바라보는지 등을 먼저 이해해야 한다. 이런 이해를 바탕으로 그 아이에게 맞는 수업을 시도하고, 그렇게 진행된 수업이 아이에게 어떤 의미가 있는지 발견해가는 과정이 되어야 한다.[3]

그러나 내가 해왔던 읽기 따라잡기 수업은 이런 생각과는 거리가 멀어도 한참이나 멀었다. 아이가 어떤 인식을 가지고 주변을 바라보고 표현하는지는 관심 밖이었고, 늘 내가 가지고 간 수업의 계획을 들이대며 아이에게는 의미 없는 것을 가르치려고만 했으니 아이가 수업으로부터

---

3 이는 '아이 눈으로 수업보기와 수업하기'의 기본을 이루는 생각으로, 나는 2016년 7월부터 동찬이와의 언어 수업에 적용했다.

도망가려고 했던 것이다. 동찬이는 문자를 읽기는 하는데 의미를 알지 못해 때때로 머리 아파했다. 이를 해소하려고 아이는 나름의 방법을 고안하여 교실을 돌아다니거나 책상 밑으로 들어가고, 수업과는 관계없는 이야기를 늘어놓았던 것이다.

아이마다 언어 발달 단계가 다르기 때문에 적당한 발달 시점을 찾아 그에 맞는 교육을 해야 하는데, 교사의 일방적인 계획과 지도 방법을 모든 아이에게 똑같이 적용하는 것 자체가 무리였다.

이런 생각을 가지고 동찬이를 바라보니 읽기뿐만 아니라 언어생활 전체가 눈에 들어왔다. 동찬이는 문자를 읽지 못하는 것 이전에 생각을 말로 정확하게 표현해내지 못했다. 또한 동찬이의 생각 속에서 언어의 분화가 제대로 일어나지 못해 사고의 발달이 늦어지고 있음도 알게 되었다. 그러니 문자를 익힌 후에 궁극적으로 우리가 하려고 하는 것, 그 이상의 학습에 어려움을 겪을 수밖에 없고, 학습 더딤의 늪에 빠질 수밖에 없겠다는 생각에 이르렀다.

교사의 계획과 가르침이 중심이었던 읽기 따라잡기 수업을 내려놓고 동찬이를 이해하는 시간부터 갖겠다고 마음먹기는 했으나, 그 후로도 한 달이 다 지나가도록 예전의 수업 방식을 버리지 못했다. 문자 중심의 교수법에 익숙하다 보니 동찬이와의 대화가 서툴러 어떤 질문을 해야 할지, 어떻게 대화를 풀어가야 할지 막막했고, 그러다 보니 대화가 자꾸 단절되었다. 어떻게든 글자를 깨치게 해야 한다는 생각이 앞서서 더 그랬던 것 같다.

가르치기만 하는 수업에서 벗어나 아이의 이해와 요구에 맞는 수업을 본격적으로 시도한 것은 7월에 들어서면서였다. 동찬이가 주변의 사물과 사건을 어떻게 인식하는지, 세상을 어떤 눈으로 바라보는지 궁금해서 그림 카드와 그림책의 그림을 가지고 이야기를 나누었다. 그림을 연결하여 이야기를 만들어보고 눈높이를 맞추며 대화를 나누었다. 교실에 나타난 바퀴벌레를 소재 삼아 등장인물의 이름을 짓고, 그것을 그림으로 그리며 문장으로 써서 그림책을 만들며 놀았다. 동찬이의 손을 잡고 운동장과 화단을 돌면서 하늘과 꽃과 벌에 관한 이야기를 나누었다.

이 과정에서 나는 동찬이가 사용하는 언어에 중요한 특징이 있다는 것을 발견했다. 발견한 것을 종합하고 비교해 정리하면서 그동안 인식하지 못했던 것을 깨달았다. 문자를 읽고 쓰는 것 너머에 언어가 존재한다는 사실 말이다.

아이들이 읽기, 쓰기를 익혀도 여전히 학습 더딤으로 남는 문제가 어디서부터 기인하고, 이 문제를 어떻게 풀어갈 것인지도 미흡하게나마 깨달을 수 있었다. 아이가 잘 배우고, 제대로 배우려면 삶과 흥미 그리고 언어 발달 단계를 따라야 한다는 것도 알게 되었다. 그때에야 비로소 잘 읽고 쓰면서 동시에 언어생활이 풍부해지고 나아가 학습 더딤을 포함한 많은 문제도 해결되리라는 생각을 갖게 되었다.

많은 교사가 아이의 입장에서 이해하고 수업하겠다고 마음 먹지만, 그것이 마음먹은 대로 되지 않는 까닭은 우리가 그동안 몸으로 익혀왔던 습성을 쉽게 바꾸지 못하기 때문이다. 나도 그랬다. 끊임없이 가르치려 했고, 내 사고의 틀에 동찬이를 맞추려 했다. 그걸 깨트리고 내 교수법을 바꾸는 것이 가장 어려운 작업이었다. 실천연구회 연수에 참여하여 무엇이 잘못된 것인지 듣고 토론하고 돌아가서도 때때로 예전의 것을 아이에게 강요하고, 나름의 논리로 억지를 부리기도 했다.

어쩌면 지금 이 순간에도 전국의 수많은 교실에는 나와 같은 교사, 동찬이와 같은 아이가 문맹의 늪에서 허우적거리고 있을 것이다. 그중에는 다행스럽게도 문맹 문제를 어느 정도는 극복하는 아이도 있겠지만, 상당수는 분명 읽기와 쓰기 이후의 문제에 직면하게 될 것이다. 그들이 사용하는 언어와 사고가 온전한 학습을 뒷받침하기 어려울 수 있다는 말이다.

문맹인 아이가 저마다 가지고 있는 고유한 특성과 문제 상황, 다양한 원인과 어려움을 무시하고 교사가 일방적으로 계획을 세워 아이에게 들이미는 언어지도 방식은 한계가 있기 마련이다. 따라서 문맹을 해소하기 위해선 교사가 아이를 자세히 들여다보고, 아이의 특성과 상황에 맞게 지도해야 한다. 이런 맥락에서 문맹과 언어 발달 지도는 교사의 전문성이 그 어느 분야보다도 필요하고 또 중요하다.

3부에는 '동찬이의 눈으로 하는' 수업을 위해 어떻게 노력했는지, 그 과정에서 나의 시선이 어떻게 변해갔는지, 그리고 이 수업으로 깨달은 아이의 언어 발달 이야기를 담았다.

6월부터 12월까지 수업의 과정 속에서 내 생각과 행동이 어떻게 변해갔는지, 나와 상호 작용하며 문자를 익혀갔던 동찬이는 어떤 변화를 겪었는지를 시간 순서대로 적었다. 수업의 결과보다는 내가 어떤 과정을 거쳐 동찬이의 언어 세상을 이해하게 되었는지를 중심으로 기술했다. 내가 겪은 변화의 과정이 교사라면 누구나 겪을 법한 이야기라 생각하기 때문이다.

2장

수업의 주도권을
아이에게 넘겨주다

머리가 아픈 동찬이

동찬이와 수업을 시작한 지 일 년이 다 되어갈 무렵이었다. 읽기 따라잡기 수업을 하면서 어느 정도 글자도 읽게 되고, 조금씩 쓸 줄도 알게 되기는 했으나 다른 문제가 나타났다. 어쩌면 새롭게 나타났기보다는 늘 그랬는데 미처 보지 못하고 있었거나, 아니면 애써 외면하고 있었을지도 모르겠다.

교실로 들어오는 동찬이 표정이 심상찮다. 시간이 흐를수록 흥미를 잃어가고 있다. 한글 공부 때문인지, 아니면 학교생활의 어려움 때문인지 잘 모르겠다. 교실로 들어오면서 머리가 아프다고 했다.

― 2016. 6. 7. 기록 중에서

처음부터 공부에 흥미를 보인 건 아니었지만 그래도 표정이 어둡거나 시무룩한 건 아니었다. 그런데 시간이 흐를수록 표정이 어두워졌고, 기운 없어 했으며, 심지어는 수업이 끝나기도 전에 엉덩이를 들썩이며 나가려고 했다. 수업이 끝나고 나가는 동찬이 손에 들려주는, 담임선생님과 함께 읽어야 할 그림책을 가져가지 않기 위해서였다.

참 난감했다. 읽기 싫은 글자를 억지로 읽는 과정에서 읽기의 즐거움을 잃어버린다면 오히려 안 하느니만 못하지 않을까. 책을 싫어하게 된다면 글자를 읽는 것이 무슨 의미가 있을까.

처음에는 동찬이의 흥미를 끌기 위해 수업 방법을 바꾸고, 그림책을 좀더 꼼꼼히 살펴 재미있는 문장을 찾아 헤맸다. 그런 내 노력에 동찬이는 잠깐씩 흥미를 보이다가도 이내 제자리로 돌아가 책상에 엎어지고 의자 밑으로 들어가는 날이 늘어났다.

읽기의 즐거움에서 멀어지다

한 문장 쓰기를 할 때 동찬이는 때때로 글자를 가지고 놀았다. 작게 쓰기도 하고 크게 쓰기도 하고, 점선으로 그리기도 하고 구불구불 쓰기도 하는 바람에 대부분의 시간을 문장 쓰기를 하며 보내기도 했다. 동찬이와의 수업은 내게 인내의 시간일 때가 많았다.

학교에 도착하여 준비를 하고 동찬이를 찾으러 교실로 갔다. 막 수업을 시작하려는 찰나였다. 공부하는 곳으로 왔는데 동찬이가 따라오지 않앉다. 조금 있으니 형광등이 켜졌다, 꺼졌다 하며 번쩍였다. 한참을 기다려도 들어오지 않아서 교실 밖으로 나가봤다. 문을 막 나서는데 '왁' 하는 소리가 났다. 깜짝 놀랐다.

"불 껐다 켰다 하니 무서워요?"

"응. 무서워. 선생님을 놀래키니 좋아?"

"놀래키는 거 한번 해보고 싶었어요."

동찬이가 의도했던 대로 나는 정말 깜짝 놀랐고, 동찬이는 즐거워했다.

공책을 보자마자 별을 그릴 수 있다며 삼각형 두 개를 겹쳐서 별을 그렸다. 별을 좋아한다고 했다. '별'이라는 글자를 쓸 줄 아느냐고 물었는데 '밟'은 안다는 대답이 돌아왔다. 써보라고 했더니 '밟'을 썼다. 지난 시간에 'ㅂ'을 오려서 글자를 완성한 후 발음을 중점적으로 연습했던 글자다. 별을 발음해보자고 했는데, 스케치북에 점을 찍고 화살표를 그린 후 좀더 가까이 보면 이렇게 생겼다면서 크게 그렸다. 별 글자를 써보자고 했더니 "별! 별!"하면서 장난을 쳤다. 지난 시간에 했던 글자 상자를 그려주고 발음 시범을 보이면서 네모를 손으로 짚어주었다. '별'은 '벼'와 '을'로 되어 있다고 설명하고 발음해보라고 했더니 글자 상자에 '별'이 아닌 '밟'을 썼다. 다시 여러 번에 걸쳐 발음해주었더니 '버'를 썼다.

리본을 그리고, 모래시계를 그리고, 연상되는 그림을 자꾸 그리며 질문과 상관없는 이야기를 했다. 스톱워치를 꺼내면서 자꾸 딴짓해서 슬프다고 했더니 갑자기 발음을 정확하게 했다. '버'에 하나가 더 있어야 한다고 하면서 손가락으로 '벼'를 그려주었더니 쓰고 곧바로 'ㄹ'을 써서 별을 만들었다. 별을 쓰고 나서 생각났는지 "병아리!"라고 외쳤다.

오늘 동찬이는 수업하는 내내 장난 치고, 연상되는 그림을 그리거나,

수업과 관계없는 말을 계속해서 진행이 어려웠다. 그러다가 갑자기 잘하기도 했다. 글씨를 흐트러지게 쓰는데 '밟' 자는 또박또박 썼다. 스스로 만들고 기억한 글씨에 대한 기쁨인 것 같았다.

    교육청으로 돌아와 찍은 영상을 돌려 다시 보니 장난과 과잉 행동이 계속 나타났다. 낱글자를 늘어놓고 글자를 고르라고 하면 골라서 가져가는 것이 아니라 손가락으로 쳐서 날아가게 하고, 책도 한 글자씩 차분하게 읽는 것이 아니라 빠른 속도로 읽으면서 틀리고, 그러다가 짜증 내고, 의자에 올라가기도 했다. 기분이 나빠 보이지는 않는데 동찬이는 대체 왜 그랬을까?

— 2016. 6. 2. 기록 중에서

이날은 특히 많은 인내가 필요했다. 영상을 보며 대체 왜 그랬을까 살펴봐도 알 수 없었다. 그러다가 나중에 동찬이에 대한 이해가 깊어지면서 이날의 수업에서 무엇이 문제였는지를 깨달았다. 이날 한 문장 쓰기로 '놀래키는 것 한번 해보고 싶었어요'를 썼더라면 좋았을 것을 이야기의 흐름을 끊고 무슨 일이 있었는지를 굳이 물어서 '내 이불로 비행기를 접고 싶었다'를 썼다.

    별을 그릴 수 있다고 했을 때 동찬이 경험 속의 별이야기를 좀더 발전시켜 이야기를 나누고, 말놀이를 하고, 문장으로 만들고, 쓰기로도 발전시켰더라면 좋았을 텐데. 수업하는 내내 아이의 행동과 반응은 무시한 채 내가 생각하고 계획한 것에 동찬이를 끼워 맞추느라 나도 아이도 힘들었다. 이런 날이 반복되자 동찬이는 글자를 읽어야 하는 그림책에서 멀어져갔다. 그런 동찬이의 관심을 끌기 위한 특별한 방법을 찾아 헤맸고, 손을 잡고 눈높이를 맞춘 후 열심히 수업하자며 설득하는 것을 넘어서 급기야 앞으로 선생님이 못 올지도 모른다고 협박하기도 했다. 그러다 문득 이 방법이 맞는 것일까 의문이 들었다. 글자를 배우는 최종 목적이 무엇일까 하는 고민도 생겼다.

글자를 배우는 즐거움을 바탕으로 주변을 둘러싸고 있는 글자들을 읽으면서 세상을 살아가는 도구로 글자를 활용하는 것이 수업의 목적이라면, 동찬이와 하고 있는 수업의 방법이 맞는 것인가 하는 의문도 들었다. 또한 동찬이가 세상을 어떻게 바라보고, 어떻게 표현하며, 주변의 사물들과 소리의 관계를 어떻게 인식하는지도 궁금했다.

아이의 눈으로 하는 수업

한동안 이 문제를 해결하기 위해 고민했다. 아이가 읽고 쓰는 데 어느 정도 진전은 있었지만 책 읽는 것을 싫어했고, 무엇보다 나와 만나는 시간을 힘들어했다. 지쳐가는 것은 나 역시 마찬가지였다. 실천연구회에 참여하면서 내 수업을 돌아보고 결단을 내렸다. 그동안 해왔던 읽기 따라잡기 수업을 과감하게 그만두었다. 이제까지 하던 수업 방식을 내려놓고 좀더 자유로워지기로 했다.

지금까지는 수업 전에 내가 무엇을 할 것인지 촘촘히 계획을 세우고 수업 자료를 가져갔다. 그리고 정해진 시간에 계획한 것을 모두 실행하기에 급급했다. 그러다 보니 아이의 반응과 태도를 살피지 못했다. 그것들을 수업에 반영하지 못했다. 오로지 내가 준비한 것을 모두 펼쳐 보이려고만 했다. 수업의 방향을 바꾸면서 나는 내가 계획하고 결정한 것을 그대로 따르지 않고 아이의 말과 행동을 따라가기로 했다. 일정한 틀과 절차에 따라 진행해오던 방식에서 벗어나 아이의 행동과 반응을 따라가는 수업을 하기로 했다. 아이의 관심, 호기심, 기분, 표정, 행동에 따라 수업을 진행하고 특히 아이가 하는 말 한 마디 한 마디에 주목해 그것을 수업의 재료로 삼고자 했다.

아이가 살아 있는 것처럼 수업도 살아 있어야 한다. 수업이 살아 있다는 것은 교사와 아이가 함께 호흡하고, 상호작용해야 한다는 것을 의미한다. 상호작용은 주고받는 것이다. 교사의 말에 아이가 반응하고, 아이의 말에 교사가 반응해야 한다. 어느 한쪽이 일방적으로 끌어가는 방식의 수업이 진행되는 교실에서 아이가 잘 성장하기란 어려운 일이다.

나와 은성이, 동찬이와의 관계도 상호작용보다는 교사 중심의 수업이었다는 걸 인식하면서 매시간 똑같은 방식으로 진행했던 수업을 바꾸었다. 내가 준비한 계획과 의도보다는 아이의 반응과 언어에 따라 수업하기로 했다.

그러나 아이에게 맞추는 수업이 처음부터 잘되진 않았다. 어떻게든 글자를 깨치게 해야 한다는 마음이 앞섰기 때문이다. 더구나 나는 담임 교사도 아니어서 시간이 부족한 느낌에 늘 마음이 조급했다. 아이의 반응을 살펴가며 따라가는 수업을 하겠다고 마음먹기는 했으나 여름 방학이 다가올 무렵까지도 교사 중심의 수업을 버리지 못했다.

아이가 어떻게 생각하고 표현하는지 알아보기 위해 그림 카드를 들고 가서 이야기를 많이 나누었다. 그러나 그림책을 포기하지 못하고 들고 가서 읽고 쓰게 했다. 아이가 어떻게 살아가는지 깊은 시선으로 바라보겠다고 마음먹었음에도 아이가 싫어하는 것을 억지로 시키면서 글자를 가르치려고 했다.

그림책을 싫어하게 된 동찬이가 수업이 끝날 무렵이 되면 그림책을 놓고 가기 위해 엉덩이를 들썩이는 것을 보면서, 글자를 어느 정도 읽는 순간이 오기는 왔으나 단어나 문장 단위로 읽지 못하는 것을 보면서 그 동안 했던 것을 완전히 놓기로 했다. 그래서 그날부터는 그림책을 가지고 가지 않았다.

그 후 지금까지와는 전혀 다른, 새로운 수업을 한 학기 진행했다. 특별한 계획은 세우지 않고 순간순간 튀어나오는 동찬이의 말과 행동을 재료로 삼아 수업을 해나갔다.

그 후로 동찬이와 나, 우리 둘 모두에게 수업 시간이 편하고 즐거워졌다. 계획한 것을 모두 해내야 한다는 중압감에서 벗어나니 수업이 기다려졌다. 수업이 고통을 참고 버티는 시간이 아니라 즐겁고 행복한 시간이 되었다. 나는 동찬이의 말과 행동을 기록하고 정리하면서 전에는 보지 못했던 것들을 보고 들었다. 아이도 배우고 비로소 나도 아이로부터 배울 수 있었다.

선생님, 나중에 또 만나요

여름 방학 전 마지막 수업을 하는 날 나는 동찬이에게 줄 편지를 가지고 갔다. 편지를 꺼내 놓으며 오늘이 마지막 수업이라고, 방학 끝나고 보자고 했더니 이제 만나지 못하냐고 물으며 표정이 금세 흐려졌다. 방

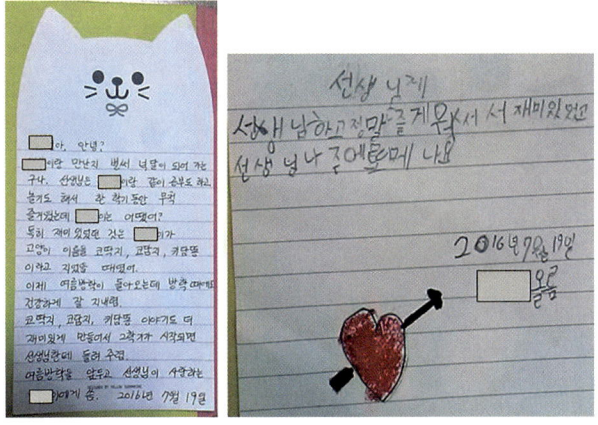

2016. 7. 19. 동찬이와 주고받은 편지

학이 끝난 후 다시 보자며 먼저 편지를 읽어보라고 했다. 제법 잘 읽었다. 다 읽고 난 후 답장을 써달라고 했다. 모르는 글자를 간간이 물어보면서 동찬이는 진지하게 답장을 썼다.

"선생님하고 정말 즐거웠어서 재미있었고, 선생님 나중에 또 만나요."

편지를 받고 얼마나 행복했는지 모른다. 아직 글을 다 깨치지 못해서 하고 싶은 말을 다 쓰지 못하고, 맞춤법도 맞지 않아서 처음엔 내용도 잘 이해하지 못했으나 읽을수록 정다운 편지였다. 하고 싶은 말이 문장 안에 또렷이 들어 있는 것이 신기하기도 했다. 방학 동안이 좀 걱정이기는 했으나 동찬이가 더 이상 글자를 잊지는 않을 것 같았다.

여름 방학을 마치고 온 동찬이는 예상했던 대로 글자를 잊지 않고 왔다. 다만 더 늘지도 않았다. 그런 동찬이를 데리고 12월까지 새로운 방식으로 계속 수업했다. 나도 행복했고 동찬이도 즐거워했다. 책도 그럭저럭 잘 읽었고, 소리 나는 대로 쓰기는 했지만 어느 정도 쓰기도 할 줄 알게 되었다.

　교사 중심의 수업 방식을 내려놓으니 동찬이가 오롯이 보이기 시작했다. 동찬이의 반응을 보아가며 대화를 주고받는 수업을 해서인지 동찬이의 표정이 사뭇 밝아졌다. 글자를 배우고자 하는 의욕도 보였다. 신기했다. 우리는 한 학기 동안 참 즐겁게 수업했다. 재미있는 순간도 정말 많았다. 그리고 또 한 가지, 수업을 통해 아이의 언어 세상을 이해하는 눈이 생겼고, 동찬이가 하는 말을 분석하면서 언어가 인간의 삶을 어떻게 만들어가는지 비로소 보이기 시작했다. 그 과정에서 국어 수업을 어떻게 할 것인가에 대해서도 새로운 시각을 갖게 되었다.

3장

아이가 쓰는
언어에 주목하다

그림을 보며 생각하고, 그 생각을 말로 풀어보기

아이가 어떤 장면에서 무슨 말을 하는지 자세히 살펴보고, 그것을 수업의 재료로 삼기로 한 후 나는 먼저 동찬이가 사물의 이름과 소리의 관계를 얼마나 파악하고 있는지 알기 위해 그림 카드를 들고 갔다. 앞면에는 그림이, 뒷면에는 글자가 있는 카드였다. 먼저 동찬이에게 앞면의 그림을 보여 주며 이름이 무엇인지, 무엇을 하는 것인지 물어보았다.

동찬이는 그림의 이름과 의미를 이야기할 때 자꾸 카드 뒷면을 보면서 글자를 읽으려고 했다. 그림에 집중시키려고 처음엔 못 보게 했지만, 소용 없었다. 이런 현상은 그 후로도 계속됐는데 문자를 조금씩 알아가면서 읽기에 대한 욕망도 커지기 때문인 것 같았다. 문자를 잘 읽지 못하는 아이도 본능적으로 읽으려 한다는 것을 이런 장면을 보며 알게 되었다. 그림책 속의 그림을 보고 이야기를 나눌 때도 가려 놓은 글자를

그림이 있는 우리말 카드

자꾸만 읽으려고 해서 아예 영어 그림책을 들고 간 적도 있었다.

이름을 아는 그림은 대부분 의미도 알고 있었다. 레미콘 그림을 볼 때, 그 이름은 알지 못해도 레미콘의 의미는 정확하게 알고 있었다. 레미콘 속에 들어 있는 것이 무엇이냐는 물음에 '뿌리면 돌이 되는 것'이라고 설명했다. 정확했다. 경험에서 나온 듯했다. 동찬이는 첫날 들고 간 카드 62장 중 33장의 이름과 의미를 알았다. 식물보다는 동물의 이름을 더 잘 알고 있었다.

사물 간의 관계나 현상을 어떻게 알고 있는지 좀더 알아보기 위해서 그림책의 그림도 활용했다. 『달님 안녕』, 『딸기 한 포기』 같은 그림책을 보면서 대화를 주고받으며 이야기를 만들어보기도 했다. 이야기를 만들고 의미에 관해 묻고 답하는 과정에서 이름, 소리, 사물 간의 관계를 연결 지어 말해보게 했다. 동찬이가 알고 있고, 인식하고 있는 사물과 세상의 모습이 궁금했기 때문이다. 동찬이의 수준에서 말하기와 읽기, 쓰기 공부를 시작하기 위한 과정이기도 했다.

소리를 말로 표현하지 못한다

동찬이는 그림 또는 그림책 속의 사물의 이름을 모르는 경우가 많았다. 생활 주변에서 잘 보고 듣지 못한 것은 더욱 그랬다. 아이가 어릴 적에 많은 것을 보고 들을 수 있는 환경을 조성하고, 그런 환경에 최대한 많이 노출되도록 해야 하는 이유가 이런 부분들 때문이 아닐까 싶다.

동찬이는 소리를 말로 표현하는 것을 몹시 어려워했다. 아니, 소리가 말이 된다는 것 자체를 이해하지 못하는 것 같았다. 물론 어른들도 소리를 말로 표현하는 것을 어려워한다. 흩어져 있는 소리를 일정한 틀로 담아낸다는 행위 자체가 어려운 활동인 것은 확실하다. 그러나 대부분의 아이는 소리를 말로 표현할 수 있다는 것을 안다.

"이 고양이는 뭐라고 소리를 낼까?"
(대답하지 않고 웃으며 고개를 흔듦.)
"깨꾸닥 소리를 낼까?"
(웃으며 고개를 다시 흔들었고 세 번 더 질문을 받고 마지못해 실제 고양이 소리를 흉내 냄.)
"고양이가 내는 소리야? 정확하게 말로 표현해봐."
(대답하지 않음.)

— 2016. 6. 28. 수업에서

동찬이는 고양이라는 단어는 알지만, 고양이가 내는 소리를 말로 표현하지는 못했다. 계속되는 내 질문에 마지못해 소리를 말로 표현하기는 했으나, 말이 아니라 고양이의 실제 소리를 흉내 낸 것이었다.

소리가 말이 된다는 것을 이해하지 못한 장면은 이후에도 계속되었다. 어느 날 내가 가지고 간 수업 자료에 심드렁해하기에 하고 싶은 것이 무엇인지 물은 적이 있다. 그러자 동찬이는 한 치의 망설임도 없이 자리에서 일어나 종이를 가져다 딱지를 접었다. 딱지를 접으면서 신이 났는지 딱지 만드는 방법을 쉴 새 없이 말했다. 동찬이는 내게 평범한 딱지와 멋진 딱지를 구분하는 방법도 알려줬다. 멋진 딱지는 두툼하면서 잘 넘어가지 않는다고 했다. 의미가 정확했다. 문득 이름이 왜 딱지인지 아는지 궁금했다. 그래서 동찬이에게 물었다.

"딱지는 치면 무슨 소리가 나지?"

"큰 소리."

"큰 소리가 어떻게 나? 말로 표현해봐."

(딱지를 치며) "이렇게요."

"그러니까 이렇게 어떻게? 그 소리를 말로 표현해봐."

"아까는 평범한 딱지는 안 세게 들렸잖아요, 근데 양면 딱지는 좀 세고 그리고 다음엔 많이 세져요."

"많이 세져. 많이 세지면 딱지를 이렇게(딱지 치는 흉내를 내며) 치면 어떤 소리가 나?"

"그 소리가 나고요."

"그 소리가 뭐냐? 말로 표현해봐. 가령 예를 들면 바람이 불 때 슝 하고 소리가 나. 말이 달려갈 때는 다다다다 소리가 나. 슝, 다다다 이렇게 말로 표현할 수 있어. 딱지를 칠 때도 소리가 나잖아. 그 소리를 말로 표현해봐. '다다다'처럼."

"딱지 치면 그, 그, 권투하는 느낌이 나고, 그다음에 이기는 느낌이 나고...."

"딱지를 치면 동찬아, '딱' 하고 소리가 날 수도 있어. 이런 것처럼 나는 소리가 있어."

"권투 하는 소리."

"그러니까 권투 하는 소리가 무슨 소리냐고?"

"완전 세진 소리."

"딱! 딱과 같은 소리가 뭐 있어?"

"딱딱해요."

"'딱딱해요' 할 때 딱 소리가 날 수도 있는데 '딱지는 딱 하고 소리가 나' 이렇게 말할 수 있잖아. '딱지는 치면 똑 하고 소리가 나.' 이렇게 말할 수도 있어. 그래서 딱지야. 자, 너도 이제 나한테 말해줘. 딱지는 치면 무슨 소리가 나? 어떻게 소리가 나?"

"쎄진 소리."

"쎄진 소리가 그러니까 어떻게 나?"

(대답 안 함)

"텅하고 소리 날 수도 있지? 딱지는 칠 때 어떤 소리가 나? 똑 하고 소리 날 수도 있고, 떡 하고 소리 날 수도 있고, 딱 하고 소리 날 수도 있어."

"딱이요."

"딱 하고 소리 나? 다른 소리로 한번 말해봐. 자 여기다 딱 치면서 말해봐."

"딱지는 치면 좀 세지는 느낌."   − 2016. 7. 11. 수업에서 결국 이날 나는 동찬이에게서 원하는 답을 듣지 못했다. 딱지는 칠 때 '딱' 소리가 나서 딱지이고, 동찬이가 만든 딱지 이름을 지어주면서 소리와 문자를 연결시키려고 했는데 만드는 과정에서, 치는 과정에서 대화를 주고받은 것에 만족해야 했다.

이날 동찬이는 딱지 칠 때 나는 소리를 '큰 소리, 세진 소리, 권투 하는 느낌, 좋은 느낌, 거인 소리, 소리 지르는 소리, 무서운 소리' 등 그동안의 경험 속에서 습득한 것들을 끌어다 설명하려고 애썼지만, 소리와 말을 연결시키지는 못했다. 결국 딱지를 치면 '딱' 하고 소리가 난다는 것을 알려줬고 설명했다. 그러나 그것이 무슨 의미인지 이해하지 못했다는 것을 그다음 수업에서 알게 되었다.

그다음 수업 시간에도 동찬이가 딱지를 접겠다고 했다. 동찬이가 하는 딱지 설명을 듣다가 딱지를 치면 무슨 소리가 나는지 다시 물었다. "어려서 안 말해"라는 대답이 돌아왔다. 한참을 웃다가 소리를 표현할 수 있을 것 같은 것을 골라 물었다. 스피커를 가리키며 물었다.

"종 칠 때 무슨 소리가 나지?"
"띠리리리."
"그렇지, 그렇지! 그런데 강아지를 발로 차면 무슨 소리가 날까?"
"퍽."
"맞아. 그런데 강아지는 무슨 소리를 내?"
"디지는4 소리."　　　　　　　　　－ 2016. 7. 14. 수업에서

---

4 '뒈지다'의 편한 발음으로 '죽다'라는 뜻을 가진 전라도 방언

이후에도 동찬이는 몇 번을 더 딱지를 접으며 놀았지만, 이날 이후로 나는 더는 딱지 칠 때 나는 소리를 묻지 않았다. 언어는 가르쳐서 되는 것이 아니라고 생각했기 때문이다.

10월 어느 날인가 동찬이가 플라스틱 딱지를 가지고 와서 바닥에다 내리치며 큰 소리가 난다고 자랑을 했다. 갑자기 궁금했다. 그래서 다시 물었다. 딱지를 칠 때 나는 소리가 뭐냐는 질문에 동찬이는 "딱"이라고 대답하더니 곧바로 이어서 "퍽"을 덧붙였다. 언제부터인지는 모르나 동찬이는 드디어 딱지 치는 소리를 말로 표현할 수 있게 된 것이다.

소리를 말로 표현한 것을 의성어라고 한다. 병아리는 삐약삐약, 시냇물은 졸졸졸 등과 같은 의성어는 말놀이 교육의 중심에 있고, 주로 저학년 교과서에서 중요하게 다룬다. 소리와 말을 연결하는 것은 언어를 배울 때 가장 기초적인 단계이다. 고양이를 보고 고양이라는 단어를 익히고, 고양이가 내는 소리를 야옹(또는 다른 말)이라고 말로 표현할 줄 알아야 그다음에 고양이의 모습이 어떤지, 느낌이 어떤지, 고양이에 대해 어떤 생각을 가지고 있는지 말과 글로 표현할 수 있게 된다.

동찬이의 경우, 고양이라는 단어는 알고 있었지만 고양이가 내는 소리를 말로 표현하지 못할 뿐만 아니라, 그 소리가 말이 된다는 것도 이해하지 못했다. 그게 무슨 의미인지 이해하지 못하니 설명을 해도 딱지 치는 소리를 '거센 소리, 권투 하는 소리'라며 엉뚱하게 표현할 수밖에 없었던 것이다.

언어는 생활 속에서 자연스럽게 습득된다

동찬이는 딱지를 설명하면서 '평범한'과 '멋진'이라는 말을 사용했다. 평범하다는 것과 멋지다는 말은 추상적인 단어로 2학년 수준에서 쉽게 사용할 수 있는 말은 아니다. 그러나 동찬이는 이 두 단어를 아주 자연스럽게 사용했다. 종이를 두 장만 겹쳐서 만든 딱지는 '평범한' 딱지고, 여러 장을 겹쳐서 만든 것은 '멋진' 딱지라고 했다. 이날뿐만 아니라 평범하다는 말을 다른 상황에서도 딱 맞게, 그것도 자주 사용했다. 동물들이 축구 시합을 하는 그림을 설명하며 동찬이는 평범한 사람들은 공을 발로 차면서 가는데 축구 선수들은 발로 팍 차서 넣는다고 설명해서 놀랐다. 친구들과 딱지를 접으며, 또는 다른 놀이를 하며 평범하다는 말과 멋지다는 말을 자연스럽게 받아들인 결과였다.

딱지 사건 이후로 나는 동찬이와 말을 주고받으며 노는 상황을 많이 만들었다. 가능한 한 많이 말할 수 있도록 장면을 만들었다. 그림을 가지고 가서 재미있게 들려주기도 했고, 이야기를 만들어보라고도 했다. 소리가 말이 되고, 말이 글이 되는 것을 자연스레 깨닫게 하고 싶었기 때문이다.

언어를 지도할 때 가장 중요한 것은 아이가 언어에 많이 노출될 수 있도록 상황을 만들어야 한다는 점이다. 많이 듣고, 많이 말해보는 것이 먼저 필요하다. 그런데 우리는 말도 덜 배운 아이에게 자꾸 문자를 배우라고 하고 글자를 알아야 한다고 강요한다. 아이가 말을 배우고, 소리의 규칙을 깨달아서 그것을 연결시키려면 우선은 많이 말하고, 듣고, 활용할 수 있는 상황을 조성해야 한다.

소리가 말이 된다는 것을 가르친다고 아이들이 이해할 수 있을까? 동찬이의 사례에서 보듯 언어는 가르친다고 이해되는 것이 아니다. 전체적인 삶의 맥락 속에서 자연스럽게 습득하는 것이다.

글보다 말이 먼저다

　벌이 꽃이 피었는데 꿀을 나눠주기 시작했다. 그런데 벌이 안녕하고 갔다. 나는 이제 또 딸기를 자라기 시작했다. 그런데 어떤 애들이 와서 딸기를 먹고 있었다. 그래서 나는 딸기를 자라기 시작했다. 이제 주인님이 물을 많이 주니까 나는 많이 먹고 행복하게 살았다. 그리고 애들이 뛰어가자마자 맛있게 먹었다.

― 2016. 6. 9. 『딸기 한 포기』 동찬이의 설명

<『딸기 한 포기』(정유정 글, 그림) 그림책 일부>

벌과 꽃의 관계, 꽃과 열매의 관계, 그리고 시간의 흐름에 따라 관계가 어떻게 변하는지 등 관계와 현상을 어떻게 인식하고 있을지 궁금해서 가지고 간 책이다. 그림책을 내놓자마자 가져가더니 첫 장을 넘겨 무당벌레를 발견하고는 "내가 좋아하는 무당벌레"라고 했다. 서너 장을 다시 넘기더니 "그림만 봐도 머리가 아프다"며 책장을 덮어버렸다. 한 장, 한 장 그림을 보면서 이야기를 나누고, 그걸 이어서 만든 이야기를 정리한 것이 앞의 글이다.

'꽃 위에 벌이 앉아 있다.' '쥐들이 딸기를 먹는다.' '새가 딸기를 쪼아 먹는다.' '여자아이가 딸기를 먹는다.'와 같이 보이는 것을 그대로 설명하는 것도 되지 않았고, 꽃과 벌의 관계, 시간이 지나면서 딸기가 빨갛게 익고, 그걸 여럿이 나누어 먹는다는 것 등도 설명하지 못했다. 내가 시범을 보여주고 문장을 만들어보라고 하면 첫 문장 정도는 그럭저럭 만들었지만 여지없이 흐름과 상관없는 이야기 속으로 빠져들었다.

『달님 안녕』 그림책을 볼 때였다. 『달님 안녕』은 지붕 위로 달이 점차 크게 떠올라 보름달이 되는 장면, 보름달을 구름이 가렸다가 나오는 장면으로 구성되어 있어 시간의 흐름을 잘 느낄 수 있는 그림책이다.

나는 아이에게 그림책에 글씨가 쓰인 부분을 종이로 가리고 그림만 보여주면서 직접 이야기를 만들어보라고 했다. 그림만 가지고 시간의 순서대로 이야기를 만들 수 있을지 궁금하여 글자를 못 읽게 했으나 그림책을 보는 동안 동찬이는 계속해서 가린 부분을 떼어내며 읽으려고 했다. 자꾸 그림과는 상관없는 것을 말해서 그림으로 관심을 돌리기 위해 애써야 했다.

밤 됐어요. 저기에 뭐가 떠올라요. 조금씩 떠오르기 시작해요. 달님 안녕? 구름 아저씨 비켜주세요. 달님이 안 보여요. 일단 얘기 쪼끔만 하고. 왜 가리냐면 햇빛하고 얘기하고 있었단다. 미안, 미안(글자를 보고 읽은 내용) 잠시 얘기 좀 하다가. 달빛도 웃어요. 그러니까 우리도 웃고 싶네.

— 2016. 6. 21. 『달님 안녕』 동찬이의 설명

이런 아이에게 유치원이나 초등학교 저학년 단계에서 교사가 가장 먼저 해야 할 일이 무엇일까? 가정에서 엄마는 아이와 무엇을 어떻게 해야 할까? 아이가 이야기할 수 있는 상황을 많이 만들고, 많이 들어주어야 한다. 무엇보다도 아이끼리 이야기를 주고받을 시간, 어른과 이야기 나눌 시간을 만들어야 한다. 가정과 교실이 늘 재잘거리는 아이들의 이야기로 넘쳐나게 해야 한다.

글자를 모르는 아이일수록 가정에서 제대로 대화를 나눈 경험이 적을 가능성이 크다. 그런 아이를 지도하는 교사는 반드시 아이와 대화 나누는 시간을 가져야 한다. 그림책의 그림을 한 장 한 장을 자세히 보면서 이야기 나눠야 한다. 글자보다 말이 먼저다.

사물을 자기 중심으로 본다

아이는 세상을 어떻게 바라보고, 어떻게 인식할까? 눈에 보이는 세상을 어떻게 언어로 표현하고, 언어를 통해 어떤 삶을 만들어가고 있는가를 파악해보면 아이와 함께 무엇을 어떻게 해야 할지가 보인다. 그림도

좋고, 다른 것이어도 좋다. 함께 놀면서 이야기하고, 이야기하면서 놀고, 그 과정에서 아이가 하는 이야기를 기록하고, 그 기록을 들여다보면 아이의 세상이 눈에 들어온다.

- 달이 못생겨가지고 달이 눈물을 닦고 있어.(『달님, 안녕』을 보고 말한 내용)
- 완전 슬펐어. 딸기가 불쌍해서. 딸기 다 먹고 있으니까. 죽여버리고 싶었어. 토끼는 안 죽이고, 밥도 안 주고 그럴 거야.

— 2016. 6. 9. 수업에서

동찬이는 늘 그림 속의 주인공이 되곤 했다. 그림 속의 달이 되고, 구름이 되고, 딸기가 되고, 토끼가 되어서 그림을 바라보고 해석해서 이야기했다. 내가 이야기의 시범을 보이면 따라 하다가도 얼마 지나지 않아 다시 그림 속으로 들어가 등장인물 노릇을 했다. 등장인물도 일관성이 있는 것이 아니라 그림에 나오는 모든 것이 되어 그 입장에서 그림을 해석했다.

이는 아이의 발달 단계와 밀접한 관련이 있다. 나이가 어릴수록 세상을 자기 중심적으로 바라보기 때문에 사물이 곧 내가 되고, 내가 곧 사물이 된다. 그래서 그림을 보고 이야기할 때도 내가 곧 그들이 되어 그 입장에서 설명한다. 낯선 것일수록, 해석이 어려운 것일수록 감정이입이 더 심하다. 익숙한 것은 자신과의 분리가 조금 더 쉽다. 실제로 동찬이는 1학년 때부터 본 이야기책『여우 누이』는 감정이입 없이 객관적으로 설명해내기도 했다.

대화체 문장을 더 쉽게 생각한다

그래서 언어 능력이 덜 발달한 아이일수록 대화체로 이야기한다. 대화체 문장이 쉽기도 하지만, 아직 등장인물과 나를 분리하지 못해서이기도 하다. 내가 등장인물이 되어 그 입장에서 이야기하는 것이 편하기 때문이다. 동찬이도 문장 대부분을 대화체로 만들었다.

앞의 그림은 호박씨를 심고 물을 주고 길러서 호박이 자라는 과정을 설명한 것이다. 이 그림을 보며 장면을 설명할 때 동찬이는 모든 문장을 대화체로 이야기했다. 내가 시범을 보이며 해보라고 해도 마찬가지였다. 기억 속의 할로윈 축제를 끌어와 자신의 수준에 맞게 재구성하여 이야기를 끌어갔고, 물을 주라면서 대답만 한다며 아이를 혼내듯이 소리를 지르기도 했다.

- 아들아, 땅을 파가지고 씨앗을 심어라. 할로윈 축제가 내일이니까 빨리 심어. 땅을 파고 호박을 빨리 자라게 해야겠다.
- 알았어요.
- 빨리해야 돼.
- 네.
- '네'만 하지 말고. 아빠는 이거를 할 테니까 너는 씨앗을 넣으렴.
- 네.
- '네'만 하지 말고(소리 지름) 여기다 물을 줘야 한다, 아들아.
- 저는 물 주고 있는데요.
- 안단다. 이제 집에 들어가자마자 자고 일어났는데 꽃이 피고, 그다음에 잎사귀가 피고, 그다음에 쪼그만했는데 자고 일어난 다음에 할로윈 축제다.
- 네.
- 뭘 쳐다봐?

— 2016. 7. 5. 수업에서

설명하는 말을 받아들이지 못한다

딱지 칠 때 나는 소리를 '딱'이라고 말할 수 있다고 몇 번을 설명해도 이해하지 못한 것처럼, 동찬이는 많은 장면에서 설명을 알아듣지 못했다. 내가 사용하는 말이 어려운 경우도 있었을 것이고, 상황 자체가 이해되지 않는 경우도 있었을 것이다.

동찬이만 그럴까? 교실 속에서 내 삶이 아닌 다른 사람의 삶을 써놓은 국어 교과서를 내 언어가 아닌 교사의 언어로 들어야 하는 다른 아이의 경우는 또 어떨까?

『아침이야』를 읽어줄 때였다. 이 그림책은 접힌 쪽이 있고, 접힌 쪽을 열면 '아침이야'라는 단어가 반복되어 나온다.

> 해님이 둥실 떠올랐어. 엄마 닭 날개깃이 푸드덕거리더니 병아리들이 종종종 나왔어.
> 아침이야! 아함.
> 동그란 껍데기가 꿈틀꿈틀하더니 달팽이가 쑤욱 나왔어.
> 아침이야! 아함.
> 나무 위 둥근 벌집이 흔들흔들하더니 꿀벌들이 붕붕붕 나왔어.
> 아침이야! 꿀 따러 가자.
>
> − 『아침이야』 중에서

책을 다 읽어주고 동찬이에게 '아침이야'를 염두에 두고 가장 많이 나온 단어가 무엇인지 물었는데 대답을 못했다. 힌트가 접힌 면에 있다고 말한 후 아무래도 '단어[5]'라는 말을 모를 것 같아서 아는지 물었다. 모른다고 했다. 예를 들어가면서 '단어'의 뜻을 설명했다. 접힌 면을 열면 똑같은 말이 나온다고, 그 말이 무엇인지 물었는데 계속 틀리게 답했다. '이불, 뻐꾸기, 들썩들썩'과 같이 한 번씩 나온 단어를 말하기에 세 쪽만 비교하여 읽어주었다.

세 쪽을 동시에 읽어주니 "어!"라고 외쳤다. '나왔어'의 '어'였다. 단어의 의미를 예를 들어가며 설명했음에도 불구하고 동찬이는 어절이 아닌 음절 글자를 외친 것이다. 나는 '나왔어'가 반복된다고 말해준 뒤 이걸 단어라고 한다고 덧붙였다. 그리고 반복되는 단어가 또 있으니 찾아보자고 했다. '아침이야'를 외치기를 기대하며 강조해서 크게, 천천히 여러 번 읽어주었던 터라 찾을 줄 알았다. 그러나 딱지 사건 때처럼 동찬이는 내 의도를 이해하지 못하고 계속 딴소리만 했다.

결국 '아침'이라는 단어를 아느냐고 물었더니 "아침! 아침! 아침!"이라고 외쳤다. '이야'는 빼먹고 말이다. '아침'을 외치는 모습을 보며 무엇을 어떻게 더 설명할지 망설이는 나를 보더니 "이야, 이야, 이야"라고 말했다. 단어의 의미를 여러 번에 걸쳐 설명했음에도 끝까지 이해하지 못한 것이다.

동찬이는 왜 '나왔어'가 아니라 '어!'라고 외쳤으며, '아침이야'가 아니

---

[5] 단어는 자립성(홀로 쓸 수 있는지)을 가진 말의 최소 단위로 1개 이상의 형태소로 이루어져 있으며 일정한 뜻을 가지고 있다. 다만 조사는 자립성은 없지만, 문장에서 워낙 중요한 역할을 하기 때문에 예외적으로 단어로 인정한다. 예를 들어 '철수가 낮잠을 잔다'라는 문장은 '철수, 가, 낮잠, 을, 잔다'의 5개 단어로 이루어져 있고 3어절(띄어쓰기 단위)로 이루어져 있다. 참고로 형태소는 뜻을 가진, 그리고 더 이상 나눌 수 없는 말의 최소 단위(나누면 뜻이 파괴됨)로 위 문장은 철수, 가, 낮, 잠, 을, 자, ㄴ(는), 다의 8개로 이루어져 있다. 여기서는 다만 이해를 돕기 위해 띄어쓰기 단위인 어절을 단어의 의미로 쓴다.

라 '아침'과 '이야'를 외쳤을까? 앞에서 설명한 언어 발달 단계에 비추어 보면 동찬이의 언어 단계는 아직 자모 단계에 머물러 있다고 볼 수 있다. 문자를 음절 단위로는 이해하나 어절 단위로는 보지 못하고 있음을 의미한다. 즉, 단어가 글자로 이루어져 있다는 것까지는 알고 있으나, 아직 문장이 단어의 집합체임을 인식하지 못하는 것이다. 그리고 이것이 설명을 통해서 이해되거나 터득되는 것이 아니라는 사실을 이날 동찬이는 나에게 보여주었다. 동찬이가 어절의 의미를 감각적으로 이해하게 된 것은 11월에 들어서면서였다. 이에 대해서는 띄어쓰기와 함께 뒤에서 설명한다.

언어는 배워서 아는 것이 아니라 습득하고 체득하는 것임을 동찬이는 나에게 때때로 보여주었다. 여기서 중요한 사실은 교사가 의미를 설명한다고 해서 아이가 그것을 곧바로 받아들이지 못한다는 점이다. 예를 들어가며 단어의 의미를 여러 번 자세하게 설명했지만, 동찬이는 그것을 받아들이지 못했다. 언젠가 단어의 뜻도 이해할 날이 오겠지만, 이런 아이들이 교실에서 교사가 설명하는 것을 어떻게 받아들일지를 생각하면 왜 학습이 더딘 아이가 계속 부진의 늪에 빠질 수밖에 없는지를 알 수 있다. 의미도, 뜻도 알아듣지 못하는 단어가 넘쳐나는 교실에서 제대로 공부하길 바라는 것 자체가 무리다. 여기다 교사의 설명과 가르침만 있는 교실이라면 더 그럴 것이다.

언어는 가르친다고 되는 것이 아니라 습득하는 것이고, 습득한 것을 받아들일 충분한 시간이 필요하다. 딱지 치는 소리가 '딱, 퍽'이라는 것을 받아들이기까지 서너 달이 필요했던 것처럼, 다른 언어도 분명 그럴 것이다. 그 시간을 충분히 확보해주기 위해 교사의 전문성이 필요하고,

아이의 언어를 자세히 들여다볼 마음의 자세가 필요하다.

경험의 창을 통해 세상을 본다

'아는 만큼 보인다'는 말이 있다. 아이도 아는 만큼 볼 수 있고, 아는 것, 보는 것만큼 말하고 생각할 수 있다. 동찬이는 내가 묻는 말에 '몰라요'라는 대답을 참 많이 했다. 언젠가는 내 질문이 잘못되었나 싶어서 질문에 집중해서 녹음한 내용을 기록하고 살펴본 적도 있다. 기록하고 보니 내 질문이 잘못되었다기보다는 동찬이가 정말로 몰라서 모른다고 대답한다는 것을 알 수 있었다.

그런 동찬이도 때때로 자신 있게 대답할 때가 있었다. 내가 가지고 간 그림에다 초코(벌레를 보고 동찬이가 지은 이름)네 집을 그리고 난 후, 들어가는 문과 지도, 창문 등을 그리고 나서 친구라며 개미네 집 두 채를 그린 후 나눈 대화다.

"개미한테 초코가 뭐라고 해? 뭐 하고 놀자고 해?"
(만세처럼 팔을 위로 치켜들며) "바로 이런 놀이."
"이런 놀이가 어떤 놀이야?"
"파티하거나, 맛있는 것 먹거나, 장난감 가지고 놀기나, 놀이터!"
"놀이터에 가서 어떻게 놀아?"
"흙으로 모래성 만들고, 돌로 쌓은 다음에 맞히는 거."

— 2016. 9. 13. 수업에서

여기까지 설명한 다음 생각이 났는지 돌을 그렸다. 큰 돌, 작은 돌, 중간 크기의 돌을 그린 후 '맞춘다'는 말에서 비비탄이 떠올랐는지 비비탄에 관해 설명했다. 비비탄은 동그랗고 하얗다고 했다. 이날 동찬이는 다른 날과 달리 '모른다'가 아니라 '흙으로 모래성을 만들고, 돌로 쌓은 다음에 맞히는 놀이'라고 설명했다. 지도를 그리고 나서는 '보고 어디를 찾아갈 수 있는 것'이라고 정확히 설명했다. 지도를 사용해본 경험에서 나온 말이다.

아이들은 어떤 것을 설명할 때 가장 먼저 자기 경험을 떠올린다. 경험에서 끌어다가 설명하고, 이런 경험과 설명이 쌓이면 상상력이 생겨날 것이며, 이 과정을 충실히 겪은 다음에야 실제를 넘어서는 추상적 사고력이 생길 것이다. 그래서 경험이 중요하고, 경험하고 생각한 것을 말로 표현해보는 것이 중요하다. 동찬이의 경험 속에 있는 놀이는 파티와 맛있는 것 먹기, 장난감 가지고 놀기, 놀이터에서 놀기 등이었을 것이다.

경험에서 나온 것을 처음에는 '이런 놀이'라고 표현했다. '이런 놀이'가 '파티, 맛있는 것, 장난감, 놀이터' 등으로 구체화되기 위해서는 자극이 필요하다. 자극 제공자는 어려서는 부모이겠지만, 차츰 학교와 친구가 그 역할을 하게 된다. 저학년 국어 수업이 왜 말놀이, 글놀이 수업으로 진행되어야 하고, 이런 수업을 위해 교사가 아이를 어떤 시선으로 바라보아야 할지, 어떻게 수업해야 할지 함께 이야기 나누고 실천하는 것이 가장 중요하지 않을까 싶다.

4장

동찬이의 언어 세상

　우리는 아이들이 언어를 어떻게 사용하는지 자세히 들여다본 적이 있을까? 간혹 아이가 재미있는 말을 하거나 기억에 남는 말을 했을 때 두고두고 기억하는 것 외에는 아이의 언어를 자세히 듣고 기록해본 적이 없을 것이다.

　동찬이의 반응에 따라 수업 내용과 방식을 바꾸어야 했던 나는 매시간 동찬이가 무슨 말을 하고, 내가 한 말에 어떻게 반응했는지를 꾸준히 기록했다. 기록을 모아 여러 번 읽는 동안 동찬이가 어떤 아이인지, 주로 사용하는 언어가 동찬이의 삶에서 어떤 의미를 가지는지 알 수 있었다. 이 글을 읽는 교사와 엄마는 어쩌면 '우리 아이도 그러는데'라며 고개를 끄덕일지도 모른다. 아이를 알고 싶다면, 아이의 눈높이에 맞춘 수업을 하고 싶다면 아이의 언어를 듣고 기록해보라고 권하고 싶다.

지시어를 많이 사용한다

동찬이가 '몰라요'와 더불어 많이 사용한 말은 '이렇게'였다. 무언가를 설명해야 하는 상황에서 동찬이는 손과 고개, 몸을 써 '이렇게'라고 말하곤 했다.

등이 검은색이고 요거하고 똑같아요. (그림 속의 벌레를 손가락으로 가리키며) 귀여워요. 그런데요, 콩벌레 실제로 보면 징그러워요. 실제로 봐봤는데, 얼굴이 막, 이렇게 돼 있어. (내 얼굴에 손가락으로 줄 그리는 시늉을 하며) 제가 그려줄게요. 저기다가.

(종이를 가져다 콩벌레를 그리며 설명) 콩벌레가 이렇게 있거든요. 그 다음에 팔이 이렇게 생겼어요. 이렇게 생겼고 그다음에 이게 등이에요. 먼저 등부터 그려주는 거예요. 얼굴은 이렇게 그려주고요. 근데 얼굴이 징그러워요. 못생겼어요. 봐봐요. 등껍짝이 여기까지 왔어요. 그다음에 이렇게 생겼어요.

— 2016. 9. 8. 수업에서

처음에는 지시어를 많이 사용하는 이유를 몰랐다. 시간이 흐르면서 보니 각각의 상황을 설명하는 적절한 단어를 모르고 있음을 알 수 있었다. 이렇게 생긴 것이 어떻게 생긴 것이냐는 내 질문에 다시 손을 들어 손가락으로 직접 그림을 그렸다. 그러면서 이렇게 생겼다고 재차 설명했다.

'부가티'라는 자동차가 있다는 것을 동찬이에게 들어서 알게 되었는데, 동찬이는 때때로 '부가티'를 그리며 설명하곤 했다. 그날도 종이에 차를 그리다 말고 차 문이 어떻게 열리는지 설명했다. 문이 위아래로 열린다는 것을 설명하면서 고개와 몸을 썼다. 고개와 몸을 오른쪽으로 기울이다가 반듯이 했다가 다시 아래로 완전히 기울이며 "이렇게 돼 있으면 이렇게 열리고요"를 다섯 번쯤 말했다.

크기는 '이만하고', 거리는 '여기까지'고, 상황이나 모습은 '이렇게'를 사용하여 설명하기 일쑤였다. 주로 손과 손톱, 팔 등을 움직이면서 온몸으로 설명했다. 이만한 것의 크기를 구체적으로 말해보라고 하면 선생님이 말을 못 알아듣는다고 답답해했다. 여기까지가 어디까지냐고 물으면 실제로 걸어가서 여기까지라고 했다.

형용사와 부사를 거의 사용하지 않는다

아이들은 엄마, 아빠, 맘마와 같은 명사를 가장 먼저 배운다. 밥, 양치와 같은 사물과 행동에 붙은 이름을 익히고 나면 그다음에 배우는 것이 동사다. '밥 먹자', '양치하자', '잠자자' 같은 문장을 따라 하며 배운다. 그 후에 명사와 동사를 꾸미는 형용사와 부사를 배운다.

어린아이의 일상 언어는 보통 명사와 동사 위주로 이뤄진다. 명사와 동사만을 사용해도 충분히 의미가 전달되고 생활하는데 그다지 불편하지 않기 때문이다. 어린아이뿐만 아니라 어른도 동사와 명사만을 사용하는 사람이 많다. 특히 권위적인 사람일수록 명사를 생략하고 동사를 사용한다. '먹어!'라는 말만 해도 뜻이 통하기 때문이다.

형용사와 부사를 많이 사용할수록 언어생활이 풍부해진다. 또한 심성이 친절하고 따뜻할수록 이런 수식어가 많이 들어간 문장을 사용한다. 꼭 필요한 단어만 사용하며 무미건조하게 용건만 말하는 사람과, 이야기에 살을 붙이며 자세하게 이야기하는 사람의 성품이 같을 리 없다.

아이의 언어는 주 양육자 및 가족의 언어 사용과 밀접한 관련이 있다. 언어가 폭발적으로 늘어나는 만 3살을 전후해서 누구에게서 언어적 자극을 중점적으로 받는지, 같이 살아가는 가족의 언어 사용 방식이 어떤지에 따라 언어 발달이 결정된다. 아이는 주 양육자와 가족 구성원의 언어 사용 방식을 그대로 답습한다. 가족이 동사와 명사만 사용해 대화를 나누면 아이도 그렇게 배울 것이고, 형용사와 부사를 더해 의사소통을 한다면 아이도 형용사와 부사를 사용하며 자랄 것이다.

동찬이는 꼭 필요한 경우가 아니면 형용사나 부사를 거의 사용하지 않았다. 친구와 대화를 할 때도 동사를 가장 많이 사용했고, 대부분의 대화를 명사와 동사로 해결했다. '이렇게', '이만하고', '여기까지'와 같은 지시대명사를 사용할 수밖에 없었던 이유도 동사와 명사만 사용하는 언어 습관 때문이었다. 명사와 동사만 사용하다 보니 형용사와 부사가 발달하지 못했기 때문이기도 했다. 형용사와 부사가 발달하지 못했다는 것은 어떤 사물을 정교하게 구분해내지 못하고, 뭉뚱그려서 본다는 뜻이다. 쉽게 사용할 수 있는 명사와 동사도 자신을 둘러싼 세상을 자신만의 방식으로 해석할 수밖에 없다는 의미다.

사물이나 사건을 객관적으로 바라보고 표현하려면 시선의 중심이 나에게서 세상으로 전환되어야 한다. 동찬이는 그것도 제대로 안 되었지만, 품사 발달도 덜 된 상태였다. 그래서 자신이 본 세상을 표현할 때

'이렇게' 같은 지시대명사를 주요 소통 수단으로 사용할 수밖에 없었던 것이다.

동찬이와 그림을 가지고 놀면서 처음에는 줄거리를 그럴듯하게 만들게 하기 위해서 시범을 보이고, 따라 하게 했다. 각 낱장을 자세히 보고 문장을 만들게 하고, 잘 되지 않을 경우 반복해서 만들어보게 했다. 그러나 별 소용이 없었다. 한 달이 다 흘러가도 제자리였다.

그럴 수밖에 없는 이유가 형용사와 부사 발달에 있음을 나중에야 알았다. 그래서 형용사와 부사 발달을 위한 말놀이 수업이 필요했고, 2학기에는 손을 잡고 돌아다니며 다양한 상황에서 형용사와 부사를 사용할 수 있게 했다. 그림을 보고 이야기할 때도 형용사와 부사를 사용해야만 대답할 수 있는 질문을 만들어서 대답하게 했다. 이런 질문과 대답 덕분에 2학기 수업에서 동찬이는 지시대명사의 사용이 많이 줄었고, 가끔은 나를 놀라게 만드는 언어를 사용하기도 했다.

'못생겼다'

은성이가 '싸구려'라는 말을 수시로 사용했던 것처럼 동찬이도 '못생겼다'는 말을 하루에도 몇 번씩 사용했다. 나는 동찬이가 공부하기 싫은 날, 트집 잡고 싶은 날 '못생겼다'를 쓰는 줄 알았다.

오른쪽의 사진은 동찬이에게 읽히려고 가져갔으나 읽지 않겠다고 밀어낸 책들이다. 이 책 모두 '못생겨서' 읽지 않겠다고 했다. 이유를 꼬치꼬치 캐물어서 해석해보니 그랬다. 원숭이와 여자아이의 입이 벌어

졌고, 해님이 동그랗지 않고 찌그러졌으며, 토끼와 달이 얼룩덜룩하고, 『달님, 안녕』의 달은 볼이 동그랗고, 여자아이 눈이 너무 크다는 등의 이유를 댔다. 『괜찮아』 표지의 여자아이 눈을 연필로 쿡쿡 찌르며 못생겼다고, 그래서 읽기 싫다고 했다. 이 밖에도 동찬이는 맘에 들지 않거나 자신의 기준에서 조금만 어긋나도 무조건 못생겼다고 했다.

은성이가 모든 것을 싸구려로 규정한 것처럼 동찬이도 마음에 안 들면 모두 못생겼다고 했다. 왜 못생겼다고 생각하느냐고 물어보면 그냥 못생겼다고 했다.

동찬이는 자기 생각과 감정을 설명하는 용어를 다양하게 사용하지 못하고 "못생겼다" 하고 뭉뚱그려 말하곤 했다. 주변이 해석이 되지 않을 때, 어떻게 설명해야 할지 모를 때 못생겼다는 말을 사용한다는 걸 기록과 상황을 모아 살펴보는 과정에서 알게 됐다. 각 그림 사이의 연관성을 읽지 못하고, 왜 그런 그림을 표지에 썼는지를 해석하지 못해서 느낌이 조금만 이상해도 못생겼다는 말을 남발했다.

그래서 나는 동찬이와 자주 이야기를 나누었다. 그림을 보며 많은 이야기를 주고받고, 교실 밖으로 나가서 대화를 나눴다. 동찬이가 말하게 하고, 질문하고, 또 잘 들어주었다. 이런 시간을 많이 가지면 가질수록 동찬이의 언어도 조금씩 늘어갈 거라는 생각 때문이었다.

어른의 말을 따라 한다

동찬이네 학교는 유난히 화단이 예뻤다. 그날 학교 화단은 줄지어 심어놓은 해바라기가 무엇이 부끄러운지 일제히 고개를 숙이고 있었고, 잘 가꾸어진 국화가 막 꽃봉오리를 터트리려고 하던 참이었다. 우리는 먼저 교실에서 20분 정도 그림책을 보며 이야기를 나누었다. 그림책을 보고 난 후 나는 동찬이 손을 잡고 교실에서 밖으로 나왔다.
"문을 드르륵 열고…. 문을 어떻게 열어?"
"드르륵."
"팔을 힘차게 흔들면서…. 팔을 어떻게 한다고?"
"팔을 힘차게 흔들면서."
"계단을 차례차례 내려가고…. 계단을 어떻게 한다고?"
"차례차례. 저는 차례차례 안 내려가요. 두 칸씩 내려가요."
"그렇구나. 하늘이 어떻게 생겼어?"
"으응. 알록달록해."
"하늘이 흐린데 알록달록하게 보이는구나. 자, 앉아봐. 이거 꽃 이름이 국화야. 국화꽃."
"알아요."
"어, 알아? 냄새 한번 맡아볼래? 냄새가 어때?"

"왝."

"왝이야?"

"응."

"냄새가 어때? 향기로운 냄새 안 나?"

"응."

"자, 이거 선생님처럼 한번 해봐. 이렇게 만지고 냄새 한번 맡아봐. 이게 국화 향기라는 거야. 이 속에 뭐 있어?"

"몰라요. 꽃!"

"조금 기다리면 이거 어떻게 돼?"

"음…. 꽃처럼 변해요."

"꽃이 핀다고 하는 거야."

"핀다고….(작은 소리로 중얼거림) 벌! 벌한테 가고 그다음에 가만히 있으면 돼요."

"벌이 안 물어?"

"네."

"벌은 여기서 뭐 하고 있는 거야?"

"꿀을 먹고 있어요."

이날의 대화를 기록하면서 나는 한참이나 웃었다. 나는 꽃에 관심이 있었고, 동찬이는 벌에 관심이 있었다. 나는 꽃에 대해 계속 물었고, 동찬이는 벌을 쫓아다니며 설명하고 물었다. 아이의 관심을 쫓아가기는 했지만, 이날은 나도 이제 막 피어나는 국화에 푹 빠져서 계속 꽃에 대해 질문을 던지는 게 보였다. 동찬이는 내가 묻는 말에는 건성으로 대답하고 다시 벌에 관심을 보이곤 했다.

이날 동찬이가 했던 말 중에 유난히 내 관심을 잡아끄는 대목이 있었다. "꽃이 핀다고 하는 거야"라는 내 말끝에 혼자서 작은 소리로 "핀다고…"라며 중얼거렸다. 그 이후의 다른 장면에서도 동찬이가 가끔 내 말을 따라 하며 중얼거리는 것을 발견했다. 혼자서 중얼거리며 언어를 받아들이는 모습을 보며, 문득 우리 아이들이 말을 배울 때 내 말을 따라 하던 것이 생각났다.

밥상을 차려 놓고 "맛있는 밥 먹자" 하면 '"맛있는 밥 먹자"라고 똑같이 따라 말하며 식탁에 앉았고, '치카치카 양치하자'는 말, '코 자자'는 말 등 내가 하는 말을 따라 하며 행동으로 옮기고는 했다. 동찬이도, 우리 아이들도 언어를 따라 하며 그것이 무슨 의미인지 이미지로, 장면으로, 행동으로 받아들였다.

아이들은 어른의 말을 따라 하면서 언어를 내면화한다. 내면화된 언어는 다시 말로, 행동으로 나타난다. 이날 동찬이는 '핀다고…' 외에도 몇 번 더 내 말을 따라 하며 중얼거렸다. '하늘이 알록달록하다'든지, '나비가 팔랑팔랑 날아간다'든지 하는 표현은 이날 밖으로 나오기 전에 그림책을 보면서 이야기 나눴던 문장이었다.

억지로 배우는 것이 아니라 삶의 장면에서 자연스럽게 받아들이는 게 언어다. 그래서 어린 시절에는 어른의 말 한마디 한마디가 중요하고, 좀 더 자라서는 친구들과 함께 사용하는 언어가 중요하다. 아이가 언어를 자연스럽고 풍부하게 받아들이도록, 어떤 환경을 만들어줄 것인가에 대한 고민이 가정과 교실에서 필요하다.

생각하면서 직접 쓰고 싶어요

인간은 누구나 말하고 싶어 하고, 읽고 싶어 하며, 쓰고 싶어 한다. 이는 사람의 기본적인 욕망이다. 아이도 마찬가지다. 글을 잘 읽지 못하고 쓰지 못하는 아이가 읽기 싫어서 읽지 않고, 쓰기 싫어서 쓰지 않는 것이 아니다. 어려워서 읽고 쓰지 않을 뿐이지 욕망이 없는 것이 아니다. 자신의 삶을 말하고 쓰면서 '나'를 드러내고 싶어 한다.

동찬이도 그랬다. 상황이 되자 끊임없이 말을 하고, 쓰고 싶어 했다. 내가 불러주는 단어나 문장을 쓰고 싶어 한 것이 아니라 자신이 직접 만든 이야기를 쓰고 싶어 했다.

아래 사진은 교실 한 귀퉁이에 나타난 바퀴벌레를 이야기 소재로 그림을 그리면서 등장인물의 이름을 만들고 놀던 9월에 만든 책이다. 초코, 미키, 양이, 엄지는 모두 동찬이가 등장인물에 붙여준 이름이다. A4용지를 접어 만든 작은 책을 가지고 가서 '동찬이의 이야기책'을 만들자고 했더니 가져다가 표지에 제목과 이름을 썼다. 먼저 '초코이야기'라고

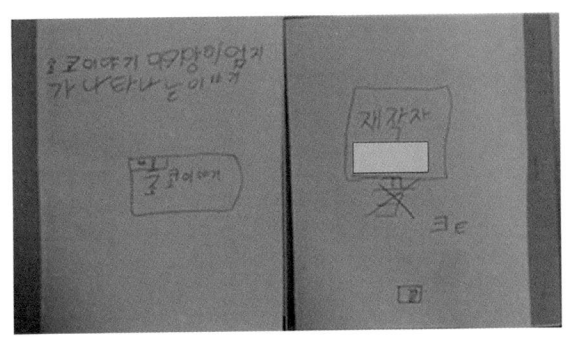

2016. 9. 22. 동찬이가 만든 책 표지

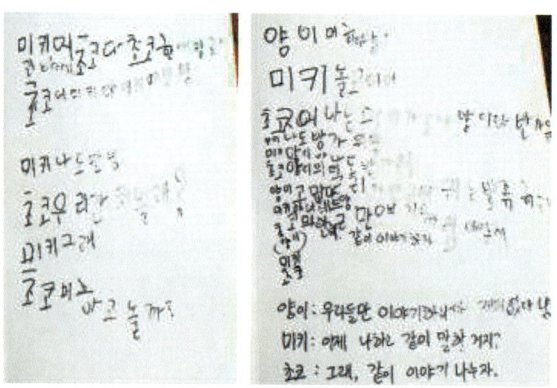

동찬이가 만든 책의 1쪽과 2쪽

쓰더니 아쉬웠는지 '미키양이엄지가나타나는이야기6'라고 썼다. 뒷면에 제작자와 '끝' 자를 썼는데 처음에는 티읕을 거꾸로 썼다가 옆에다 고쳐 쓰더니 아랫부분에다 제대로 썼다. 알려주지 않아도 뭔가 문제가 있다는 것을 스스로 깨닫고 고쳐 썼다. 신기하고 대견했다.

내용 쓰기가 어려울 테니 동찬이가 불러주면 내가 써주겠다고 했다. 그런데 "아니, 생각하면서 직접 쓰고 싶어요"라는 대답이 돌아왔다. 기특해서 엉덩이를 두드려주며 써보라고 했더니 먼저 등장인물의 이름을 쓴 다음 대화체로 이야기를 만들어나갔다. 두 번째 장 끝부분을 쓸 때는 힘이 들었는지 나한테 써달라고 했다. 세 번째부터 여섯 번째 장까지는 한 줄씩 번갈아가며 썼다. 그렇게 동찬이가 만든 최초의 책을 완성했다.

---

6 띄어 쓰면 '미키 양이 엄지가 나타나는 이야기'이다.

소리 나는 대로 써도 괜찮다

> 미키어초코다초코한테말르거러바야지

동찬이가 만든 그림책의 첫 문장이다. 띄어쓰기는 물론 맞춤법도 맞지 않아 전후 맥락을 따져보기 전에는 도대체 무슨 말인지 알 수가 없다.

> 미키: 어! 초코다. 초코한테 말을 걸어봐야지.

동찬이가 쓰고자 했던 문장이다. 동찬이가 쓴 글자에 어떤 의미가 들어 있을까? '말르거러바야지'가 의미하는 것은 무엇일까? 글자를 찬찬히 살펴보면서 의미를 새겨보니 그랬다.

동찬이는 대부분의 글자를 소리 나는 대로 적었다. 소리 나는 대로 적는다는 것은 각각의 낱글자가 가진 소릿값을 알고 있다는 것이다. 기역이 '그' 소리가 나고, 니은이 '느' 소리가 난다는 것을 말로 설명하지는 못하더라도 적어도 각 낱글자의 소리를 안다는 의미다.

쓰기를 좋아한다는 것을 안 이후로는 나는 동찬이가 공부하기 싫어할 때마다 스케치북을 꺼내어 상황이나 마음 상태를 글로 썼다. 내가 글을 쓰면 동찬이는 무척 궁금해했고 가져다가 읽은 후 답글을 썼다. '초코 이야기'를 만들 때만 해도 동찬이는 전혀 띄어쓰기를 하지 않았다. 그런데 10월 이후부터는 글에서 조금씩 띄어쓰기도 나타났고, 어쩌다 맞는 글자도 나왔다. 물론 나는 띄어쓰기나 맞춤법을 전혀 가르치지 않았다. 내 글이 띄어쓰기가 되어 있고 맞춤법이 정확하니 그것을 보고 쓰기도 하고, 깨닫기도 하는 것 같았다.

동찬이 같은 아이는 언어를 처리하고 받아들이는 데 다른 아이보다 더 많은 시간이 필요하다. 이제 막 소리와 글자를 연결시키기 시작한 아이에게 맞춤법과 띄어쓰기를 정확하게 가르치는 것이 과연 옳은 것인가도 생각해야 한다.

글자를 배우는 아이에게는 언어의 이중성을 이해할 시간이 필요하다. 입에서 나오는 '말르 거러바야지'가 글로는 '말을 걸어봐야지'가 된다는 걸 처음부터 이해하는 아이는 아마도 없을 것이다. 배움이 느린 아이일수록 더 그럴 것이다. 겨우 글자와 소리를 연결하기 시작한 아이에게 띄어쓰기와 맞춤법을 강요하는 것은 아이에게 실패의 경험을 안겨주는 동시에 쓰기의 즐거움을 빼앗는 것과 같다. 적어도 한 학기 정도는 소리 나는 대로 쓸 시간을 충분히 주어야 한다. 특히 동찬이처럼 학습이 느린 아이는 이런 시간이 더 필요하다.

실제로 동찬이는 생각하면서 쓰느라 매우 느리게 썼다. 쓰다가 막히면 간혹 내게 물어보기도 했다. 겨우 소리를 기억하고 그걸 글자로 변환할 줄 알게 된 동찬이에게 글자가 틀렸다며 고쳐주었다면 동찬이가 글쓰기를 끝까지 이어갈 수 있었을까? 아니라고 힘주어 말하고 싶다. 동찬이는 나와 수업을 끝내는 날까지 즐겁게 글자를 썼고, 쓴 걸 읽으며 자랑스러워했다. 교실로 돌아가 담임선생님과 함께 국어 교과서에 나온 시를 바꾸어 쓰고는 아이들에게 읽어주기까지 했다는 소식을 듣고, 글자를 고치고 잘못되었다며 지적하지 않은 것이 얼마나 옳은 선택이었는지 새삼스레 깨달았다.

띄어쓰기와 맞춤법을 완전히 깨닫고 자유자재로 읽기, 쓰기를 마치는 시기는 초등학교 3학년 때까지다. 이에 대한 설명은 뒤에서 더 하겠지만, 아이가 이 시기를 어떻게 보내느냐에 따라 이후의 문해 능력이 결정된다. 3학년이 된 동찬이는 지금 쓰기에 집중하고 있다. 맞춤법과 띄어쓰기를 좀더 높은 강도로 배우는 중이다. 이 시기를 잘 보내면 언젠가 동찬이도 자기 생각을 자유자재로 쓰고 말할 날이 올 것이다.

띄어쓰기를 언제 가르칠까?

어느 정도 글자를 쓸 수 있게 되면서부터 동찬이는 쓰는 활동을 무척 좋아했다. 틀렸다고 지적당하지 않으니 부담도 없었던 것 같다. 내가 한 줄을 쓰면 그것을 읽고 답글을 달면서 즐거워했다. 간간이 하던 글쓰기 놀이를 10월부터 좀더 자주 했고 12월까지 활동을 이어갔다. 아래 글자

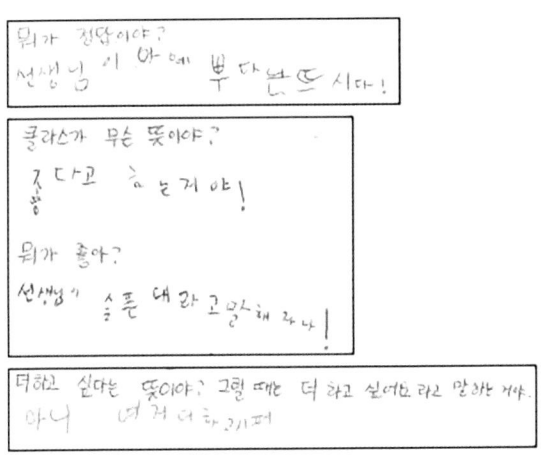

2016. 10~12. 동찬이가 쓴 문장들

들은 그 무렵 동찬이가 쓴 것이다.

동찬이가 쓴 네 문장 중 첫 번째 문장과 나머지 세 문장의 차이가 무엇일까? 첫 문장에는 띄어쓰기가 없다. '선생님이 안 예쁘다는 뜻이다!'를 한 글자도 띄지 않고 죽 이어서 써 놓았다. 9월에 만들었던 동찬이의 첫 이야기책 '초코 이야기'도 단 한 군데도 띄어쓰기가 없다.

띄어쓰기를 하지 못한다는 것은 동찬이의 읽기 발달 단계가 아직 자모 단계에 머물러 있음을 뜻한다. 자모 단계의 아이는 각 낱글자를 한 글자씩 읽고 나서 단어의 의미를 깨닫는다. 문장이 여러 단어로 이루어져 있음을 아직은 이해하지 못한다는 뜻이다. 동찬이가 반복되는 단어를 찾아보자는 내 요구에 '아침이야'에서 '이야'를 빼고 '아침'을 외친 것도 이런 연유 때문이다. 보통 아이들이 문장을 어절 단위로 구분할 수 있을 때가 초등학교 2, 3학년이라고 하니 동찬이도 너무 늦은 것은 아니라는 생각이 들기도 했다.

나는 동찬이의 글을 보면서 띄어쓰기를 한 번도 고쳐주지 않았다. 시간이 흐르면 내가 쓰는 글, 그림책에 나오는 글을 보며 자연스럽게 하게 될 것이라고 생각했다. 동찬이에게는 시간이 좀더 필요할 것이라고도 생각했다. 한 문장 쓰기를 하는 내내 띄어쓰기를 가르쳤지만, 아무 효과가 없었던 것도 내가 굳이 띄어쓰기를 가르치지 않은 이유 중 하나였다.

그렇게 한동안 글자를 쓰던 동찬이 글에 드디어 띄어쓰기가 나타났다. 그때가 11월 무렵이었다. 처음에는 동찬이가 단어를 띄어 쓴다는 걸 나는 알아차리지 못했다. 한참 후에야 쓴 것들을 비교해 보면서 알게 되었다.

그런데 띄어쓰기를 하기는 하지만 첫 단어와 나머지 문장을 구분하고서 그 뒷부분부터는 다시 붙여서 썼다. 나와 헤어질 때까지 그렇게 썼다. '좋다고 하는 거야'를 '좋다고 하는거야'로, '선생님이 슬픈데 라고 말했잖아'를 '선생님이 슬픈데라고말했잖아'로 쓴 것이다. 이것이 무슨 의미일까?

 동찬이가 띄어쓰기를 시작했다는 것은 문장이 단어들로 이루어져 있음을 이제 막 인식하기 시작했다는 의미다. 문장이 단어들로 이루어져 있고, 각 단어가 하나의 의미 단위가 됨을 알기 시작했다는 것이다. 다만 아직 문장과 어절을 완전히 분리하지 못해 첫 단어만 띄고 나머지 부분은 붙여서 썼다. 문장을 앞에서부터 생각하니 첫 단어는 문장에서 분리했지만, 그다음부터는 다시 덩어리로 본다는 의미다. 시간이 지나면 두 번째 단어도, 세 번째 단어도 문장과 별개로 어절 단위로 생각하고 쓸 날이 올 것이다.

 언어는 가르친다고 되는 것이 아니라는 걸 나는 동찬이와 수업하는 장면 장면에서 발견했다. 띄어쓰기도 생활 문장 쓰기를 하는 내내 가르쳤지만, 그때는 하는 것 같다가도 그림책 만들기 같은 실제 상황이 되면 모든 글자를 붙여서 썼다. 그러던 동찬이가 11월을 넘기면서부터 말하지 않아도 감각적으로 띄어쓰기 시작한 것이다. 이렇게 어절 단위 인식이 가능해진 동찬이를 데리고 띄어쓰기를 어떻게 가르쳐야 할까? 다음에 나오는 예시문은 국어 교과서에서 다루는 띄어 읽기 부분이다.

 2015 개정 교육과정에 따라 올해 새로 나온 2학년 1학기 교과서다. 누가 더 자연스럽게 글을 읽는지 묻고 있다. 누가 더 자연스럽게 글을 읽고 있는 것일까?

 물론 의미 단위로 띄어 읽는 민경이가 자연스럽게 글을 읽는다는 것

6 창민이와 민경이 가운데에서 누가 더 자연스럽게 글을 읽는지 살펴봅시다.

창민: 수컷∨사슴벌레는∨큰턱을∨가지고∨있어요.∨ 큰턱∨옆에는∨더듬이도∨있어요.∨수컷∨사슴벌레의∨등은∨단단한∨껍데기로∨덮여∨있어요.∨

민경: 수컷 사슴벌레는∨큰턱을 가지고 있어요.∨큰턱 옆에는∨더듬이도 있어요.∨수컷 사슴벌레의 등은∨단단한 껍데기로 덮여 있어요.∨

국어 2-1 나, 204쪽

쯤은 누구나 안다. 그런데 2학년 아이들에게도 민경이의 경우가 더 자연스럽게 읽는 것일까? 더구나 동찬이처럼 이제 막 단어들을 의미 단위로 구분하기 시작한 아이에게 이런 내용은 어려워도 너무 어렵다.

1학년, 2학년 교과서 어디를 둘러봐도 소리 내어 어절 단위로 띄어 읽으라는 내용이 없다. 어절 단위로 능숙하게 띄어 읽을 줄 안 다음에야 비로소 의미 단위로 띄어 읽을 수 있을 텐데, 어절 단위로 띄어 읽기를 건너뛰고 바로 의미 단위로 띄어 읽기가 나오는 이런 교과서는 도대체 누가 만든 것일까? 이 교과서를 만든 사람은 아이의 언어 발달과 사용 실태를 한 번이라도 연구해본 적이 있을까 하는 의구심을 떨쳐버릴 수가 없다.

실제로 나와 이야기를 나눈 2학년 선생님들은 이구동성으로 아이들이 어절 단위로 띄어 읽기를 재미있어하고 좋아하지, 의미 단위로 띄어 읽지 않는다고 했다. 그럴 수밖에 없다. 아직 해독 단계에 있는 아이가 의미를 해석하고, 그 의미에 따라 적당히 띄어 읽는 것이 이해가 안 되는 것은 당연하며, 그러니 어절 단위로 띄어 읽는 것을 좋아할 수밖에 없다.

  문장이 단어로 구성되어 있고, 단어가 각각의 의미를 가지고 있다는 것은 보통 초등학교 2, 3학년 때 알아차린다고 한다. 문장을 읽을 때 어절 단위로 띄어 읽기를 가르쳐야 하고, 띄어쓰기를 본격적으로 가르쳐야 하는 시기도 1학년 때가 아니라 2학년 때부터라는 이야기다. 그것도 억지로 가르칠 것이 아니라 단어 단위로 소리 내어 읽게 하면서 자연스럽게 가르쳐야 한다. 짝꿍끼리, 또는 선생님과 아이들이 번갈아가면서 큰 소리로 한 어절씩 읽는다면 아이들이 얼마나 재미있어할까?

  2015 개정 교육과정을 들여오면서 학습의 수준을 낮췄다고 대대적으로 홍보했지만, 아이의 수준을 건너뛰고 무시하면서 만들어진 교과서는 아직도 불친절하다. 교사들이 교과서 보는 눈을 길러 그저 많은 학습 자료 중 하나로 여기고 다시 구성하여 가르쳐야 하는 이유다.

5장

말놀이 글놀이 수업

학습과 놀이의 경계가 사라지다

읽기 따라잡기 수업을 내려놓으면서 동찬이를 만나러 갈 때 그림책 한두 권만 들고 갔다. 만나서 무슨 수업을 할지 구체적인 계획은 세우지 않았다. 주로 동찬이에게 무슨 일이 있었는지 묻고 답하며 시간을 보냈다. 내가 가져간 그림책에 관심을 보이면 읽어주고, 상황에 따라서 생활 문장도 썼다. 읽기도 하고, 쓰기도 하고, 이야기도 나누면서 놀았다.

동찬이의 반응을 보아가며 그림책도 읽고, 그림 카드로 이야기도 주고받고, 손잡고 밖으로 나가서 주변을 자세히 살펴보고 이야기를 나누었다. 벌레를 발견한 날은 벌레의 이름을 짓고, 이야기를 만들어서 말하며, 그걸 글로도 써보며 주변을 알아가게 했다. 그림책도 그냥 읽기만 한 것이 아니라 그림 한 장 한 장을 뚫어져라 보며 문장을 만들고, 만든 문장으로 가지 치며 놀았다.

그 과정에서 자연스럽게 한글을 익히고, 많은 언어 상황을 접할 수 있도록 했다. 그러다 보니 놀이가 곧 학습이 되고, 학습이 곧 놀이가 되었다. 학습과 놀이의 경계가 사라진 수업이 교사와 아이들 모두에게 즐겁고 편해진 것은 두말할 필요도 없다.

어떻게

동찬이는 사물이나 상황을 적절한 언어로 표현하는 방법을 아직 잘 몰라서 손짓, 몸짓으로 설명하거나 지시어를 사용했다. 또한 사물의 성질과 상태를 알려주는 부사와 형용사를 거의 사용하지 않았다. 이런 동찬이의 언어생활이 풍부해지도록 다양한 말놀이, 글놀이를 했다. 특히 동찬이에게 '어떻게'라는 말을 자주 물어보고 이에 답하게 했다.

"눈사람 만들 때 느낌이 어때?"
"손이 차가워요."
"눈 뭉치를 굴릴 때 어떻게 굴려?"
"떼굴떼굴."
"어떻게 칠해?"
"쓱싹쓱싹."
"길다란 코, 뾰족한 코, 가느다란 코. 무슨 코라고?"
"길다란 코."
"옛날에 눈사람이 살았어. 이 눈사람은 방귀를 뿡뿡 뀌고 똥을 많이 쌌어. 이 눈사람 배 속에 방귀가 많이 들어 있어서 몸이 뚱뚱해졌어. 동그랗고. 왜냐하면 방귀는 모양이 동그랗고 불룩하거든. 모자의 윗부분은 모양이 산 같아. 산처럼 볼록 올라와 있어. 옛날에 세 가지 색깔을 가진 모자가 살았어. 세 가지 색깔을 가진 모자는 무척 행복했지."

"와! 태극기."

"가느다랗고, 뾰족하고, 길다란 코. 무슨 코라고?"

"가느다랗고, 길다랗고 삐죽한 코."

"그다음에 둥글둥글한 몸. 분홍색이 예쁘게 칠해진 몸. 둥글둥글한 몸통, 분홍색으로 단장하고 있네. 너는 무슨 색으로 칠하고 있어? 노란색?"

"네. 노란색."

"주머니에 손을 넣고 있는 아저씨는 흐뭇한가 봐. 눈사람이 예뻐서. 주머니에 손을 넣고 있는 아저씨의 옷 색깔은 밤색이야. 이 아저씨의 얼굴 색깔은 살구색이야. 근데 이 아저씨는 얼굴이 주황색으로 붉어졌어. 턱에 털이 북슬북슬한 아저씨. 턱에 턱수염이 북슬북슬한 아저씨. 턱수염이 어쨌다고?"

"북슬북슬."

"배가 나온 아줌마 얼굴은 초록색이야. 추워서 초록색으로 새파랗게 변했어. 털이 북슬북슬한 아저씨 옷은 보라색이야. 보라색. 너도 말하면서 색칠해."

"얼굴은 빨간색이지. 얘 살인마다."

"엥, 창피해서 붉어졌겠지. 바지는 초록색."

"빨간색. (뭐라고 중얼거리면서 색칠) 왜 안 그려요?"

― 2016. 10. 20. 수업에서

'스노우맨(SNOW MAN)'이라는 『킵북(KEEP BOOK)』을 색칠하며 만들어서 들려준 내용과, 그에 대해 주고받은 이야기다. 그림을 보며 즉흥적으로 만들다 보니 내용이 체계적으로 구성되거나, 재미있거나 하지 않아도 동찬이는 좋아했다. 수업 시간마다 '어떻게?', '왜?'를 묻고, 이야기를 만들어 들려준 덕분에 동찬이는 간간이 내가 사용한 말을 문장 속에 섞어서 표현하기도 했다. 그리고 '이렇게' 대신에 구체적인 단어를 찾아 쓰려고 노력하기도 했다. 여전히 문장이 짧았지만, 적어도 부가티를 설명할 때처럼 온몸을 사용하지는 않게 되었으며 언어를 매개로 의사소통하는 방법을 조금씩 터득해갔다.

숨은 그림 찾기

동찬이가 가장 좋아한 그림책은 『고양이는 나만 따라 해』였다. 색깔이 예쁜 그림책이어서 그런 것 같았다. 우리는 이 그림책을 정말 많이 들여다봤다. 이 책을 보며 재미있게 했던 활동 중의 하나가 '숨은 그림 찾기'였다. 다섯 문장으로 설명하며 서로 문제를 내고 맞히기를 반복했는데, 문제를 내고 맞히려면 그림을 자세히 들여다볼 수밖에 없고, 그림을 설명할 때 묘사하는 문장을 써야만 했다.

"색깔은 여러 가지가 섞여 있어. 오른쪽에 있고, 눈이 두 개, 코와 입이 있어. 가느다란 수염도 있지. 눈꼬리는 위로 쭉 올라가 있어. 뭐지?"
"이거요."

"이게 뭐지?"

"고양이. 다음은 제 차례예요. 요쪽에 있어요."

"그쪽이 아까 무슨 쪽이라고 했지?"

"그냥 이쪽에 있다고요."

"왼쪽이라고 했잖아. 왼쪽이라고 하는 거야."

"왼쪽에 있어요. 컴퓨터 안에 있어요. 줄무늬가 있어요. 아주 길다래요. 지느러미가 다섯 개 있어요."

— 2016. 11. 1. 수업에서

말이 글이 되고 글이 말이 되다

2학기 수업에서 읽기 따라잡기 수업을 완전히 접었다고는 했지만, 사실 나는 생활 문장 쓰기를 꾸준히 했다. 그림책을 가지고 가서 반복해서 읽게 했으며, 새로운 책을 가지고 가서 함께 읽고 이야기도 나누었다. 읽기 따라잡기에서 적용했던 것을 바탕으로 아이의 관심과 흥미를 따라가며 수업을 진행했다. 다만 정해진 패턴을 벗어나서 아이가 다양한 방법으로 말하고, 쓰고, 읽게 했다. 모든 활동의 중심에 말하기가 가장 먼저였고, 아이가 말한 것을 쓰기 활동으로 연결시켰다. 그림책도 처음부터 들이대며 읽히기보다는 그림 한 장 한 장을 들여다보고 이야기 나누는 활동부터 했다. 그림책을 가지고 놀면서 말이 글이 되고, 글자가 됨을 먼저 이해시키려고 노력했다.

동찬이와 함께하는 시간과 공간, 아이의 관심사 자체가 수업 자료였다. 딱지를 만들어서 치고 놀며 말하고, 비행기를 만들어 날리며 말하는 과정에서 슬쩍 문장을 빼다가 글을 쓰고 읽었다. 숨은 그림을 찾으라며 문장을 만들어 들려주고, 숨은 그림을 찾겠다며 문장을 만들게 했다. 말로 해야 할 것을 한 줄씩 글로 쓰면 금세 호기심이 생겨 읽었고, 그러고 나면 동찬이도 하고 싶은 말을 글로 썼다. 때때로 학교 화단과 운동장을 돌며 주변을 살펴보고 하늘을 올려다보며 대화를 주고받았다. 그림책도 읽어주고, 읽어준 내용을 물어봄으로써 내용을 이해시키고, 그림 카드로 이야기를 만들어 서로 들려주기도 했다.

동사와 명사만으로 의사소통하면서 부사와 형용사를 써야 할 상황에서는 늘 '이렇게'를 사용하는 아이를 위해 시범을 보이고, '어떻게'라고 물으며 다양한 말을 자연스럽게 사용할 수 있는 상황을 만들었다.

이렇게 한 학기를 보낸 동찬이는 마지막 수업 시간에 『누렁이와 야옹이』를 소리 내어 다 읽고 스스로 대견해하고 "내가 다 읽었어요"라며 자랑스러워했다. 그러고는 대화 글을 쓸 때 눈물을 잔뜩 그려놓고는 이유를 묻는 질문에 '마지맘이자나요'라고 썼다. '선생님 만나고 시퍼요'라고도 썼다.

6장

언어 수업
이렇게 하자

문자 해득에 초점을 맞추어 출발했던 수업이 동찬이와의 수업을 거치면서 언어 영역으로 확장되었다. 단순히 읽고 쓸 줄 아는 것을 넘어서서 아이가 어떻게 사고하고, 어떻게 그것을 표현하는지 이해하고 지도할지에 대한 새로운 시각을 갖게 되었다.

읽기 지도는 단순히 문자를 읽고 쓰는 데만 목적이 있는 것이 아니다. 문자를 읽은 후에 읽은 문자를 활용하는 학습과, 그 학습이 모여 한 인간으로서 제대로 삶을 살아가도록 돕는 데 목적이 있다. 이런 점에서 말하고, 쓰고, 읽는 활동은 학습의 근간을 이루고 삶의 밑바탕을 만들어간다고 볼 수 있다. 우리가 아이들이 언어를 제대로 습득하도록 도와야 하는 이유이다.

그렇다면 읽기 학습은 어떻게 해야 할까? 3부를 건너오는 동안 동찬이와의 수업을 분석하고 이해한 것을 모두 적었지만, 그중 몇 가지만 다시 정리해보려 한다. 언어 수업을 할 때 꼭 잊지 않으면 좋겠다.

첫째, 문자보다는 말하기가 먼저다. 말하기는 언어 활동의 시작이자 중심이다. 글자를 모르는 아이일수록 말하기를 어려워한다. 상황에 맞는 적절한 말을 모르기 때문일 수도 있고, 발음 자체가 아이에게 어려울 수도 있다. 많이 듣고, 많이 말해보고, 상호작용하는 가운데 자연스럽게 습득되는 것이 언어이다. 말하기가 안 되는 아이 대부분은 듣고 상호작용하는 시기에 적절한 자극을 받지 못했을 가능성이 크다.

동찬이가 소리를 말로 표현할 수 있다는 것을 이해하지 못하고, 자기 생각과 감정을 담을 말을 찾지 못해 지시어를 많이 사용했던 것도 어린 시절에 언어를 사용해야 하는 상황에 노출된 경험이 많지 않기 때문일 것이다.

아이가 자신과 그 주변의 것을 말로 표현할 수 있을 때 비로소 그것이 아이의 의미 세상과 연결될 것이고, 소리와 문자로도 제대로 연결될 것이다. 그래서 아이와 읽기 수업을 할 때 문자를 가르치기 이전에 아이와 대화의 시간을 충분히 가져야 한다. 아이가 대화를 통해 언어를 자연스럽게 접하고 익힐 수 있도록 해야 한다.

도구는 그림이어도 좋고, 일상생활이어도 좋고, 놀이여도 좋다. 아이를 이해하려는 깊은 시선으로 질문을 던지고, 이야기를 끌어내고, 시범을 보이자. 너무 조급하게 밀어붙이지 말고 아이가 자연스럽게 따라올 수 있도록 시간을 내는 일부터 시작하면 좋겠다. 그것이 하루에 5분이어도 좋고, 10분이어도 좋다.

둘째, 아이의 언어 발달 단계를 알자. 아이의 단어 발달은 단어 읽기에서부터 시작하여 자소 읽기로 나아간다. 자소 읽기가 가능한 시기는 초등학교 1학년 무렵이다. 그래서 1학년 아이들에게 문자를 가르칠 때 음소 단위로 가르쳐야 함을 2부에서 강조했다.

문자를 읽고 쓸 줄 알게 된 후에 아이들이 부딪치는 문제는 맞춤법과 띄어쓰기다. 소리 내는 것과 적는 것에 차이가 있음을 이해해야 맞춤법에 맞게 글을 쓸 수 있게 된다. 띄어쓰기는 음절 단위가 아니라 어절 단위, 나아가 문장 단위로 볼 줄 알아야만 가능한 활동이다.

소리의 규칙을 깨닫고 문자로 연결시키는, 그 어려운 작업을 막 끝낸 아이들에게는 차이를 이해할 시간이 필요하다. 이제 막 음절 단위로 읽기 시작한 아이들이 전체 문장을 보기까지는 충분한 시간과 자극 또한 필요하다. 그러니 초등학교 1학년 때부터 맞춤법과 띄어쓰기를 강요하기보다는 자연스럽게 받아들일 수 있게 상황을 만들어주어야 한다.

맞춤법과 띄어쓰기를 이해하는 시기는 초등학교 2, 3학년 때라고 한다. 동찬이도 그랬다. 문자를 읽을 줄 알게 되자 어느 순간 맞춤법도 조금씩 맞추고, 가르치지 않아도 띄어쓰기를 시작했다. 띄어 읽는 과정에서, 내가 써준 문장을 읽으면서 스스로 찾아간 것 같았다.

언어를 받아들이고 처리하는 속도는 아이마다 다르다. 그러니 서두르지 말고 천천히, 제대로 익혀갈 수 있도록 수업 수준을 발달 단계에 맞추려는 노력이 필요하다. 초등학교 3학년 때까지는 언어 감각을 키우고 학습을 뒷받침할 언어를 배우는 시기라는 점을 감안하여 모든 아이가 제대로 읽고 쓸 수 있도록 언어 환경을 제공해야 한다.

셋째, 아이에게 맞는 수업 방법을 찾아야 한다. 아이는 본능적으로 읽고 쓰는 활동을 좋아한다. 읽고 쓰기에 흥미를 갖게 하는 방법이 무엇인지 찾는 것은 아이가 아니라 교사의 몫이다. 혼자 짠 계획으로 일방적으로 다가갔을 때는 수업에서 달아나던 동찬이가 내 계획을 포기하자마자 수업으로 돌아와 즐겁게 참여했다. 책을 읽으며 자랑스러워했고, 직접 쓰고 싶다면서 연필을 쥐고 써나갔다. 읽고 쓰기 싫어서, 게을러서, 공부에 흥미가 없어서 문자를 익히지 못하는 것이 아니라 아이에게 맞는 적절한 방법을 제공하지 못했기 때문에 못하는 것이다.

엄밀하게 말하면 한글 수업 방법에 정답은 없다. 아이도 다르고, 문제 상황도 다르고, 교사도 다르기 때문이다. 하지만 한 가지 원칙은 있다. 아이에서부터 출발해야 한다는 것이다. 아이의 말과 행동을 자세히 들여다보고, 특징을 기록하고, 분석해보자. 그리고 계속 적용해보고, 또 그 장면에서 깨달은 것을 기록해보자. 그러다 보면 분명 적절한 방법을 찾을 수 있을 것이다.

언어 사용은 학습 더딤과 밀접한 관련이 있다. 언어의 사용이 사고의 발달을 이끌기 때문이다. 언어는 아이의 의식 속에 있는 세상을 설명하고 담아내는 도구이다. 언어 사용이 정교해지고 분화될수록 세상을 객관적으로 바라보고 해석할 수 있다. 감정이나 사건, 사물을 정교하게 구분하고 표현하려면 다양한 사고의 과정을 거쳐 그것을 표출하는 언어를 정밀하게 사용할 줄 알아야 한다. 그리고 그 과정에서 학습 효과를 극대화할 수 있다.

그래서 언어를 풍부하게 사용할 수 있도록 끌어주는 것은 학습 더딤을 예방하고 극복하는 데 핵심적인 역할을 할 것이다. 이런 점에서 언어를 다루는 국어 수업을 어떻게 할 것인가는 아이의 학습 과정에서 매우 중요한 문제다.

4부에서는 아이들이 책을 얼마나 잘 읽고 있는지 간단하게나마 살펴보고, 언어 발달 단계에 맞는 국어 수업 이야기를 쓰려고 한다.

4부

언어 발달과 국어 수업

1장

아이들은 얼마나 잘 읽을까?

 사전에서는 해독(解讀)의 의미를 '뜻을 풀어서 읽는 것'으로 '어려운 문구나 문장 따위의 뜻을 풀어서 읽음'이라 풀이하고 있다. 독해(讀解)는 '글을 읽어서 뜻을 이해함'이라고 설명하고 있다. 사전적으로는 단어와 문장의 뜻을 풀어서 읽는 것을 해독으로 보고 있지만, 이 책에서는 음절 글자와 단어를 소리 내어 읽고 그 뜻을 아는 것을 해독으로, 문장을 읽고 의미를 이해하는 것을 독해로 규정했다. 즉, 해독은 문자를 정확하고 유창하게 읽어내는 것, 어렵지 않은 단어의 의미나 뜻을 이해하는 것까지에 한정 지어 이야기하려고 한다.

 독해는 '문장과 글을 읽고 그 의미를 파악하는 것'으로 정의하고 풀어 내려고 하는데, 사실 해독과 독해의 경계를 정확하게 가르는 것은 쉽지 않다.

 해독은 문자를 풀어서 어떻게 읽는지 깨닫고 읽기, 독해는 읽기 기술을 활용하여 읽고 난 후 깨닫기라고 할 수 있다. 즉, 문자를 어떻게 읽을

지 깨닫고 나면 그 깨달음을 활용하여 읽을 수 있고, 읽으면서 내용이 무엇인지를 깨닫게 된다는 것이다. 국어 공부는 문자를 읽는 것에서 시작하여 글을 읽고 이해하는 것까지 나아가는 행위이다. 더 나아가 읽고 이해한 것을 바탕으로 내 생각을 만들어가는 과정이라 할 수 있다.

초등학교 저학년 때는 해독에 집중하는 시기이고, 고학년이 되면 해독한 것을 활용하여 본격적인 학습을 하게 된다. 그렇다면 고학년이 된 아이들의 해독 정도는 얼마나 될까? 우리 아이들은 얼마나 잘 읽을까? 그동안의 경험으로 고학년 교실에도 해독이 다 안 되는 아이들이 있다는 것을 알고 있었지만, 아이들이 얼마나 해독할 수 있는지 살펴보기 위

학년	문장
4	엄마는 일하다 가끔 늦게 와. 그럴 때, 나는 동생이랑 놀아 줘. 하지만 내 동생은 나랑 놀 때면 꼭 떼를 써. "이런 엉터리 종이접기는 싫어! 엄마처럼 예쁘게 접어 달라고!" "시끄러! 오빠한테 대들래!" 내가 화를 내면 동생은 바로 울어 버려. 그리고 엄마가 올 때까지 계속 울어. 어떨 때는 울음을 그쳤다가도 엄마가 오면 다시 울기 시작해. - 『혼나지 않게 해주세요』 中
5~6	아이들이 모두 자리에 앉는 걸 보고는, "이번 시간에는…." 하더니 말을 끝까지 하지도 않고 손가락에 침을 묻혀 가며 시험지를 세는 거야. 앞에 앉은 동무들이 한 장씩 가지고 나머지 시험지를 뒷사람한테 돌렸어. 야야는 시험지를 받아 들고 선생님을 올려다봤어. 시험지 종이를 펴 보아도 아무것도 없었거든. 뒤집어 보아도 아무것도 없어. 칠판도 깨끗해. '나눗셈 시험 칠 줄 알았더니 뭐하라는 거지?' 아이들이 시험지를 다 받고 나니까 선생님이 다시 입을 떼었어. "너거들, 어데 하고 싶은 욕 있으면 이게다가 다 적어 봐라." - 『욕 시험』 中

2017.6. 아이들이 읽은 문장

해 학교로 찾아가 아이들을 만났다. 읽기 상태를 여섯 단계로 나누어 기준을 정한 다음 한 사람씩 문장을 소리 내어 읽게 해봤다.

4학년 아이들에게는 낯선 단어가 거의 없다고 생각되는 문장을, 5, 6학년 아이들에게는 익숙하지 않은 단어가 조금 있는 문장을 주었다. 5, 6학년이 되면 아무래도 낯선 문장을 접할 기회가 많을 것 같아 그런 단어가 들어간 텍스트를 주었다. 예상대로 아이들은 '야야, 너거들, 어데, 이게다가'와 같은 낯선 단어를 읽을 때 틀리거나 망설였다.

느리게 더듬더듬 읽었던 4학년과 5학년 두 명의 아이는 발음에도 문제가 있었다. 처음엔 못 읽는다고 머리를 긁적이다가 읽어보자는 권유에 겨우 읽기는 했으나 손가락으로 짚어가며 간신히 읽었다. 3단계에 있었던 5명의 아이는 손가락으로 짚으며 한 글자씩 읽을 땐 정확하게 읽어냈지만, 손가락을 떼고 문장 단위로 보게 하면 글자를 빠트리거나 틀리게 읽었다.

단계	읽기 상태	4학년(명)	5학년(명)	6학년(명)
1	읽지 못함	0	0	0
2	읽을 줄은 알지만 느리게 더듬더듬 읽음	1	1	0
3	속도가 빠르지 않고, 가끔씩 틀리게 읽거나 글자를 빠트리고 읽음	2	1	2
4	틀리지는 않지만 천천히 읽거나, 빠르게 읽지만 자주 틀림	5	7	5
	소계	8(33.3%)	9(28.1%)	7(30.4%)
5	정확하고 빠르게 읽음	8	14	9
6	정확하고 빠르며 실감나게 읽음	8	3	6
	계	24	32	23

2017. 6. ○○초등학교 4~6학년 1개 반 문장 읽기 현황

문장을 다 읽은 다음, '선생님이 종이에 적으라고 한 것이 무엇인가?' 와 같은 문장 이해를 위한 간단한 질문을 던졌는데, 정확하고 빠르게 읽은 5, 6단계의 아이들은 모두 정확하게 대답했다. 유추해서 대답해야 하는 질문, 즉, '엄마가 오면 왜 다시 울기 시작할까?'와 같은 질문에 정확하게 답하는 아이도 있었다.

아이들에게서 나온 이 결과가 의미하는 것은 무엇일까? 글자를 읽어 내는 데 집중하면 내용을 보지 못한다. 유창하게 읽지 못한다는 것은 글을 읽을 때 내용보다는 글자를 읽어내는 데 집중한다는 의미이며, 아직 완전하게 해독하지 못한다는 뜻이다. 이는 곧 독해에 어려움을 겪을 가능성이 그만큼 크다는 뜻이다.

이미 해독을 끝냈어야 하는 4, 5, 6학년 아이들의 30% 가량이 아직도 해독이 유창하지 않아 독해에 어려움을 겪을 것이고, 이는 곧 학습 더딤으로 이어질 수 있음을 의미한다. 이런 점에서 저학년 시절의 유창한 해독은 꼭 필요하고, 또 모든 아이가 유창하게 읽을 수 있도록 해독에 집중해야 한다.

전문적인 연구도 아니고, 학년별로 1개 반만 읽게 해본 것이니 이 통계를 가지고 전반적인 아이들의 읽기 실태를 논하기는 어려우나, 분명 고학년 교실에도 해독에 어려움을 겪는 아이들은 존재한다. 이 학교만 그런 것이 아니라 전국의 교실 상황이 비슷할 것이다.

해독을 이미 끝냈어야 하는 대부분의 고학년 교실에도 여전히 해독이 안 된 아이들이 있는 이유가 무엇일까? 이는 아이들의 언어 발달 단계를 무시하고 어른의 시각에 맞춘 교과서로 배운 결과다. 정확하고 유창한 해독을 위해 소리 내어 많이 읽게 해야 하는 저학년 시기에 해독부터 독해, 비평과 비판까지 모두 가르치게 하는 교육과정과 교과서 때문일 것이다.

　해독이 제대로 되어야 독해가 되고, 독해를 제대로 할 줄 알아야 비평과 비판을 할 수 있을 텐데 중간 수준, 심지어는 해독이 우수한 아이들 수준에 맞추어 만든 교과서를 그대로 배운 까닭이다. 당연히 해독에 어려움을 겪는 아이가 생길 수밖에 없다.

　정확하고 빠르게 읽는 아이보다 더듬거리거나 느리게 읽고, 틀리게 읽는 아이가 학습에 어려움을 겪을 가능성이 훨씬 크다. 학습 더딤 예방과 극복을 위해 정확하고 유창한, 그리고 자동화된 해독은 꼭 필요하다.

2장

아이의 언어 발달

언어를 사용한다는 것에는 어떤 의미가 있을까? 가장 쉽게 말하자면 먼저 고양이라는 사물을 보고, 그것을 내 의미 세계로 들여와 인지한 후, 고양이라는 단어를 소리 내어 말하고, 글자로 쓰는 행위를 말한다.

그러나 아래 그림을 가지고 좀더 생각해보자. '두 마리의 고양이가 있다. 한 마리는 네 발을 턱밑에 모으고 곤히 잠들어 있다. 다른 한 마리는 잠들어 있는 고양이 목덜미에 턱을 괴고 앞을 물끄러미 바라보고 있다.

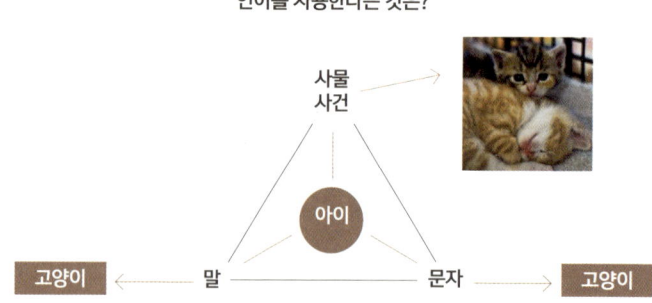

언어를 사용한다는 것은?

두 마리 모두 전체적으로 줄무늬가 있으며, 갈색과 흰색이 물결 같은 곡선을 그리며 섞여 있다. 코와 입 부분은 색깔이 발그레하다. 털은 복슬복슬하고 부드러워 보인다.' 이와 같은 내용을 그림을 보면서 말하고, 글로 쓸 줄 알아야 제대로 언어를 사용한다고 말할 수 있지 않을까? 더 나아가 고양이의 생태를 조사한 후 정리하여 비교하고, 발표하고, 토론하는 과정을 거쳐 새로운 지식을 생산해낼 줄 안다면 그야말로 언어를 제대로 사용한다고 말할 수 있을 것이다.

언어를 제대로 사용하는 것은 사회생활을 하는 모든 사람에게 매우 중요한 문제다. 눈에 보이는, 또는 처리해야 하는 모든 일이 글자로 이루어져 있고, 말과 글을 활용해야만 살아갈 수 있다는 점에서 언어는 인간의 삶 전체를 지배한다고 볼 수 있다. 이런 측면에서 보자면 교육의 궁극적인 목표도 언어를 제대로 사용할 수 있는 힘을 길러주는 것이 아닐까 싶다.

아이는 어떤 과정을 거쳐 자신만의 언어 체계를 갖추어 고양이라는 말을 배우고 글로 쓰게 될까? 나아가 어떻게 고양이 모습을 묘사하여 말하고 쓰며, 생각과 느낌까지 표현하게 될까?

만 3세

인간은 대부분 만 3세 정도가 되면 말할 줄 알게 된다. 고양이의 털을 만지며, 또는 그림을 보며 고양이라는 말을 수십 번도 더 듣고, 말해보는 과정을 거쳐 드디어 고양이라는 말을 입 밖으로 낸다. 엄마가 하는 말, 가족들이 하는 말을 듣고 소리 내며 자연스럽게 습득한 결과다.

가끔 교실에서 발음이 정확하지 않은 아이를 만난다. 그런 아이 대부분은 구강 구조에 문제가 있기보다는 유아기에 말을 많이 듣지 못했을 가능성이 더 크다. 이런 아이들은 교사의 입 모양을 보게 하며 정확한 발음을 꾸준히 연습시키면 대부분 좋아진다.

만 6세

만 6세가 되면 글자에 관심을 갖는다. 개인차에 따라 다소 빠르기도 하고, 늦기도 하지만 적절한 문해 환경만 갖춰지면 자연스럽게 글자를 배우고 읽는다. 언어를 연구하는 대부분의 학자는 이렇게 말한다.

> 누구나 읽기를 배울 수 있다. 읽기 능력은 지능과 별로 상관이 없다.

문자를 읽는 데 필요한 두뇌의 기능은 기억과 지각, 변별 능력이라고 한다. 무언가를 보고 기억하고, 그것이 글자라는 것을 알아차리고, 서로 다르다는 것을 구분해내는 능력은 누구나 가지고 있고, 따라서 어떤 아이라도 적절한 교육을 받으면 글을 읽을 수 있다.

아이들은 처음에는 문자를 그림으로 인식하여 덩어리로 받아들인다. 덩어리로 본다는 것은 글자를 보고 읽으면서도 고양이가 '고'와 '양'과 '이'로 이루어져 있음을 모른다는 것을 말한다. 시간이 흐르면 고양이가 세 개의 글자로 이루어져 있음을 알게 된다. 그 시기가 지나면 다시 '고'가 'ㄱ'과 'ㅗ'로 분리된다는 것을 스스로 깨치게 된다. 글자가 낱글자의 조합으로 이루어져 있음을 알게 되면 다시 낱글자들을 조합하여 글자를 만들고, 글자들을 붙여서 단어를 만들고, 또 문장을 만들게 된다.

만 6세 아이들은 보통 단어 덩어리를 보고 글자를 읽는다. 고양이의

'고'를 다른 곳에 옮겨 적었을 때 '고'를 읽지 못한다면, 아직 문장이 음절(글자) 단위로 분리가 안 돼 있음을 의미한다. 어떤 언어적인 자극을 받았는지에 따라 음절 단위로, 음소(낱글자) 단위로 분리, 조합이 될 수도 있고, 그렇지 않을 수도 있는 시기가 만 6세 무렵이다.

아이가 놓여 있는 상태에 따라 어떤 언어적인 자극을 줄 것인지, 어떻게 문해 환경을 만들어줄 것인지 결정해야 한다.

3장

발달 단계에 맞는
국어 수업

초등학교 1~3학년

초등학교에 입학할 무렵이 되면 아이의 두뇌는 충분히 글자를 익힐 수 있는 상태가 된다. 낱글자의 분리와 조합을 통해 글자를 만들 수 있게 된다. 그래서 초등학교 1학년 때 글자 익힘 활동으로 낱글자를 가지고 놀게 하는 것이 중요하다. 한글이 짝꿍 글자로 되어 있어 자음과 모음을 합쳐야만 글자가 된다는 것을 인식할 수 있는 자석 글자 붙이기 놀이와 같은 활동이 중요한 이유다.

다른 아이보다 글자 익히기가 조금 더 힘들었던 은성이와 동찬이도 낱글자를 조합해서 글자를 만드는 활동을 하며 그렇게도 어려워하던 글자 읽기를 할 수 있게 되었다. 5학년이 될 때까지도 한글을 익히지 못했던 은성이가 한글을 깨친 결정적인 계기도 단어를 음절 단위로 보게 하는 활동, 음절 글자를 낱글자로 분리하고 조합하는 활동을 덕이다.

초등학교 1~3학년 때는 낱글자와 음절 글자의 소릿값을 인식하는 시기다. 이 시기의 아이는 각 글자의 소릿값을 인식하고 단어의 모양과 의미를 연결할 수 있다. 두뇌의 언어 방에 '고양이'라는 단어의 모양과 의미가 확고하게 자리 잡을 때 '고양이'라는 단어가 한눈에 들어오며 일부러 생각하지 않아도 고양이 이미지가 머릿속에 떠오르게 된다.

이 단계를 충실히 거치고 나면 '고양이'라는 단어뿐만 아니라 '아파트 단지에 고양이가 살고 있습니다'라는 문장을 읽으면서 '아파트'를 떠올리고, '고양이'를 떠올리고, '살고'를 읽으며 슬금슬금 걷는 고양이 이미지를 차례대로 떠올릴 수 있게 된다.

이 시기의 아이에게는 어떻게 읽기 지도를 해야 할까? 낱글자의 소릿값을 정확하게 인식시키는 것이 무엇보다 중요하다. 기역의 소릿값이 '그'라는 것을 외워서 말로 표현하게 하라는 것이 아니다. '강'과 '궁' 글자의 첫소리가 같다는 것을 감각적으로 인지할 수 있어야 한다.

그러려면 교사는 아이로 하여금 고양이와 같이 기역으로 시작하는 단어를 찾아서 말하게 하고, 아이가 말하는 단어를 칠판에 쓰고, 그것 중에서 선택하여 소리 내어보게 하는 것과 같은 말놀이, 글놀이 위주의 수업을 기획하고 진행해야 한다. 낱글자를, 음절 글자를, 단어를 놀이처럼 말하고, 읽고, 쓰는 수업이 필요하다.

소리에 민감하게 반응하고 구분하려면 글자를 가능한 한 많이 혀로 직접 소리 내어 보아야 한다. 소리 하나하나를 정확하게 발음해야 뇌 속에 각각의 소리가 각인되고, 각인이 되어야 그 소리를 비교할 수 있다. 비교할 수 있어야 규칙을 이해할 수 있다.

그래서 초등학교 저학년 때는 책을 소리 내어 읽어야 한다. 글자와 소리의 상호작용을 터득할 수 있도록 큰 소리로 자주 읽게 해야 한다. 혼자서 소리 내어 읽고, 짝꿍과 번갈아 가며 소리 내어 읽고, 전체가 함께 소리 내어 읽고, 선생님을 따라서 소리 내어 읽는 시간을 매일 가져야 한다. 소리 내어 읽기는 아무리 강조해도 지나치지 않다.

초등학교 저학년 때는 해독에 집중하는 시기다. 소릿값을 알고, 각 음절 글자를 익히고, 단어를 읽고, 문장을 소리 내어 읽는 시간을 거쳐 정확하고 유창하게 읽는 데 목표를 두어야 한다. 글자를 정확하고 유창하게 읽는 것에 익숙해지면 언어의 해독이 자동으로 처리되는 단계에 다다른다. 이것을 '언어 처리의 자동화'라고 한다.

해독에 집중하는 시기에는 글자의 모양과 소리를 파악하느라 내용에는 주의를 기울일 수 없다. 문장을 소리 내어 읽다 보면 글자에 집중하느라 내용을 얼른 쉽게 파악하지 못하는 것도 바로 이런 이유다.

그래서 해독 단계에 있는 아이에게는 해독에 온전히 집중할 수 있도록 독해를 요구하지 말아야 한다. 언어 처리의 자동화 단계에 이르러야 비로소 내가 읽는 내용이 무엇인지 제대로 파악할 수 있게 된다. 해독이 완전히, 그것도 자동으로 된 다음에야 독해도 가능하다.

저학년 때는 해독에서 독해로 나아가기 위한 다리를 놓는 시기임을 잊지 말자. 정확하고 유창하게 읽고 쓰는 것까지만 제대로 지도하겠다는 마음으로 수업을 진행하자. 아이가 언어를 자동으로 처리할 수 있도록 해독에 집중하되, 독해해야 할 상황에서는 교사가 해독의 과정을 수행해주면 된다. 즉, 독해해야 할 때는 교사가 책을 읽어주고, 내용 파악을 위한 질문을 던지며, 아이의 대답을 징검다리 삼아 이야기를 이어가면 된다.

글자를 읽지 못하는 소수의 아이, 유창하게 읽지 못하는 많은 아이, 글을 줄줄 읽는 아이가 혼재한 저학년 교실에서 대체 어디에 맞추어 수업을 진행해야 할지 고민이라는 선생님이 많다.

글을 유창하게 읽을 줄 아는 아이도 해독에 집중할 수 있도록 수업을 진행해야 한다. 소리에 집중하게 하고, 소리와 이미지를 연결할 수 있게 하는 활동을 하고, 문장을 소리 내어 읽게 하면서 언어 능력을 확장해야 한다. 단어의 의미를 감각적으로 익힐 수 있도록 단어를 가지치기하고, 단어를 활용하여 문장을 만들어보고, 만든 문장을 짝에게 말하게 하고, 아이의 언어로 설명하게 하는 등의 말놀이, 글놀이를 충분히 해야 한다. 해독이 유창한 소수의 저학년 아이에게도 이런 수업은 분명 흥미롭고 재미있는 수업이 될 것이고, 나아가 고학년이 되었을 때 필요한 정확한 독해의 밑거름이 될 것이다.

기초가 탄탄해야 제대로 된 집을 지을 수 있다. 해독 과정을 충실하게 이행해야만 고학년에 올라가서 아이들 스스로 독해를 잘할 수 있다. 5, 6학년 교실에, 중·고등학교 교실에 제대로 책을 읽는 아이, 책을 읽고 내용을 정확하게 아는 아이가 많지 않은 이유는 저학년 때 해독의 과정을 충실히 수행하지 못한 까닭이 가장 크다.

초등학교 4~6학년

해독 처리가 자동화되면 '아파트 단지에 고양이가 살고 있습니다'라는 문장을 문장 단위로 볼 수 있게 된다. 문장 전체가 한눈에 들어옴과 동시에 이에 맞는 이미지를 떠올릴 수 있다. 각자의 경험에 따라 아파트 단지를 어슬렁거리는 고양이를 불러오기도 하고, 새끼를 품고 있는 어미 고양이의 경계하는 눈빛을 떠올리기도 하고, 나른한 햇살을 받으며 천천히 기지개를 켜는 고양이를 떠올릴 수도 있다. 문장 단위로 글이 보일 때 비로소 제대로 된 독해가 가능하다.

초등학교 4~6학년 시기는 독해에 집중해야 하는 시기이다. 글을 읽고 내용이 무엇인지, 어떤 의미인지 파악하고, 파악한 것을 한 문장으로, 한 단락의 글로, 한 편의 글로 정리해내야 하는 시기이다. 국어 교과서의 텍스트 뒤에 나오는 질문에 정확하게 답하고, 텍스트의 내용을 간략하게 줄여서 말과 글로 표현할 줄 알아야 한다. 나아가 한 권의 책을 읽고, 줄거리를 정리해낼 줄 알아야 한다. 그러기 위해서 수업을 어떻게 기획하고 진행해야 할지에 대한 고민이 필요하다.

이런 고민을 심각하게 했던 때가 있다. 10여 년 전, 5학년 30여 명을 가르칠 때였다. 그때 나는 한참 독서 교육에 빠져 있었다. 마음 맞는 선생님끼리 모여 도 단위의 독서 캠프를 열기도 하고, 어떻게 하면 아이들이 책에 관심을 가질까 함께 고민하고 실천했다.

우리 반 아이들에게 책도 읽어주고 이것저것 독후 활동도 했는데, 그때 눈에 보인 것 중의 하나가 독후감이었다. 교직 생활 15년 만에 내가 그동안 철석같이 믿고 해왔던 독후감 쓰기, 그것도 생각과 느낌 쓰기를 강조하는 독후감 쓰기가 초등학교 저학년뿐만 아니라 고학년 아이에게도 왜 맞지 않는지를 깨달았다.

나는 같은 책을 한꺼번에 구입하여 아이들에게 나누어주고 각자 서명을 한 후에 책을 읽게 했는데, 아이들은 내가 돈을 주고 사서 직접 서명

한 '내 책'에 대한 애정이 대단했다. 그때 아이들이 함께 구입하여 읽은 책이 『말하는 떡갈나무』였다.

프랑스 작가 조르주 상드가 쓴 이 책은 총 4편의 동화가 담겨 있다. 중편인 '말하는 떡갈나무'는 고아 소년이 어려움을 이기고 성장해가는 과정을 그리고 있다. 그리고 나머지 세 편의 이야기는 어린이 눈에 비친 꿈과 상상의 세계를 담고 있다. 독후 활동을 하려면 긴 이야기보다는 중편이나 단편이 편할 거 같아 선택한 책이었다.

아이들 모두 함께 책을 읽고, 독후 활동을 이것저것 정말 즐겁게 했다. 숨어 있는 단어를 찾고, 책 속의 단어들을 가지고 십자말풀이를 하면서 한 권의 책을 가지고 거의 한 달을 놀았다. 읽고, 또 읽고 했으니 거의 소화했으리라 생각했다.

마지막으로 한 활동이 줄거리 간추리기였다. 학습지를 나누어주고 생각나는 대로 줄거리를 써보라고 했다. 당연히 잘할 줄 알았다. 독후감 숙제를 내면 아이들은 보통 줄거리를 장황하게 써왔고, 나는 그런 독후감을 받아들고 늘 생각과 느낌을 쓰라고 해왔기 때문에 줄거리쯤이야 잘 쓸 줄 알았다.

그런데 아이들이 써낸 학습지를 보고 깜짝 놀랐다. 30여 명 중에 정확하게 줄거리를 쓴 아이는 두어 명에 불과했고, 그냥 봐줄 만한 아이도 대여섯 명 정도밖에 되지 않았다. 절반이 넘는 아이가 앞부분과 끝부분을 엮어서 썼거나, 특정한 부분을 베껴 썼거나, 아니면 그마저도 안 되어서 달랑 몇 줄만 써서 냈다. 심지어 주인공 이름만 끌다가 없는 내용을 써 낸 아이도 있었다. 처음엔 아이들이 내 의도를 잘 몰라서 그런다고 생각했다. 그래서 줄거리 쓰기가 무엇인지, 어떻게 하는지 자세히

게 설명한 다음 다시 쓰라고 했지만 결과는 마찬가지였다.

줄거리 간추리기를 포기하고 짤막하게 답할 수 있는 아래와 같은 문제를 여러 개 낸 다음 다시 학습지를 나누어 주었다.

> 1) 돼지에게 쫓겨 떡갈나무 위로 올라간 에이미는 왜 집에 들어가지 못했나요?
> 2) 카티슈 할멈을 따라간 에이미는 할멈의 동네와 집을 보고 어떤 생각을 했나요?
> 3) 뱅상 아저씨를 만난 에이미는 어떻게 살게 되었나요?

결과는 마찬가지였다. 정확하게 쓴 아이는 얼마 되지 않았고 엉뚱한 답을 써놓은 아이가 대부분이었다. 글의 전반적인 내용을 파악하지 못하고 그냥 글자만 읽거나 아니면 읽는 척했던 것 같았다.

이렇게 내용도 파악이 안 되는 아이들에게 생각과 느낌까지 써보라는 독후감이 얼마나 무의미한 고역이었을지 처음으로 깨달았다. 내용이 정확하게 파악되어야 그걸 바탕으로 말할 수 있을 텐데, 어렴풋이 알거나 잘 모르는 내용에 대한 생각과 느낌을 어떻게 말할 수 있단 말인가. 그 후로 생각과 느낌이라는 말을 쑥 빼고, 일기를 지도할 때도 생각과 느낌보다는 있었던 일을 있는 그대로 자세하게 기록하는 것에 중점을 뒀다.

아이들은 줄거리 쓰기만 어려워할까? 이후로 나는 쓰기 교육에 좀더 관심을 기울였다. 관심을 두고 보니 쓰기도 문제였다. 고쳐 쓰기 없는 쓰기 교육의 문제가 비로소 눈에 들어왔다. 학습 목표에 맞춰 쓰게 한 후, 한두 명 또는 서너 명 아이의 발표를 끝으로 글 고치기 한 번을 제대로 못 했다는 생각이 그제야 들었다.

그래서 하루는 다른 수업을 모두 접고 한 편의 글을 쓰게 한 다음, 줄을 세워놓고 계속 검사하며 글 고치기를 시도했다. 한 명당 서너 번에서 많게는 열 번도 넘게 지웠다 썼다 하며 글을 고쳤다. 하루가 꼬박 걸렸다. 교실은 온종일 난장판처럼 시끄러웠다. 자기 것을 얼른 고쳐놓고 장난치며 노는 아이들의 소란함을 견디느라 정말 힘들었다. 그러나 그런 과정을 거쳐 고친 글을 보며 아이들도, 나도 뿌듯했다.

그렇게 한 고개를 넘고 나서 다음 글을 쓸 때 보니 아이들의 글 수준이 한 단계 올라가 있음이 느껴졌다. 그 후로 나는 국어 시간에 늘 글 속의 의미를 파악하고 간추려서 적는 활동에 집중했는데, 그때는 그것이 아이의 발달 단계와 어떤 관계가 있는지 몰랐다. 눈에 보이는 아이들의 읽기 상태가 심각했고, 어떻게 극복하게 할까 고민하다 나름대로 찾은 방법으로 수업의 방향을 바꾸었을 뿐이었다.

은성이, 동찬이를 데리고 수업을 진행하면서 기록하고, 선생님들과 이야기 나누는 과정에서 여러 문헌을 뒤지며 비로소 이것에 어떤 의미가 있는지 알게 됐다.

어쩌면 그때 그 아이들은 정확한 해독조차 안 되었을지 모른다. 해독이 안 되니 당연히 독해가 안 되었을 것이고, 기초적인 독해 훈련을 받지 못한 채 줄거리를 간추리려니 힘들었을 것이다.

교실 안에서 살아가는 아이 모두를 가르친다고 해서 모두를 원하는 목표에 도달시킬 수는 없다. 선생님이 할 수 있는 일은 다만 아이가 수업을 통해 좀더 자유롭게 말하고, 좀더 유창하게 읽고, 내용을 파악하고, 그것을 더 능숙하게 쓸 수 있도록 수업을 기획하고 진행하는 것이다. 그러기 위해서는 언어 발달 단계에 대한 기초적인 이해가 필요할 뿐만 아니라, 아이가 하는 말에 늘 귀를 기울이며 기록하고 살펴보는 과정도 반드시 있어야 한다.

다시 한번 강조하자면 초등학교 고학년 시절은 책의 내용을 읽고 그것이 무엇을 말하는지 알고, 알게 된 것을 자신의 언어로 짤막하게, 또는 한 단락으로, 또는 한 편의 글로 요약해낼 줄 알아야 하는 시기다. 그래야 중·고등학교에 진학해 간추린 것을 바탕으로 내 생각과 비교하고, 평가하고, 판단한 것을 말로, 글로 표현할 수 있다. 우리는 이것을 비평과 비판이라고 한다. 내용 파악도 제대로 못 하는 아이에게 생각과 느낌을 강요해서는 안 된다.

중·고등학교

초등학교 저학년에서는 해독 중심으로, 고학년에서는 독해 중심으로 수업해야 한다. 유창하고 능숙하게 글자를 읽게 되면 그 후에는 글의 내용과 줄거리를 파악할 수 있는 충분한 경험과 기회를 제공함으로써 그 능력을 함양하도록 해야 한다. 이를 바탕으로 중·고등학교에서는 글을 읽고 자기 생각과 느낌을 표현할 수 있어야 한다. 나아가 합리적인 근거로 상대방을 설득하거나 타인의 생각을 비판할 수 있어야 한다.

글의 내용과 줄거리를 충분히 파악하지 못한 채 자기 생각과 느낌을 말하고, 비평하거나 판단하기는 쉽지 않다. 초등학교에서 내용 파악이나 줄거리 간추리기 같은 읽기의 기초를 쌓는 것은 중·고등학교에 가서 심화된 국어 공부를 제대로 하기 위해 토대를 쌓는 과정이다.

국어는 기본적인 의사소통과 사회생활의 주요 매개체인 공용어이다. 또한 다른 과목을 학습하는 도구 교과의 성격이 있다. 중·고등학교에서 본격적으로 배울 다양한 교과의 복잡한 개념과 지식을 이해하고, 이를 활용하여 비교, 분석, 종합, 평가하는 것이 쉬운 일은 아니다. 이때 반드시 필요한 것이 독해 능력이다. 만약 해독과 독해를 비롯한 기본적인 국어 사용 능력이 부족하면 학습에 흥미를 가질 수 없고, 이는 학습 더딤과 도피로 나타날 수 있다. 그래서 국어 사용 능력이 중요하다.

중·고등학교 교실에서도 해독과 독해가 제대로 안 되는 아이를 볼 수 있다. 제대로 된 글 한 편을 완성하는 것은 고사하고 맞춤법과 문장 구성 자체가 미숙한 아이도 적지 않다. 이런 아이를 위해서 교사는 어떻게 수업을 구성해야 할까? 해독이 안 된다면 해독부터, 독해가 안 된다면 독해부터 시작해야겠지만, 많은 수의 아이를 가르쳐야 하는 교사에게 여간 어려운 일이 아닐 것이다.

이런 아이를 위해 학교가, 교사가 무엇을 해줄 수 있을까? 이 문제는 함께 모여 고민해야겠지만 나는 우선 이야기 읽어주기를 권하고 싶다. 옛이야기와 같은, 구조가 간단한 이야기는 선악 구조가 분명하여 이해하기 쉽고 재미있다. 이런 이야기를 꾸준히 읽어주고 그 이야기를 매개로 대화를 나누며 글을 이해하는 능력을 높여 나간다면 조금씩 나아지지 않을까 싶다.

고학년을 맡았을 때 나는 『서정오의 우리 옛이야기 백 가지』를 늘 읽어주었다. 구조가 단순하고 짤막한 이야기를 꾸준히 읽어주며 대화하고, 질문을 만들어 던지고 즉석에서 답을 쓰게 했다. 재미도 있고 글의 문법 구조를 익혀 독해 실력도 조금씩 올라가는 것을 느낄 수 있었다. 옛이야기는 패턴이 동일하고 반복적이라 읽기 능력이 떨어지는 아이도 글의 전체 맥락을 이해하고 예측하는 힘을 기를 수 있다.

이야기 읽어주기를 권한다고는 했지만, 사실 세부적으로 무엇을 어떻게 할지 방법을 찾는 일은 교사의 몫이다. 가령 흥미를 자아내는 간단한 퀴즈나 스무고개 방식의 주제 찾아가기, 다음 이야기 이어가기 등의 방법도 있고, 교사끼리 머리를 맞대고 깊이 고민하고 실천하다 보면 또 다른 해결의 실마리를 찾을 수도 있을 것이다.

읽는 것을 배우고, 배우기 위해 읽고
(Learning to Read, Reading to Learn)

초등학교 3학년까지는 읽는 것을 배우고, 4학년 이후부터는 배우기 위해서 읽는다고 한다.

읽기를 배우는 시기에는 아이의 언어적인 상상력과 풍부한 어휘를 위한 말놀이에 집중하면서 모든 아이가 정확하게 읽고, 정확하게 쓸 수 있도록 국어 시간을 구성해야 한다.

배우기 위해 읽는 시기에는 저학년 시절에 습득한 읽기 기술을 활용하여 내용을 정확하게 말하고 쓸 수 있게 수업을 기획해서 진행해야 하고, 비교, 분석, 종합하여 나만의 생각을 창조해낼 수 있는 수업으로 연결해주어야 한다.

> 예술 작품은 언제나 의미를 갖고 있는가?
> 개인의 의식은 그 개인이 속한 사회를 반영하는가?
> 우리의 윤리적 확신은 경험에서 비롯되었는가?

프랑스의 고등학교 졸업 자격시험이자 대학입학 자격 국가 고사인 바칼로레아의 자연계, 사회경제계, 인문계 시험 문제다. 우리 아이들에게 이런 문제를 들이댄다면 어떤 일이 벌어질까? 어른에게 답을 쓰라고 한다면 제대로 답을 쓸 사람이 얼마나 될까?

우리 아이들에게도 불가능한 일만은 아니라고 생각한다. 유창하고 능숙하게 글을 해독하고, 그 의미를 정확하게 파악하여 글로 정리하고, 정리한 글에 내 생각을 덧붙여 비평하는 글을 자주 써본 학생이라면 이런 문제에 답을 할 수 있지 않을까? 초등학교 시절에 해독과 독해를, 중·고등학교 시절에 비평을 제대로 배운 아이라면 능히 해결할 수 있지 않을까?

너무 빨리 앞서 나가면서 해독을 가르쳐야 할 시기에 독해를 가르치지 않는다면, 해독과 독해를 배워야 할 시기에 생각과 느낌을 강요받지 않고 시기에 맞게 천천히 배운다면, 해독과 독해를 넘어 언어 능력과 사고를 확장해 삶을 고민할 줄 안다면 충분히 가능한 일이다.

시기	특징	고려할 사항
만 3세	▶ 말을 할 줄 알게 된다.	▶ 풍부한 언어 환경과 지속적인 시범을 제공한다.
만 6세	▶ 글자에 관심을 갖는다. ▶ 글자를 덩어리로 보고 읽는다. 빠른 아이들은 낱글자 단위로 분리, 조합할 수도 있다.	▶ 풍부한 언어 환경을 제공한다.(그림책 읽어주기 등) ▶ 글자에 자연스럽게 노출될 수 있는 환경을 마련한다.(단어 놀이, 글자 놀이 등)
1~3학년	▶ 각 낱글자의 소릿값을 인식한다. ▶ 단어가 글자들로 구성되어 있음을 알게 된다. ▶ 문장이 단어들로 구성되어 있음을 알게 된다.	▶ 해독의 과정을 충실히 이행하게 한다. · 낱글자 조합하여 글자 만들기 · 소리 내어 읽기 · 말놀이, 글놀이 등을 통해 언어 능력 기초 쌓기
4~6학년	▶ 글을 문장 단위로 보고 이해할 수 있게 된다. ▶ 한 편의 글을 눈으로 읽으며 내용이 무엇인지 파악할 수 있게 된다.	▶ 독해의 과정을 충실히 이행해야 한다. · 중심 단어, 중심 문장 찾기 등 · 문장을 읽고 이해한 내용을 짝꿍에게 설명하기 · 한 단락의 글을 읽고 이해한 내용을 짝꿍에게 설명하고, 한 문장으로 간추려 쓰기 · 한 편의 글을 읽고 이해한 내용을 짝과 나누며 한편의 글로 간추려 쓰기 등
중·고등학교	▶ 사물과 현상을 비교, 분석, 종합, 평가할 수 있게 된다.	▶ 자기 생각을 분명히 드러낼 수 있는 장면을 많이 만든다. · 토론과 질문 위주의 수업 등

시기별 언어 발달 특징과 고려할 사항

참고자료

난독(難讀)과 난독증(難讀症)

 최근 2~3년 전부터 난독증이란 용어가 학교에 들어오기 시작했다. 교육부에서는 난독증 아이가 학교에 얼마나 있는지 3년째 전수 조사를 벌이고 있다. 전북과 같이 난독증 관련 조례를 제정하는 지방 의회도 늘어나고 있다. 이에 발맞춰 각 시·도교육청에서는 교사에게 난독증과 관련된 연수를 대대적으로 실시하고 있다.
 그러나 정작 교실에서 아이를 직접 가르치고 있는 교사는 난독증에 대해 어떻게 생각하고 있을지 자못 궁금하다. 난독증이 무엇인지, 그리고 어떤 아이가 난독증에 해당하는지 알고 있을까? 아예 전혀 읽지 못하는 아이, 더듬거리면서 읽는 아이, 음절을 빼거나 첨가해서 읽는 아이는 난독증인지 아닌지 선생님이 알 수 있을까? 게다가 난독증 관련 연수를 일 년에 한두 차례씩 받는다고 해서 난독증을 가진 아이를 지도할 수 있을까? 난독증 관련 연수를 받으며 들었던 이런저런 의문이다.
 난독증 연수를 받으며 나는 참으로 불편했다. 난독증이라는 말이 주는 어감 때문이었다. '난독(難讀)'은 읽기에 어려움을 겪는다는 의미다. 여기에 '증(症)'이 붙으니 '읽기에 어려움을 겪는 증세'가 되어 일종의 특수한 질환처럼 느껴진다. 일반 교사는 어떻게 해볼 수 없을 것 같은 느낌이 들기도 한다. 교실에서 읽기에 어려움을 겪는 아이를 만났을 때, 가르치다 잘 안 되면 난독증이라고 쉽게 단정하고, 혹여 자신의 지도 영역에서 제외시키지나 않을까 하는 노파심이 들기도 한다.

우리나라에는 난독증 관련 연구서가 거의 없다. 한글이 쉽게 배울 수 있는 글자이기에 웬만하면 누구나 읽고 쓸 수 있기 때문일 수도 있고, 아직 여기까지 관심의 범위가 확대되지 않아서 그럴 수도 있다. 어쩌다가 난독증 관련 도서가 눈에 띄지만, 아이의 상태를 면밀히 관찰하고, 기록하고, 정리한 연구서는 아직 발견하지 못했다. 그러다 보니 난독증은 우리에게 너무 먼 이야기 같다.

나도 난독증이 무엇인지 자세히 알지 못한다. 대학에서도, 학교 현장에 나와서도 배운 적이 없기 때문이다. 난독증에 관련된 책을 서너 권 읽기는 했으나 책마다 조금씩 정의가 다르고, 그 범위를 어떻게 잡느냐에 따라 해석을 달리해야 했다.

그러나 분명한 것은 교실에는 어떤 이유에서건 읽지 못하는 아이들이 있고, 유창하게 읽지 못해서 다른 학습에 어려움을 겪는 아이가 있다는 것이다. 교사 대부분은 읽기에 어려움을 겪는 아이가 난독증인지, 난독인지 구분을 잘하지 못한다. 그러다 보니 특별한 도움을 받아야 할 아이가 제때 지원 받지 못해 학습은 물론 생활에도 어려움을 겪고 있다.

배우 조달환 씨는 어린 시절부터 난독증이 있었고 지금도 글을 읽는 데 어려움을 겪고 있다고 공개석상에서 밝혔다. 그는 자신이 학창 시절에 어떤 어려움을 겪었는지 말하며, 난독증에 관심을 가져달라고 했다.

난독증 아이를 둔 부모들도 난독증 협회와 같은 단체를 만들어 사회적으로 공론화하고 있다. 그들은 자신의 아이가 다른 아이처럼 읽고 쓸 수 있게 해달라고 공교육에 요구하고 있다. 이 아이들은 단지 읽기에 어려움을 겪을 뿐이니 따로 구분하지 말고 일반 교실에서 공부할 수 있도록 해달라고 요구한다. 난독증이 특수 교육 쪽으로 가지 않고 일반 교실로 들어오게 된 배경이다.

우리가 알고 있는 유명인 중에 난독증이 있던 사람도 의외로 많다. 레오나르도 다빈치나 피카소, 에디슨, 아인슈타인을 비롯하여 톰 크루즈, 청룽(성룽) 등이 그렇다. 레오나르도 다빈치는 글자를 쓸 때 거울을 보듯 거꾸로 기록했으며(거울을 보듯 거꾸로 기록하는 아이를 가끔 볼 수 있는데 대부분의 아이는 어느 정도 시간이 지나면 스스로 알아차리고 수정한다) 톰 크루즈는 난독증 때문에 대본을 읽어주는 개인 코치를 따로 두고 있다고 한다. 이들은 대부분 '듣고 말하는 것에는 문제가 없으나 읽고 쓰는 데 어려움'이 있던 사람들이다.

난독증은 시지각(視知覺), 청지각(聽知覺) 기능에 문제가 있어 생기는 증상이다. 시지각은 눈에 보이는 것, 청지각은 귀에 들리는 것을 소리로, 문자로 인식하는 능력을 말한다. 이것을 음운 인식 능력이라고 한다. 시각은 단순히 눈에 보이는 것을 말하지만, 시지각은 눈에 보이는 것을 알아차리는 것을 의미한다. 그래서 시력에 이상이 있어 읽지 못하는 경우는 난독증의 범위에 넣지 않는다.

음운을 인식하는 데 문제가 생기면 낱말 재인(단어 인지 및 기억)을 잘하지 못하고, 철자법(말을 글로 적기 위해 글자를 짜 맞추어 적는 법칙), 해독 능력이 부족한 것이 특징이라고 국제 난독증 협회[1]에서 정의하고 있다. 난독증의 원인을 의학계에서는 언어를 관장하는 좌뇌의 이상으로 보고 있으며, 신경생물학적인 원인에 의해서 일어나는 것이라고 설명하고 있다.

학급에 있는 아이의 난독(잘 읽지 못하는) 이유는 다양하다. 가장 먼저 생각할 수 있는 이유가 환경적인 요인이다. 다문화 가정의 아이, 또는 아주 어린 시절 가정에서부터 문해 환경이 갖추어지지 않아서 많이 듣고, 많이 말하지 못한 채로 학교에 오는 아이의 경우가 여기에 해당한다. 지능적 요인보다는 환경적 요인에 의해 생기는 어려움으로, 정상적인 교육과정을 통해 극복할 수 있다.

두 번째는 지능적인 요인으로, '느린학습자'라고 불리는 경계선 지능에 있는 아이들이 여기에 해당한다. 느린학습자는 전국적으로는 80만 명 정도이며, 각 학급으로 풀었을 때 평균 서너 명 정도가 해당된다고 한다.[2] 이 아이들은 언어 영역을 포함한 모든 영역에서 전반적으로 학습 능력이 떨어진다. 담임교사가 가장 흔하게 만날 수 있는 경우로, 문자를 읽고 쓰는 데 다른 아이들보다 좀더 많은 시간과 지원을 필요로 한다.

세 번째는 조달환 씨 같은 난독증 아이다. 난독증이 있는 아이는 어느 정도 글도 읽을 줄 알며, 특히 저학년 때는 글을 읽을 때 주변의 단서를 활용하여 읽어내기 때문에 자세히 들여다보지 않으면 알아내기가 쉽지 않다. 난독증은 지능과 상관없다. 다른 과목보다 유난히 글 읽기, 쓰기

---

[1] International Dyslexia Association, 2002
[2] 조정식 국회의원이 2015년에 대표 발의한 일명 느린학습자 지원법의 제안 이유에 담겨있는 내용이다. 현재 이 법안은 국회를 통과하여 초·중등 교육법에 신설되었다. 이 법안에 의하면 국가와 지방자치단체는 학습부진아 등에 대한 체계적인 교육 실시를 위해 실태를 조사하고 이에 맞는 교재와 프로그램을 개발·보급하여 학습능력향상교육을 실시하게 되어 있다.

를 어려워한다면 한 번쯤 의심해 볼 만하다.

　기회를 놓쳐서 그렇든, 기능적으로 읽기가 어렵든, 지능적으로 낮은 단계에 있든, 교사는 읽기가 어려운 아이를 언제든지 만날 수 있다. 자세히 보지 않고 살펴보지 않아서 그렇지, 어쩌면 대한민국의 초·중·고등학교의 모든 교실에는 읽고 쓰기가 어려운 아이들이 앉아 있는지도 모른다.

　특수 교육을 전공한 학자들이 이구동성으로 하는 말이 있다. 적절한 방법으로 지도하면 특수한 아이도 한글을 읽고 쓸 수 있다는 것이다. 물론 난독증이 있는 아이도, 느린학습자도 교사들의 노력으로 충분히 읽고 쓸 수 있다. 부디 '우리 반 아이는 난독증이 있어서 내가 가르치기에는 무리'라는 생각을 하지 않기를 바란다.

　학습이 더딘 아이, 읽기에 어려움을 보이는 아이가 있다면 그 아이가 단어 인지를 못하는지, 단어와 문장을 유창하게 읽어내는 데 어려움이 있는지, 읽은 것을 이해하지 못하는지 등 어디에 어려움이 있는지를 파악하고, 그에 맞는 적절한 지도 방법을 아이와 함께 찾아가기 바란다. 그리하여 한 아이도 교실에서 놓치는 일이 없으면 좋겠다.

5부

우리 아이들에게
무엇이 필요한가?

1장

단 한 명의 아이도 포기하지 않는 교육

아래의 그림은 인터넷에 올라와 있는 그림으로 평등과 정의를 설명하고 있다. 왼쪽에는 'equality', 오른쪽에는 'social justice'라는 제목이 붙어 있고, 'Equality doesn't mean justice'라는 설명을 달아놓았다. 평등과 정의를 설명하기에 이보다 더 분명한 이미지는 없을 듯하다.

이미지 출처 https://www.flickr.com/photos/philozopher/10368966406

우리는 교육을 말할 때 중학교까지 의무교육을 근거로 들어 평등한 교육이 실현되고 있다고 생각한다. 그러나 과연 우리 교육은 평등하며 공평한가?

이미 받침대를 갖추고 있어서 따로 제공하지 않아도 되는 아이가 있는가 하면, 받침대를 하나만 주면 되는 아이도 있고, 하나로는 부족하여 더 많이 지원해야 하는 아이도 있다.

이렇게 상황이 다른데도 학교는 모든 아이에게 같은 교육과정으로 같은 수업을 하며, 똑같은 문항으로 평가해 줄을 세운다. 초등학교에서는 아이들이 문자를 익히고 들어왔다는 전제하에 수업을 진행하고, 중학교에서는 초등학교 과정을 다 안다는 가정하에 교육과정을 운영한다.

2015 개정 교육과정이 적용되는 2017년부터는 그나마 한글 지도 시간을 대폭 늘려서 글자를 지도하고 있지만, 국어를 제외한 모든 교과서에 글자가 넘쳐난다. 수학을 비롯하여 노래 부르기 등 글자를 알아야만 할 수 있는 수업을 글자를 다 익히기도 전에 시작한다. 글자를 깨치지 못한 상태로 학교에 들어오는 아이는 이 모든 과정에서 소외되고, 소외는 학습 더딤으로 이어진다.

교사는 문자 중심의 교육과정과 어려운 교과서의 중간 수준에 맞추어 아이를 가르친다. 아이를 한 명씩 떼어서 보지 못하고 덩어리로 묶어서 바라보며 일제식 수업을 진행한다. 이런 구조 속에서 '키 작은 아이'는 학교 안에서 처음부터 끝까지 학습 더딤의 굴레에서 벗어나지 못한 채 숨죽이거나 다른 방법으로 자신을 드러내며 힘겹게 살아간다. 이런 점에서 학교는 정의롭지 못할 뿐만 아니라 공평하지도, 평등하지도 않다.

헌법 제10조와 제31조

(제10조) 모든 국민은 인간으로서의 존엄과 가치를 가지며 행복을 추구할 권리를 가진다.

(제31조) 모든 국민은 능력에 따라 균등하게 교육을 받을 권리를 가진다.

우리나라 헌법 제10조 제1문과 제31조 제1항에 명시된 내용이다. 국가는 국민이 인간으로서의 존엄과 가치를 지킬 수 있도록 능력에 따라 균등하게 교육해야 할 의무가 있고, 국민은 국가로부터 교육받을 권리가 있음을 나타낸 것이라고 할 수 있다. '국민은 교육받을 권리를 가진다'에 왜 굳이 '능력에 따라'와 '균등하게'를 넣었을까?

존 롤스는 『정의론』에서 차등의 원칙을 주장했다. 이 원칙에 따르면 불평등이 용인되는 유일한 상황은 덜 가진 자에게 더 주는 것, 그때뿐이다. 즉, 최소 수혜자에게 더 줄 때만 평등의 원리를 벗어났다는 비난을 피할 수 있다는 것이다.

이 원칙을 우리 교육에 적용해보면 앞의 그림 속의 키 작은 아이를 더 많이 보살피고 배려하는 것이 정의(justice)라고 할 수 있다. 이 원리는 우리 헌법 정신에도 합치한다.

'능력에 따라 균등하게'는 누구에게나 동일한 교육이 아닌 한 명 한 명에게 적합한 교육을 말한다. 헌법에 명시된 교육받을 권리를 실현하기 위해서 국가는 롤스가 주장한 차등의 원칙을 적용하여 능력이 부족한 사람에게 더 많이 지원하면서 국가의 책임을 다해야 한다. 가정의 돌봄이 불완전하여 학습이 어려운 아이에게 첫 출발에서부터 체계적이고도 집중적으로 지원해야 한다. 가정이 아이를 돌볼 수 없다면 국가가, 학교가, 교사가 '헝겊 원숭이[1]'가 되어야 한다.

집중 지원의 중심에 문자 해득이 있다. 아이들이 같은 출발선에 설 수 있도록 문자 해득이 되지 않은 아이를 위해 차등을 둔 집중 지원이 있어야 한다.

우리나라 성인 문해력은 경제협력개발기구(OECD) 기준 2등급이라고 한다. 2등급은 내용이 조금만 어렵고 복잡해지면 상대방의 주장을 이해하지 못할 뿐만 아니라 자기 생각을 논리적으로 말하는 데도 어려움을 겪는 상태라고 한다.

OECD 핵심역량 정의 및 선정 프로젝트(De Se Co Project)에 따르면 핵심역량이란 언어, 정보, 기술 등 도구를 조합해 효과적으로 사용하는 역량, 이질적인 집단 속에서 상호작용하는 역량, 자기 삶을 넓은 사회적 맥락 속에서 자율적이고 책임감 있게 영위하는 역량[2]이라고 규정하고 있다. 이러한 역량을 가질 때 사회 속에서 사람과 어울려 제대로 살아갈 수 있음을 설명하고 있는데, 내용을 자세히 들여다보면 모두 언어 능력과 밀접한 관련이 있다.

성인 문해력 통계나, 핵심역량 정의는 공교육이 단 한 명의 아이도 놓치지 않고 민주시민으로 살아갈 수 있도록 뒷받침하려면 가장 먼저 무엇을 해야 하는지 분명하게 보여주고 있다.

---

1 김진경 등, 『유령에게 말 걸기』, 문학동네, 2014
2 『시민교육이 희망이다』(장은주, 피어나, 2017)에서 재인용

공정하고 정의로운 교육의 출발선은 해독이다

해독과 독해는 학교생활을 하는 아이에게 어떤 의미가 있을까? 하루 종일 문자를 이용하여 공부해야만 하는 아이에게 해독은 어떤 의미가 있을까?

> 저는 라온이를 가르치며 읽기 따라잡기 연수에 참여했고, 열심히 가르친 덕분에 라온이는 3학년이 끝나갈 무렵이 되자 글을 잘 읽었어요. 그래서 기대했죠. 4학년이 되어서 치른 진단평가에서는 학습 더딤 학생 명단에 올라오지 않을 거라고요.
> 시험이 끝나자마자 제일 먼저 더딤 학생 명단을 살펴봤어요. 결과는 실망스러웠어요. 라온이 이름이 보이는 거예요. 명단에 올라왔을 뿐만 아니라, 방학을 보내고 온 라온이의 한글 실력은 오히려 뒤로 가 있었어요. 그래서 다른 아이를 지도하려 했던 생각을 접고 한 학기를 더 가르쳤어요. 그러니까 라온이는 저와 4학년 1학기 때 그림책을 읽고 문장을 쓰며 한 학기를 더 보낸 거죠. 그 결과 라온이는 한글 실력이 정말 많이 늘었어요.
> 그런데 여름 방학을 앞둔 어느 날 라온이 담임선생님의 말을 들으며 해독이 아이들에게 어떤 의미를 지니는지 깨닫게 됐어요. 국어 성적이 문제가 아니라 수학 성적이 쑥 올랐다고 라온이의 선생님이 말씀하시는데 전율을 느꼈어요.

라온이를 가르친 오현옥 선생님이 들려준 이야기다. 이 아이는 그동안 문자 해독이 잘 안 되었기 때문에 다른 교과의 학습에도 심각한 어려움을 겪었을 것이다. 문자 해독도 잘 안 되는 아이가 국어 수업은 물론 대부분의 교과 수업에서 어떻게 숨죽이며 살아가는지 또는 문맹 상태를 숨기기 위해 교실에서 어떤 일을 벌이는지 우리는 잘 알고 있다.

대부분의 학급에서 모든 아이에게 똑같은 목표를 주고, 같은 방법으로 가르치며, 모두 동일한 수준까지 성취하기를 요구한다. 그러다 보니 해독이 안 되는 아이는 국어는 물론 다른 교과에서도 학습 더딤에 시달릴 수밖에 없다. 문자 해독이 되지 않으면 학교에 들어오자마자 얻게 된 '학습 더딤'이라는 꼬리표를 학교에서 떠나는 날까지 떼기 어렵다. 이 아이가 사회에 나아가서 어떻게 살아갈지 굳이 말하지 않아도 누구나 알고 있다.

그래서 출발점이 다르고, 학습 능력이 다른 아이에 대한 최소한의 돌봄과 지원 시스템이 시급히 도입되어야 한다. 한글 해독은 아이가 교과를 학습할 수 있는 가장 중요한 조건이다. 우리가 국가 차원에서, 또는 최소한 학교 차원에서라도 한글 해독 문제에 좀더 적극적으로 나서야 하는 이유가 바로 여기에 있다.

초·중학교 시절에 가장 힘들고 어려운 과목이 국어였다. 6학년 때까지도 책을 더듬더듬 읽었고, 당연히 그 뜻을 이해하지 못했다. 책을 읽어도 도대체가 무슨 말인지 몰랐다. 중학교 들어가서도 마찬가지였다. 국어가 안 되니 영어도 어려웠다.

그러다가 우연히 고등학교 2학년 여름 방학 때 집에 꽂혀 있던 세계문학 전집을 읽게 되었다. 초등학생도 읽을 수 있도록 내용과 분량을 줄인 책이었다. 내용이 잘 이해되지 않았지만 무조건 읽었다. 처음엔 카라마조프, 히스클리

프와 같은 생소한 이름을 읽어내는 것이 가장 어려웠고, 줄거리를 따라가는 것도 힘들었다. 그런데 읽은 책의 수가 늘어갈수록 내용이 점점 잡히는 걸 느꼈다.

놀라운 일은 개학하고 나서 일어났다. 방학을 마치고 치른 첫 시험에서 국어 성적이 쑥 올라갔고, 그 후로도 그 성적을 유지했다.

내가 왜 책을 더듬거리며 읽었는지는 잘 모르겠으나 굳이 이유를 찾아보자면 기회 부족이었던 것 같다. 남 앞에서 말하는 걸 두려워하는 성격이었던 탓에 소리 내어 책을 읽을 기회가 거의 없었다. 또한 당시만 해도 동화책이나 그림책이 있는 집이 드물었다. 우리 집도 마찬가지였다. 책을 접할 기회가 적다 보니 자연스럽게 책을 읽을 기회도 적었던 것 같다.

동료 장학사의 이야기다. 이 글을 쓰는 동안 가끔 문해 교육에 관해 이야기를 주고받았는데, 해독과 독해에 관한 대화 끝에 본인의 사례라며 들려준 이야기다. 이런 경험이 있었기에 대학에 들어가서도 친구들이 이미 초·중·고 시절에 읽었다고 하는 책을 찾아 읽었다고 했다. 물론 지금은 책을 읽고, 토론하는 데 아무런 지장이 없다. 어린 시절 해독과 독해에 어려움을 겪은 터라 읽기와 쓰기 교육에도 관심이 많다.

두 사례 모두 해독이 독해에 어떤 영향을 미치는지를 잘 보여준다. 해독이 되어야만 비로소 독해가 가능해지고, 독해가 되어야만 자기 생각과 느낌이 생기면서 비평과 비판을 할 수 있게 된다. 아이들이 초등학교 시절에 적어도 해독이라도 제대로 할 수 있게 해주어야 하는 이유다.

해독 처리가 자동화되면 독해는 한결 쉬워진다. 글을 읽으며 중심 내용이 무엇인지, 어떤 의미인지를 쉽게 알 수 있다. 그렇게 되면 글을 간추려서 쓸 수 있고, 자기 생각과 비교하면서 읽을 수 있으며, 나아가 다른 사람의 생각에 비평과 비판을 할 수 있게 된다.

모든 일에는 일정한 절차와 단계가 있다. 걸음마도 채 떼지 않은 아이에게 힘차게 달리라고 채근해서는 안 된다. 아이가 학교에서 언어를 익히고, 그 언어를 활용하여 교과를 학습할 수 있도록 충분한 시간과 기회를 주어야 한다.

지금의 교육과정과 교실의 모습을 살펴보면 아이들이 해독을 해야 할 시기에 독해를 하고, 독해를 해야 할 시기에 비평과 비판을 강요하는 것은 아닌가 하는 의문이 든다. 지금부터라도 아이의 언어 발달 단계와 교육과정을 면밀히 살펴서 해독을 해야 할 시기에는 해독을 완벽하게 할 수 있도록 해야 한다. 해독 능력이 우수한 아이 수준에 맞추어 수업을 할 것이 아니라, 국어 수업만이라도 해독이 안 된 아이들 수준에서 시작해야 한다. 공정하고 정의로운 교육의 출발은 해독의 수준을 맞추는 것에서부터 시작한다.

학습 더딤은 어디에서 오는가?

이명박 정부 시절 초·중·고 학생을 대상으로 국가 수준 학업성취도 평가(일명 '일제고사')를 실시하여 더딤 학생 비율이 높은 학교에 예산을 주고 구제하라는 정책을 만들었는데, 그것이 '학력향상형 창의경영학교'였다. 이 사업은 2014년까지 지속되다가 2015년부터 '두드림학교'로 이름과 내용을 바꾸어 시행하고 있다.

2014년에 창의경영학교 컨설팅을 하라는 공문이 왔는데 그대로 컨설팅을 할 수가 없어서 며칠을 고민하다가 내용을 대폭 바꾸었다. 점검표 같은 것을 다 놓아두고 질문 몇 개를 만든 후 들고 가서 전체 선생님들과 한 자리에 앉아 대화를 나누었다. 아이들은 왜 공부를 안 하는지, 또는 못하는지, 그럼 어떻게 하면 좋을지 등을 주제로 질문을 던지고 의견을 나누었다. 그리고 창의경영학교에서 학습이 더딘 학생을 위해 그동안 진행했던 방법이 효과가 있었는지도 물었다.

그동안의 방식이 그다지 효과적이지 않았던 것도, 아이들이 왜 공부를 못 하는지도, 어떻게 해야 하는지도 선생님들은 이미 알고 있었다. 학습 더딤의 근본 원인이 떨어지는 문해력에 있음도 잘 알고 있었다. 교과서 중심의 일제식 수업 때문인 것도 알고 있었다.

2015년, 2016년을 거치면서 국회에서 기본 학력 보장, 난독증과 같은 기초 학력에 대한 법률안이 논의되기 시작했고, 이에 발맞추어 각 시·도교육청에서는 연수와 정책을 쏟아내고 있다. 난독증이 무엇이고 어떻게 지도할지 연수를 실시하고, 기초 학력을 향상시키기 위해 예산을 편성하고 기초 학력 강사들을 채용하여 방과 후 보충 수업반을 운영하는 등 아주 오래전부터 사용해온 방법을 여전히 고수하고 있다. 그러나 이런 방법은 효과적이지도 않고 정의롭지도 않다.

이야기를 나누어보면 선생님 모두가 그동안 시행했던 정책이나 방법이 옳지 않았음을 너무도 잘 알고 있었다. 조금 더 깊이 이야기를 나누면 올바른 대책이나 방법을 내놓기도 했다. 선생님들 이야기의 핵심은 수업이었다. 교사의 수업 철학과 수업의 방법이 문제였다. 공부의 내용과 의미를 받아들이는 수준이 아이마다 모두 다른데도 똑같이 진행되는 수업의 내용과 방법이 문제였다. 아이 전체를 하나의 묶음으로 보는 교사의 시선을 바꾸어야만 그나마 학습더딤에 제대로 다가설 수 있다고 했다.

학습 더딤은 학습 소외에서 발생한다

아이의 흥미와 재미를 끌면서도 깊이 있는 학습이 되게 하려면 어떻게 해야 할까? 교실 안에서 하루 대부분의 시간을 보내는 아이들을 학습에 몰입시키면 어떻게 해야 할까? 현장 선생님들이 늘 고민하는 주제다. 이런 질문을 던지면 선생님들은 체험 위주의 수업을, 조작하고 만지고 움직이며 활동하는 수업을 말한다. 그러나 모든 수업을 체험과 활동 위주로 진행할 수도 없을뿐더러, 바람직하지도 않다.

공부를 3단계 정도로 나누어보면 다음과 같다.

첫째, 보고 듣는 단계다. 아이는 선생님이 설명하는 것을 보거나 들으면서, 또는 책을 읽거나 영상을 보면서 그것이 무엇인지 이해한다. 학습의 첫 번째 단계에서는 교사가 중심적인 역할을 수행한다. 교사가 기본 개념이나 내용을 설명하고 아이는 교사의 설명을 듣기 때문에 얼마나 쉽고 재미있게 설명하는지, 또는 얼마나 재미있는 텍스트나 영상 등을 활용하는지가 중요하다. 이때 아이는 학습의 주체이기보다는 주변인(객체)에 가깝다.

두 번째는 보고 들은 것을 정리하는 단계다. 교사가 설명한 것, 텍스트에서 읽은 것을 이해하고 공책에 정리하거나 머릿속으로 정리하는 활동

등이 여기에 포함된다. 학습의 2단계부터는 아이가 주체가 된다.

세 번째는 표현하면서 내면화하는 단계다. 보고 듣고 정리한 것을 구성하여 실행하는 단계로 동작이나 설명, 노래, 그림 등 다양한 방법을 동원하여 자기 생각을 표현할 수 있다. 학습은 이 과정을 거쳐야만 배운 것에서 그치지 않고 비로소 체화되어 삶으로 스며들 수 있다.

그런데 우리 아이들은 어떻게 배우고 있을까? 학교에서 교사에게 배운 다음, 학원에 가서 다시 보고 듣고 집으로 돌아와 어쩌다 스스로 정리의 시간을 갖기는 하지만, 배운 것을 표현하는 학습은 거의 이루어지지 않고 있다고 봐야 하지 않을까? 물론 과목에 따라 익히는 시간을 갖기도 하지만 대부분의 학습이 1단계에서 그친다는 것을 부인하기는 어려울 것이다.

한 시간의 수업에서 교사가 설명하는 시간과 아이들이 정리하는 시간, 정리한 것을 서로 나누고 표현하는 시간이 얼마나 되어야 하고, 어떻게 해야 이런 수업을 만들어 갈 수 있을까? 무엇을 어떻게 할지는 결국 교사들의 협의와 실천으로 찾아야 할 몫이다.

다만 나는 선생님들이 가르치기만 하는 수업에서 벗어나 아이들이 직접 생각하고 이야기를 나누며 답을 찾아가는 수업으로 만들자고 말하고 싶은 것이다. TV 화면으로 정리하는 쉬운 방법을 버리고 아이에게 직접 정리할 시간을 주자고 말하고 싶다. 비록 그것의 수준이 떨어지고 때로는 엉망이어서 봐주기 힘들지라도 교사가 해준 정리를 베껴 쓰는 것보다 훨씬 나으니, 한 줄이라도 아이들 스스로 정리할 수 있도록 시간을 주면 좋겠다.

아이들이 쓴 것을 서너 명만 손을 들어 발표하고 끝낼 것이 아니라 직접 짝꿍에게 자신의 언어로 설명하는 시간을 주자고 말하고 싶다. 분명하지 못하거나 흩어져 있던 것을 구성하여 설명하는 과정에서 개념이 명료해지고 정리된다. 이것은 메타인지 이론에서 다루는 매우 중요한 내용이기도 하다.

학습 더딤의 핵심에 수업에서 소외되는 아이 문제가 있다. 이 문제를 해결하지 않고서는 아무리 좋은 정책을 들고나와도 공염불에 지나지 않을 것이다. 학습 소외를 해결하기 위해서 가장 먼저 고민해야 할 것이 교사의 수업 방법이고, 제대로 된 수업 방법을 찾아가다 보면 학습의 3단계와 만나게 된다. 일제식 설명을 최대한 줄이고, 아이의 언어로 단 한 문장이라도 말하게 하고, 쓰게 하고, 정리한 것을 짝끼리 나누며 생각을 확장해가는 수업, 그리하여 단 한 명의 아이도 소외당하지 않고 모두 배움의 주체로 살아가는 교실이 된다면 학습 더딤 문제 해결의 실마리를 찾을 수 있을 것이다.

2장

언어 교육, 어떤 정책이 필요한가?

제도적, 정책적 지원이 필요하다

아이러니하게도 대부분의 교사는 한글을 지도하는 방법을 체계적으로 배워본 적이 없다. 아이의 읽기 발달은 물론이고, 해독이며 독해 등 읽기를 어떻게 지도하는지 어디서도 가르쳐주지 않는다. 교사가 되려면 당연히 한글 지도 방법을 배워야 하지만 교대의 교육과정 어디에도 이에 대한 내용이 없다. 그저 초등학교 때 배웠던 자·모음 음절표를 활용하여 어쩌다 만나는 한글 미해득 아이를 가르친다.

교대의 교육과정에만 없는 것이 아니라 교사가 된 후에 받는 연수에도 한글 지도 방법을 가르치는 전문적인 과정이 없다. 사정이 이렇다 보니 경험에 의존하여 아이를 가르치다가 대부분 실패의 경험을 맛본 채 아이를 다음 학년으로 올려보낸다. 그러고는 내내 그 아이를 마음의 짐으로 남겨두는 것이다.

한글 지도 방법도 문제지만, 학습 자료 문제는 더 심각하다. 사교육 시장에 넘쳐나는 한글 지도 자료가 공교육에는 전혀 없다. 제공되는 것이라고는 교과서가 전부다. 아이의 상황에 맞게 교과 내용을 구성하고 자료를 찾아다가 가르치라고 하지만, 아무것도 배운 적이 없는 교사들은 대체 어디 가서 어떤 자료를 찾아 어떻게 가르쳐야 하는지 알지 못한다.

설상가상으로 학교 시스템도 문제다. 교사가 연구하고 실천할 수 있는 여건을 만들어주지 않고 주어진 과정을 수동적으로 수행할 수밖에 없게 해놓았다. 최근 몇 년 사이에 혁신학교를 중심으로 수평적인 학교 문화를 만들기 위한 교사들의 자발적인 노력이 번져가고 있으나, 해방 이후 반세기 넘게 유지되어 온 수직적이고 폐쇄적인 시스템이 바뀌려면 더 많은 시간이 필요해 보인다.

다행스럽게도 새 정부의 교육 정책은 지금까지의 경쟁 위주의 소수를 위한 교육에서 벗어나 모든 아이가 행복한 교육을 지향하고 있다. 결손과 결핍이 있는 아이를 위한 정책 계획도 세우고 있다. 무엇보다도 유·초·중등 교육에 대한 교육부의 권한을 시·도교육청으로 이관하여 교사에게 더 많은 권한을 주려 하고 있다. 권한을 이양받을 각 시·도교육청과 학교, 교사가 앞으로 교육의 그림을 어떻게 그려갈 것인가 하는 논의와 합의가 여러 곳에서, 여러 방향으로 이뤄져야 하는 시점이다.

이 시점에서 다른 어떤 것보다도 학습이 더딘 아이를 위한 정책과 학습 더딤의 직접적인 원인이 되는 읽기 더딤 문제를 어떻게 해결할 것인지에 대한 논의가 중요하다. 그리고 그 논의들을 모아 적극적인 정책을 만들고 펼쳐야 한다.

장은주 교수는 그의 책 『시민교육이 희망이다』에서 그동안 우리 사회

깊숙이 스며있는 메리토크라시(meritocracy, 능력지상주의)를 어떻게 극복하고 모두가 존중받는 시민으로 살아갈 수 있을까를 고민하며 공교육의 책무성에 대해 다음과 같이 말했다.

> 공교육은 한마디로 모든 아이가 사회적으로 인정받는 저마다의 좋은 삶을 살아가는 데 필요한 준비를 할 수 있게 해야 한다.

기회가 평등하고, 과정이 공정하며, 결과가 정의로운 사회[3]는 공교육이 '저마다의 좋은 삶을 살아가는 데 필요한 준비'를 할 수 있도록 책무성을 다하는 것에서 출발할 것이다.

문자 지도와 전반적인 읽기 지도에 어려움을 겪는 교사를 지원할 체계적인 시스템의 미비와 부족한 학습 자료 문제를 해결하기 위해서는 어떤 정책이 필요할까? 지난 3년 반 동안 나는 학습클리닉센터 업무를 처리하면서 만난 문자 미해득 아이와 겨우 글자만 읽는 아이를 어떻게 지원할까 치열하게 고민하며 선생님들과 이야기 나누었다.

읽기 지도 교사 연수

2015년부터 개설한 읽기 따라잡기 연수는 그동안의 연수와는 매우 달랐다. 특별한 결심이 필요했다. 실천가로부터 두세 시간 강의를 듣고 돌

---

[3] 문재인 대통령 취임사 중에서

아가는 연수가 아니라 계획을 세우고, 직접 문자를 지도하고, 사례를 중심으로 가르친 경험을 나누면서 전문성을 기르는 방식으로 진행했다. 그래서 교실에 문자를 해득하지 못한 아이가 있는 담임교사를 대상으로 연수를 열었다.

 미해득 문제를 꼭 해결하겠다는 대단한 결심으로 왔든지, 또는 한번 배워볼까 하는 가벼운 마음으로 왔든지 시간이 흐를수록 한 번도 접해 보지 못했던 연수 과정의 힘겨움 때문에 선생님들은 중간에 그만두기도 했다. 지도해도 늘지 않는 아이의 한글 실력 때문에 좌절하는 선생님도 있었다. 그러나 대부분의 선생님이 연수 과정에서 교육자로서 성장하는 기쁨을 맛보았다. 연수를 마치는 날 나눈 이야기에서 아이와 가정의 탓이 아니라 학교와 담임교사의 책임이라는 걸 비로소 깨달았다고 이구동성으로 말했다.

 가장 큰 성과라면 연수 과정을 통해 성장한 교사들이 학급의 아이뿐

연도	과정		인원	시간	강사
2015	기초 과정	1학기	23	30	엄훈, 정종성
	심화 과정	2학기	16	30	
2016	기초 과정	1학기	21	30	심화 과정을 이수한 교사
		2학기	22	15	
	전문가 과정	2학기	13	30	
2017	기초 과정	1학기	35	20	자체 운영
	연구회 세미나		17	월 1회	

연도별 읽기 따라잡기 연수 진행 현황

	내용	강사명	일정
1	학교 속의 문맹 문제 해결의 길	김○○ 오○○ 이○○ 정○○ 홍○○	4.13(목) 15:00-17:00
2	읽기 표준화 검사지 활용, 실천 사례 나눔		4.27(목) 15:00-17:00
3	그림책을 활용한 읽기 지도, 실천 사례 나눔		5.11(목) 15:00-17:00
4	음소 단위 받아쓰기 지도, 실천 사례 나눔		5.25(목) 15:00-17:00
5	한 문장 쓰기 지도 , 실천 사례 나눔		6.8(목) 15:00-17:00
6	읽기 정확도 기록 활용, 실천 사례 나눔		6.22(목) 15:00-17:00
7	읽기 포트폴리오 작성, 실천 사례 나눔		7.6(목) 15:00-17:00
8	개인별 연구 실천 과정 발표 및 워크숍		7.14(금) 15:00-22:00

2017학년도 1학기 연수 과정

만 아니라 이제는 기초 과정 연수의 강사로 활동하며 다른 선생님을 끌어주고 있다는 점이다. 이 선생님들은 연수의 과정을 짜고, 아이를 직접 지도하면서 모둠 강사로 활동했다. 이 과정을 통해 기초 과정의 선생님들도, 강사로 활동하는 선생님들도 전문가로 거듭날 수 있었다.

전체 강의는 늘 30분 정도로 마치고, 사례를 나누며 어려움을 해결해가는 방식의 연수를 2년간 진행하면서 우리는 듣기만 하는 연수보다는 실천과 함께 가는 연수의 진정한 의미에 대해 함께 생각해보게 됐다.

찾아가는 문자 지도 컨설팅

읽기 따라잡기 연수를 신청받을 때마다 신청 교사가 적어서 두세 번은 메신저로 안내해야 했다. 이런 연수를 받아본 적이 없어서인 것 같았지만, 바쁜 시간을 쪼개 두 시간씩 정기적으로 시간을 내야 한다는 것에 부담이 큰 것도 같았다. 그래서 올해엔 새롭게 찾아가는 문자 지도 컨설팅을 진행하고 있다.

아예 읽지 못하거나 더듬거리며 읽는 아이, 쓰기에 어려움이 있는 아

학교명	전주○○초등학교		
이름	○○○	컨설팅 장소	4학년 2반
컨설팅 희망 날짜	1희망	2희망	3희망
	7. 3. 14:30~	7. 5. 14:30~	7. 7. 14:30~
문자 지도 관련하여 현재 겪고 있는 어려움 또는 컨설팅 요청 사유	- 기본 받침을 구분하여 읽거나 쓰는 것을 여러 번 반복했음에도 어려워 함(특히 ㄱ받침과 ㄴ받침) - 받침이 필요하지 않은 낱말인데도 자꾸만 불안해서 받침을 씀 - 한글을 쓰는 것에 자신이 없다 보니, 자신의 생각을 쓰는 활동은 거의 하지 못함 - 학급에 해독/독해가 안 되는 학생 1명, 해독은 되지만 독해에 어려움이 있는 학생 2명이 있습니다. 저의 고민은 수업 시간에 세 학생에게 별다른 도움을 주지 못하고 있다는 점입니다. 수업 시간에 제가 하는 설명이나 교과서 또는 활동지의 문제들을 이해하지 못한 채 가만히 앉아 있는 아이들을 보면 미안한 마음, 속상한 마음 등 다양한 마음이 복합적으로 들곤 합니다. 이번 컨설팅을 통하여 방과 후 글자 지도 방법과 함께 수업 시간 속에서 문자 미해득 학생들을 어떻게 지도하는지에 대한 이야기도 듣고 싶습니다.		

컨설팅 신청서

이를 데리고 있는 선생님이 대상이다. 아이의 상태와 겪고 있는 어려움을 먼저 들어보고, 문자 지도 방법과 읽고 쓰기 지도 방법에 대한 이야기를 나눈 후 컨설팅의 횟수를 결정한다. 컨설팅을 나가는 선생님은 기초과정에서 연수를 받고 있는 선생님과 읽기 따라잡기 연구회에서 활동하고 있는 선생님을 묶어서 배정했다. 컨설팅의 과정이 곧 연수의 과정이 되게 하고, 다른 선생님을 만나는 과정이 곧 전문성 신장으로 이어지게 하기 위해서였다. 찾아가는 컨설팅은 지금도 진행되고 있다.

손바닥 그림책

처음 문자 지도를 시작할 때 사용한 그림책은 대부분 글밥이 많았다. 그러다가 한 학기가 다 갈 무렵에서야 우리가 선택한 그림책이 얼마나 아이를 힘들게 했는지를 알게 되었다.

시중에 있는 그 많은 예쁜 그림책은 한글 지도와는 사실 거리가 멀다. 글밥도 많고, 내용도 어렵기 때문이다. 이런 그림책은 아이에게 읽어주고 내용을 물어보고 이야기 나누기에는 좋지만, 글자 지도에는 적합하지 않다.

우리는 아이에게 맞는 글자 지도용 그림책을 찾고 적용하느라 많은 시간을 보냈다. 그러면서 사교육 시장에 그나마 있는 지도용 교재를 가져오기도 했다. 왜 공교육에서는 이런 자료를 만들어내지 못하는지 많이 아쉬웠다.

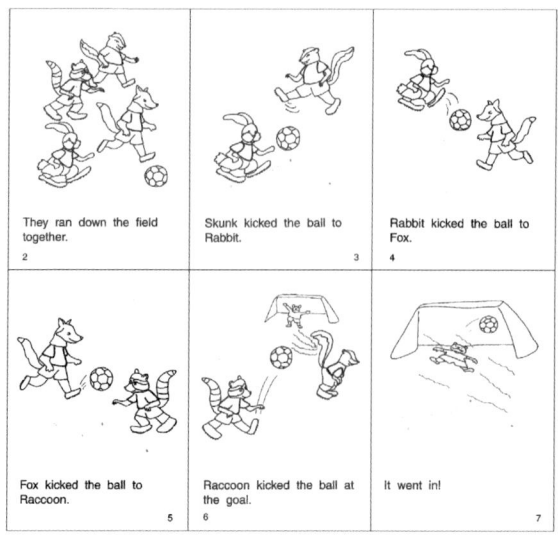

킵북(keep book) 「The Soccer Game」 중 일부

그러다가 알게 된 책이 킵북(KEEP BOOK)⁴ 시리즈다. 딱 손바닥만 한 크기로 쪽수가 표지를 합해 8장 이내로 백지에 그림만 그려 놓은 책이다. 한 세트가 20권 정도 되는데 수준별로 나뉘어 아이의 읽기 수준에 따라 활용할 수 있다. 내용도 아주 단순하다. 그림을 보며 이야기를 나누고, 짧은 글을 읽고, 색칠도 하면서 놀 수 있게 되어 있다. 이 책을 보면서 언젠가 우리도 교실 속에 넘쳐나는 아이들의 언어를 담은 손바닥 그림책을 만들어 아이들이 가지고 놀 수 있게 하자는 이야기를 했었다.

---

4 오하이오 주립 대학에서 문해 프로젝트를 위해 비영리 목적으로 개발된 시리즈 책이다. 유치원에 들어가기 전부터 2학년까지(pre–K ~ 2) 학생의 읽기 수준에 맞는 적절한 책을 레벨별로 제시하고 있다. 페이지마다 간단한 선으로 그려진 그림에 색칠을 하거나 세부적으로 더 그릴 수 있도록 한 것이 특징이다. 값이 싸고(권당 25센트, 300원 정도) 가벼워서 아이가 스스로 책을 읽거나 집으로 가져가서 부모님과 함께 읽을 수 있다.

위 그림은 실제 있었던 장면을 그림으로 옮겨 놓은 것이다. 얼마 전부터 나와 함께 한글을 공부하는 영서가 어느 날 교문에 들어서면서 하늘의 구름을 가리키며 숫자 같다고 했다. 아이와 이런저런 이야기를 나눈 후 교실로 들여보내고 나서 6학년 아이에게 부탁하여 그림을 받았다. 이 그림을 영서에게 보여주었더니 눈을 빛내며 다시 아침에 본 구름 이야기를 했고, 나는 영서 입에서 나온 말 중 '수'와 '오', 구름의 '구' 글자를 자석으로 만들게 했다. 색칠하고 싶다고 해서 색도 칠하면서 놀았다. 내가 한글을 가르쳤던 동찬이도, 지금 글을 가르치고 있는 영서도 예쁘게 색칠해진 빳빳한 종이의 그림책보다 이런 그림을 더 좋아했다.

아이 주변에서 일어나는 일을 아이의 언어로 구성하여 그림과 함께 자료로 만들어 준다면 분명 아이는 더 쉽게, 더 재미있게 배울 것이다. 이런 자료를 학교에서 보급해 교사가 글자를 모르는 아이를 가르칠 수 있는 환경을 충분히 제공한다면 얼마나 좋을까. 교육 행정은 교사를 지원하기 위해, 궁극적으로는 아이를 위해 존재해야 한다.

언어 발달 지원센터

전주교육지원청에 근무한 3년 반 동안 나는 읽기 따라잡기 연수를 열고, 찾아가는 문자 지도 컨설팅을 하며, 읽기 연구회를 조직하여 선생님들과 함께 연구를 진행했지만 여러 가지로 한계를 느끼곤 했다.

교육지원청 차원의 상시적인 연수가 필요했지만, 연수기관이 아니어서 거쳐야 하는 번거로운 절차 때문에 힘들었고, 바쁜 시간을 쪼개서 진행하는 연수와 연구 등으로 내가 맡은 다른 업무를 놓치지나 않는지 늘 노심초사했다. 연수 강사로 뛰어준 연구회 소속 선생님들도 마찬가지였다. 2주에 한 번씩 정기적으로 학교를 비워야 하는 문제도 있었고, 문자 지도 컨설팅을 신청한 선생님을 모두 찾아다닐 전문적인 식견을 가진 인력풀 부족 문제도 있었다.

올해는 연수원과 유기적으로 연계하여 연수를 진행할 수 있게 되어 이 부분의 어려움을 조금이나마 덜었다. 그러나 글자를 읽지 못하는 아이와 그 아이를 어떻게 지도해야 할지 몰라 헤매는 선생님의 어려움을 해결하려면 더 체계적이고 전문적인 대책이 필요함을 절실히 느꼈다.

그 필요성을 따라가다가 나는 아이의 언어 발달에 대한 전문적인 연구와 더불어 교사를 실질적으로 지원할 언어 발달 지원센터와 같은 기구가 있으면 좋겠다는 생각을 했다. 언어 발달 지원센터에서 구체적으로 무엇을 어떻게 할지 현장 선생님으로부터 어려움을 듣고, 어떤 지원을 원하는지를 파악한 것을 토대로 만들어가면 되겠지만, 우선 그동안의 생각을 정리해보려고 한다.

지난 6월에 입법 예고된 '기초 학력 보장 법안'에 센터와 전문교사 내용이 담겨 있다. 이 법안은 '학습부진 학생을 조기에 발견하여 기본학력을 달성할 수 있도록 특별지원교육을 제공'[5]함을 목적으로 하고 있으며, 이를 위해 교육감이 설치·운영할 수 있는 특별교육지원센터를 두고, 여기에 특별지원 전문교사를 두어 학교를 지원하겠다고 한다. 적극 환영할 만한 법안이다.

이 법안을 근거로 한 갈래가 되어도 좋고, 아니면 아예 기초 문해력과 읽기에 초점을 맞춰 언어 발달 지원센터가 되어도 좋을 센터를 시·도 교육청 차원에서 설치해야 한다. 도교육청에 센터를 두고 각 시·군교육청에는 읽기 전문교사를 배치하여 학교 선생님을 지원해야 한다.

읽기 전문교사는 언어 연구를 전문적으로 수행할 교사를 배치해야 한다. 반드시 학교에서 아이를 가르친 경험이 풍부한 교사가 배치되어야 하고, 아이의 언어를 살피고, 기록하고, 기록을 모아서 연구를 수행할 능력을 갖춘 교사를 팀으로 구성해야 한다.

언어 발달 지원센터에서 해야 할 일을 정리하면 다음과 같다.

첫째, 언어 연구를 전문적으로 수행하는 일이다. 아이를 찾아가 실제로 지도하면서 아이의 말을 기록하고, 기록한 것을 모아 아이가 어떤 언어를 사용하는지, 그 언어가 아이의 삶에 어떤 영향을 미치는지, 학습과는 어떤 관계가 있고, 제대로 배우게 하려면 언어를 어떻게 뒷받침할지를 연구해야 한다. 양적 연구가 아니라 질적 연구를 함께 진행하고, 연구 결과를 학교 현장으로 연결해야 한다.

둘째, 교사 교육을 위한 연수와 필요로 하는 선생님을 위한 전문적인

---

5 2017년 6월 5일에 입법 예고한 「기본학력 보장법안」의 제1조에 담긴 내용이다.

컨설팅 진행이다. 앞서도 말했지만, 문자를 읽는 데 어려움을 겪는 아이 대부분은 지속적이고도 꾸준한 관심과 지도가 필요하다. 이런 아이를 데리고 있는 교사를 모아 연수 과정이 곧 지도 과정이 되는 학기 또는 일 년 단위의 실천 연수를 기획하고 진행해야 한다. 그 과정에서 어려움을 겪는 선생님을 끊임없이 격려하고 도와야 한다. 연수를 받으러 나오기 어려운 교사를 위해 전문적인 컨설팅을 진행하는 것도 현장을 지원하는 좋은 방법이 될 것이다.

셋째, 교사가 쉽게 사용할 수 있는 자료를 만드는 일이다. 아이들이 쏟아내는 언어를 모아서 손바닥 그림책과 같은 자료를 만들어 문자 지도에 활용할 수 있게 한다면 교사들이 문자 지도에 좀더 적극적으로 나서지 않을까 싶다. 시중에 있는 그 많고 좋은 그림책 중 자료로 활용할만한 것을 골라 목록을 만들고, 할 수만 있다면 작가와 협의하여 문자 지도에 적절한 자료로 재편집할 수도 있을 것이다.

넷째, 문자 지도를 넘어 전반적인 문해 교육으로 영역을 확장하는 일이다. 책 읽어주는 교실을 운영하겠다는 교사에게 책을 사주고, 방학 중 독서캠프를 열겠다는 학교에 인력과 프로그램, 재정을 지원하는 다양한 정책을 만들고, 제안하며, 여력이 되면 실행도 하면 좋겠다.

학습 활동에 참여하지 않고 앉아만 있는 아이, 무기력한 아이, 배우려는 의지를 보이지 않는 아이의 속내 밑바닥에는 문해력 문제가 있다. 문해가 되지 않으니 학습이 더딜 수밖에 없고, 학습에서 어려움을 겪다 보면 그 힘든 교실에서 말썽이라도 피워야 견딜 수 있지 않을까? 아이를 위해서도, 교사를 위해서도 제대로 말하게 하고, 읽게 해야 하며, 읽은 것이 무슨 의미인지 알 수 있도록 해줘야 한다. 아이가 문해의 바다에 빠져 허우적대지 않도록 그 실마리를 풀기 위한 언어 발달 지원센터와 같은 기구가 만들어지기를 간절히 바란다.

1학년 교실에는 읽기 지도 전문교사 배치가 필요하다

그러나 이 모든 것보다 더 중요한 것은 1학년 교실의 학급당 학생 수다. 30명 가까이 되는 아이가 하루 종일 교사 한 명에 매달려 재잘대는 (이 시기의 아이는 발달 특성상 어른에게 끊임없이 말하고 싶어 한다) 교실에서 교사가 취할 수 있는 가장 쉬운 방법은 효과적으로 아이들을 조용히 시키는 방법을 개발하는 것이다.

아이가 하고 싶은 말을 하게 하고, 아이의 말을 정성껏 들어주려면 1학년 교실만이라도 학생 수를 15명 내외로 줄여야 한다. 학교생활이 시작부터 불공정하지 않도록 결손과 결핍이 있는 아이에게 손길을 주기 위해 반드시 필요한 일이다.

이와 더불어 한 가지 더 생각해볼 정책 중의 하나가 '읽기 지도 전문교사' 배치다. 문재인 정부에서 내놓은 중요한 정책 중의 하나가 '1수업 2교사제'다. 이 정책의 연장선이라고도 볼 수 있는 읽기 지도 전문교사 배치 문제는 꼭 필요하기도 하고, 시급하기도 하다.

초등학교 1학년 아이의 문자 해득을 돕기 위해 읽기 지도 전문교사를 학교마다 적게는 한 명에서부터 많게는 서너 명까지 배치한 후, 이 교사로 하여금 한글 해득이 되지 않은 아이를 방과 후 시간이 아닌 정규 교과 시간에 일대일로 지도하게 해야 한다. 이제 막 학교생활을 시작한 아이의 적응을 돕고 문자도 지도하면서 1학년에서부터 뒤처지지 않도록 역할을 수행해야 한다. 더 나아가 담임선생님과 함께 1학년 국어 수업의 다양한 방법을 찾아 나가면 더욱 좋을 것이다.

  이런 역할을 수행하려면 읽기 지도 전문교사는 1학년을 가르쳐본 경험이 풍부해야 하며, 아이의 언어 발달 연구를 진행할 자질을 갖춘 교사로 구성되어야 한다. 내년부터 1수업 2교사제 시범학교를 운영한다고 한다. 그 한 갈래로 읽기 지도 전문교사를 시범으로 운영해볼 것을 제안하고 싶다.

3장

결국 희망은 교사다

누가 전문가인가?

학습지원단(학습클리닉센터)을 운영한 지 4년째가 되어간다. 그동안 여러 사람의 노력 덕분에 학습 면에서, 또 정서적인 면에서 어려움을 겪던 아이들이 그나마 교실에서 잘 적응할 수 있게 되기도 했다. 눈물겨운 사연도 많았다.

그럼에도 나는 학습지원단이 꼭 필요한가 하는 의문을 떨쳐버릴 수가 없다. 정서적으로 어려움을 겪는 아이를 지원하는 것은 Wee센터만으로도 충분하지 않을까? Wee센터의 인원을 보강하고 지원 범위를 확대하여 꼭 필요한 아이를 지원하게 해도 충분하다.

문자 해득을 비롯한 학습 더딤 해결을 위한 정책은 차고도 넘친다. 학습클리닉센터와 두드림학교, 원도심 학교, 학부모 재능 기부, 교육복지학교, 대학생 멘토링 등 이름과 내용, 방식이 조금씩 다른 사업들이 이미 학교에 들어와 있다. 사업 운영을 위한 예산을 활용하여 외부 강사를 채용한 다음 그 외부 강사들로 하여금 아이들을 가르치게 하고, 교사들은 외부 강사의 고용을 위한 행정 업무를 처리한다.

> 선생님들이 학습 더딤 아이를 직접 지도하기보다는 아이를 선별하여 관리하고 실질적인 지도는 외부 강사나 전문 기관에 맡기는 것으로 가닥을 잡고 있었다. 선생님은 이 과정에서 외부 강사를 채용하거나 외부 전문기관에 연결해주는 역할을 한다. 그리고 강사 수당을 지급하고 출석부 등 서류를 챙기는 행정 업무를 한다.[6]

이 내용은 완주교육지원청에서 열손가락 학교를 운영하며 겪었던 일을 기록한 것이다. 그러면서 저자는 '전문가는 누구인가'라고 묻는다.

특정 지역의 교사만 그런 것이 아니다. 학습지원단(학습클리닉센터) 지도 회기를 마치면서 담임교사에게 받은 의견과 설문을 분석해보면 정확한 진단과 그에 맞는 처방을 요구하는 내용이 가장 많다. 우리 반 아이가 대체 왜 그런 행동을 하는지, 왜 글자를 읽지 못하는지 정확하게 진단해서 지도해달라는 요구 말이다.

그러나 아이의 학습이 왜 그렇게 더딘지, 왜 그런 행동을 하는지 가장 잘 알 수 있는 사람은 아이와 가장 많은 시간을 보내는 교사이다. 아이의 행동과 학습 상황을 정확하게 진단할 수 있는 검사지는 어디에도 없다. 아이를 자세히 들여다보고, 상황과 행동, 말을 기록해 보고, 기록을 살피면서 아이가 어떤 상황에 놓여 있는지 알아낼 수 있는 사람은 교사

---

[6] 「로컬에듀」에서 인용

밖에 없다. 교사의 관심이 더 필요한 아이가 있다면 그 아이가 하는 말과 행동을 집중하여 살피면서 꾸준히 기록해보자. 그 기록을 검토하면서 아이가 어떤 상황에 놓여 있고, 무엇이 필요한지를 살펴보자. 교사는 아이에 관한 한 전문가이다. 그리고 교사의 전문성은 기록과 그것을 분석하는 과정에서 나온다.

교사들은 언제 눈물을 흘리는가?

한글을 가르치는 방법을 제대로 알지 못하는 선생님들은 아무리 가르쳐도 안 되는 아이를 보면서 책임을 가정으로 돌리거나, 아이를 탓하기도 한다. 그러나 선생님들과 함께 연수를 진행할 때마다 나는 가슴 깊은 곳에 묻어둔 교사로서의 좌절감과 상처를 보았다. 해도 해도 되지 않는 아이를 가르치면서 느끼는 좌절감을 극복하는 방법으로 외면과 회피를 선택했던 선생님들은 아이의 삶을 한 줄 한 줄 언어로 기록하면서부터 달라졌다. 선생님끼리 상황을 공유하며 어떻게 할 것인지 길을 찾아가면서부터 아이를 제대로 보기 시작했다. 아이가 왜 글자를 익히지 못했는지, 어떤 어려움을 겪는지 관심을 갖게 되면서부터 비로소 교사로서 나는, 우리는 어떻게 살 것인가를 고민하고 실천하게 되었다.

선생님이 아이 한 명 한 명을 자세히 보게 하려면 어떻게 해야 할까? 아이의 삶을 기록하고, 그 기록을 들여다보며 무엇을 어떻게 할 것인가를 고민하게 하려면 어떻게 해야 할까?

선생님들과 이야기를 나누어보면 열이면 열, 모두 바쁘다고 한다. 시간이 없다고 한다. 학습이 더딘 아이를 돌아볼 마음의 여유가 생기지 않는다고 한다. 수업을 해야 하고, 공문을 처리해야 하고, 행사를 치러내야 하는 등 해야 할 일이 끝이 없다고 한다. 오죽하면 업무를 처리하는 짬짬이 수업을 한다는 말까지 있을까.

혁신학교가 현장에 들어오면서 선생님들이 가장 공감했던 말은 '무엇을 더 할 것인가를 고민하기 이전에 무엇을 뺄 것인가를 고민하자'는 것이었다.

교사가 해야 할 일이 무엇인지를 돌아보면 사실 명확하다. 아이에게 무엇을 어떻게 가르칠지 함께 연구하고, 가르친 것을 함께 분석하며 평가하는 학교를 만들어가면 된다. 이것을 우리는 교육과정을 짜고, 함께 짠 교육과정으로 수업을 하며, 수업한 것을 평가한다고 한다. 학교가 교육과정과 수업 중심으로 돌아가야 하는데 그러지 못하기 때문에 바쁘고 힘들고 어렵다. 해방 이후 학교를 지배해온 시스템을 여전히 고수하는 데서 비롯된 현상이다. 사회는 이미 이런 것들을 버리라고 끊임없이 요구하는데, 학교는 어떤 이유로든 이것들을 여전히 버리지 못하고 있다.

2015년부터 전라북도교육청에 새롭게 도입한 정책 중의 하나가 '배움과 성장의 날'이다. 학교는 매주 수요일을 배움과 성장의 날로 정하고, 그날만큼은 교육청 단위의 연수나 출장 없이 오로지 선생님의 전문성 신장을 위하여 교사들이 함께하는 시간을 마련하자는 것이었다.

그해 하반기에 몇몇 학교를 찾아가 배움과 성장의 날을 어떻게 생각하는지, 어떻게 운영하는지 선생님의 의견을 들어보았다. 불평과 불만을 터트리는 선생님도 있었다. 그동안에는 수요일에라도 좀 쉴 수 있었는데 배움과 성장의 날이 들어오면서 수요일마저도 선생님을 가만두지 않는다는 것이었다. 학교에서 꼭 해야 하는 성교육이나 학교폭력 예방 교육, 안전 교육과 같은 연수를 몰아서 하기도 하고, 배움과 성장의 날이니 뭔가 연수를 찾아서 일부러 하는 학교도 있었다. 수요일은 그런 날이 아니라 선생님끼리 모여서 수업을 연구하고 나누는 날이라고, 반드시 그렇게 해야 한다고 했더니 정말로 그래도 되냐고 반문했다.

그다음 해를 시작하며 이날을 어떻게 운영할지 연구부장을 중심으로 토론과 협의를 진행한 후 다시 학교로 찾아갔다. 이번에는 선생님들이 전문성 신장을 위한 교사 동아리를 만들어 내느라 힘들어하고 있었다. 동아리를 만들고 계획서를 쓰느라 정작 해야 할 수업 연구를 뒤로 밀어 둔 학교들이 있었다.

그래서 2017년에는 배움과 성장의 날을 위한 동아리를 만들지 말자고, 계획서를 쓰지 말자고 했다. 그날은 학년 선생님끼리 교과서를 들고 모여서 아이를 어떤 시각으로 바라볼지, 수업을 어떻게 할지 이야기를 나누고, 교실로 돌아가 수업을 하고 수업한 내용을 들고 와서 함께 이야기 나누는 시간을 갖자고 했다.

선생님을 그렇게 만든 그동안의 학교 문화와 시스템을 생각해보니 이해가 되었다. 그러나 이제라도 학교를 교육과정과 수업 중심의 협의와 토론을 활발하게 벌이는 학습과 실천공동체로 만들어 가야 한다. 교사의 연구와 실천을 보장하기 위해 문화와 시스템을 만들고, 선생님에게서 교육과정과 수업 관련 업무를 제외한 행정 업무를 빼야 한다. 행정 업무가 빠진 자리에, 불필요한 행사를 뺀 자리에 아이를 채워야 한다. 아이를 중심에 놓고 수업에서 소외되는 아이가 없게 내용과 방법을 고민하고 실천해야 한다.

구글(Google)에서는 혼자 프로젝트를 진행하는 것이 금지되어 있다고 한다. 두 명 이상, 주로 네 명 정도가 프로젝트를 함께 진행한다고 한다. 기계에 프로그래밍을 하는 작업도 혼자서는 안 된다는데, 하물며 사람의 마음을 만지는 그 중요한 일을 혼자서 하게 한다는 것이 말이 될까?

한글 지도의 어려움을 호소하는 교사의 하소연에 대한 답은 함께하는 연구와 실천 속에서 찾을 수 있다. 선생님이 함께 연구와 실천을 할 수 있게 학교는, 교육청은, 교육부는 시간을 만들어 주고, 여건을 마련해 주어야 한다. 그러나 학교가, 교육청이, 교육부가 여건을 만들어 주기에 앞서 교사가 먼저 그런 시간을 확보하려는 노력도 해야 하고, 실천 연구가로 살아가려는 마음의 자세도 필요하다.

실천 연구가로 살아가기

해독이 안 된 아이들을 데리고 있는 선생님들을 대상으로 컨설팅을 하겠다는 공문을 보고 4학년 선생님 셋이서 요청해왔다. 4학년 선생님들이기도 했고, 인원도 셋이나 되어서 무척 궁금했다. 읽기 따라잡기 기초과정 연수를 받고 있는 선생님 한 명과 함께 갔다. 컨설팅 과정이 곧 연수가 되게 하기 위함이었다.

상황이 어떤지, 어려움이 무엇인지 물었다. 글자를 아예 읽지 못하는 것은 아니지만 받침이나 쌍자음을 읽고 쓸 때 어려워하고, 완벽하지 못한 해독 때문에 늘 위축되는 아이를 돕고 싶다고 했다. 세 선생님 모두 이와 비슷한 아이를 데리고 있다면서 손짓만 하면서 노는 아이를 보면 무엇을 어떻게 해야 할지 답답하다고 했다.

그런 아이를 위해서 그동안 어떤 노력을 했는지 물었다. 이것도, 저것도 다 해봤지만 별로 진전이 없었다고 했다. 해마다 그런 아이가 있었지만 한 번도 제대로 가르치지 못했고, 늘 찜찜한 상태로 학년을 올려보냈다고 했다.

이날 나는 선생님들과 퇴근 시간을 훌쩍 넘기면서까지 오래 이야기를 주고받았다. 선생님들은 진지했지만, 표정은 그리 밝지 않았다. 마음이 무겁다고 했다. 손에 잡히는 것이 없다고도 했다. 고민이 많아 보였다. 그렇지만 어려움이 있는 아이를 볼 줄 아는 따뜻한 마음과 열정을 가진 선생님들이 분명했다.

그러나 이런 열정을 가진 선생님조차도 단 한 번도 연구자로 살아본 경험이 없다. 초·중·고등학교를 다니는 동안 교사가 가르치는 대로 배워왔을 것이고, 대학에서조차도 단답형의 임용고시를 목표로 열심히 공부했을 것이다. 그러다 보니 문제가 생기면 살펴보고, 연구하면서 해결책을 찾기보다는 연수를 받고 문헌을 뒤진다. 교사의 전문성을 얻기 위한 방법으로 강의를 듣고, 컨설팅을 받고, 책을 보면서 공부를 한다.

이렇게 열심히 공부한 교사들이 만나는 아이는 그러나 책이나 강의, 연수에 등장하는 아이와는 달라도 너무 다르다. 아이들도, 아이의 상황도 같은 경우가 단 한 가지도 없기 때문에 당연하다. 그런데도 내 반, 내 아이, 내 수업을 놔두고 끊임없이 더 좋은 방법을 찾아 똑같은 연수를 듣고, 똑같은 해결책을 생각한다. 해마다 몰려오는 생생한 연구 대상을 놓아두고 낯선 이론과 해결책을 찾아다닌다.

그러나 교사의 전문성은 강의나 컨설팅, 책을 보고 하는 공부에서 얻을 수 있는 것이 아니다. 연수나 컨설팅이 참고가 될 수는 있어도 전문성은 수많은 경험과 시행착오를 거치며 몸에 배는 것이다. 유명 강사도 이런 과정을 거쳐 전문가가 되었을 것이다.

아이의 문제를 해결하려면 가장 먼저 아이가 어떤 상황인지 보아야 한다. 언어에 관한 문제이니 아이가 하는 말, 읽는 소리, 방법, 유창성, 아이가 쓴 글자 등을 자세히 보고 기록하고 살펴보아야 한다. 기록한 것을 분석하고 종합해서 아이의 문제가 무엇인지 찾아내고, 해결 방법을 찾아 실천해보며, 다시 검토하며 수정하기를 반복해야 한다. 이런 과정을 수행하다 보면 교사로서의 전문성이 자연스럽게 쌓여갈 것이다.

이야기를 마치고 의자에서 일어서는 내게 한 선생님이 한글을 지도할 효과적인 자료가 있는지 물었다. 그래서 나는 이렇게 대답했다.

"아이의 입에서 나오는 말이 가장 좋은 자료입니다."

나가며

　전주교육지원청에서 지낸 지난 3년 반 동안 나는 정말 많은 선생님과 아이를 만났다. 내가 만난 아이 대부분은 학습에 어려움을 겪는 아이였고, 선생님은 그런 아이를 맡아서 힘겨워하고 있었다. 나는 아이와 선생님을 지원하기 위해 연수를 개설하고, 문자 지도 컨설팅을 하고, 아이를 직접 가르치며 선생님들과 함께했다.

　이 과정에서 늘 나를 따라다니는 질문이 있었다. 이 아이들을 누가 책임져야 하는가? 아이가 사용하는 말과 글, 아이의 언어 세상에 대한 전문가는 누구인가? 왜 교사는 이 문제에 더 적극적으로 나서지 않을까?

　원인이야 여러 가지가 있지만, 첫 번째로 교사가 되기 위한 교육대학의 교육과정에 한글 지도 과정이 없다는 것이 큰 요인이다. 교육대학에서는 한글 지도 방법도, 아이의 발달 특성도, 언어 발달 단계도 가르치지 않는다. 교사가 된 이후의 연수에도 이런 내용은 없다. 있어도 두어 시간 듣는 연수가 전부다. 그러니 교사는 지도 방법을 잘 모른다. 잘 모르니 자신의 책임이 아니라 생각한다.

한글 지도 연수를 개설하여 한 학기 내내 방법을 배우고, 적용하고, 지도하기를 반복하는 동안 선생님들은 버거워하고 힘들어했다. 연수 받는 것만도 벅찬데, 다른 연수와 달리 지도도 해야 하고, 자료도 찾으러 다녀야 했다. 그러니 당연히 힘들 수밖에 없었다. 다른 여러 가지로 바쁜 교사에게 학기 중에 아이를 지도하고 기록하면서 별도로 20시간이 넘는 시간을 내라고 하는 것 자체가 사실 무리였다.

그래서 나는 전국의 교육대학에 한글 지도 과정이 반드시 개설되어야 한다고 생각한다. 교사가 되기 이전에 한글 지도 방법과 더불어 아이의 언어 발달 특성을 배우게 하고, 실제 아이를 지도해보는 과정을 실습으로 넣어서 교사가 되기 전에 한글을 어떻게 가르쳐야 하는지를 반드시 배우고 나와야 한다. 적어도 일 년 과정으로 꾸준히 배우고 나서 아이를 만나야 한다. 그래야 아이의 문맹이 부모와 가정보다 교사의 과제로 다가올 것이다.

두 번째는 교사의 역할에 대한 인식 문제다. 그동안 교사는 정해진 교과서(교육과정)대로 지식을 전달하는 사람으로 역할이 규정되어 있었다. 교사 중심의 수업으로 아이를 가르치기만 하면 되었다. 전달자의 역할로 보면 조금 부족한 아이, 교사를 좀더 힘들게 하는 아이는 전달을 방해하는 훼방꾼에 불과하고, 그러다 보니 가정 탓, 아이 탓을 더 많이 할 수밖에 없었을 것이다.

기초 학습 더딤 극복의 핵심은 수업이다. 엄밀히 말하면 교사의 수업 방법이다. 교사가 지식 전달자의 역할을 놓지 않는 한 학습 더딤 극복의 길은 요원하다. '야단법석, 담, 함유' 등과 같은 기초적인 단어의 의미도 모르는 아이가 교과서와 교사의 언어로만 구성되는 수업에서 소외되고, 학습 더딤아가 되는 것은 당연한 일이다.

교사가 전달자의 역할에서 벗어나 교육과정을 구성하여 만들어가는 기획자의 역할을 하게 될 때 아이의 삶을 어루만지는 교육자의 눈을 갖게 될 것이다. 그러면 분명 아이가 당면한 어려움이 더 잘 보일 것이고, 보이면 그것을 어떻게 안고 갈 것인지에 대한 고민이 자연스레 생길 것이다.

마지막으로 교육 정책도 아이와 교사를 제대로 지원하지 못했던 점을 들 수 있다. 학습 더딤의 근본 원인과 상황을 살펴보고 종합적으로 접근하기보다는 성적 향상에 초점을 맞춰 문제를 풀게 하고 아이가 싫어하는 나머지 공부를 시키는 방향으로 정책이 시행되어왔다. 그 너머의 것, 교사의 역할 전환이나 아이가 가진 다양하고도 복잡한 상황 분석과 이를 토대로 한 제대로 된 지원 방안은 놔두고 말이다.

교사가, 또는 정책을 만드는 행정가가 아이의 말과 행동을 한 번만이라도 따뜻한 눈으로 바라보고 기록하고, 그 의미를 해석해본다면 문제집을 풀고, 나머지 공부를 하는 것으로는 학습 더딤을 해결할 수 없음을 바로 알 수 있을 것이다. 그 과정에서 얻은 이해를 바탕으로 내 반에서, 우리 학교에서 이런 아이를 어떻게 지원할 것인지 함께 고민하고 실천해 나가야 한다.

2010년 교육감이 바뀌고, 혁신학교가 처음 전북에 들어올 때 나는 우리 학교 선생님들을 설득하여 혁신학교를 만들고 그곳에서 2년간 살았다. 그것이 인연이 되어 도교육청 혁신과에서도 일 년 반을 살았고, 그 이후 전주교육지원청에서 3년 반을 살았다. 이 과정에서 소중한 것을 깨닫게 되었다. 혁신학교를 놓으니 비로소 일반 학교가 보였고, 다시 혁신 업무를 놓으니 그제야 제대로 된 혁신이 눈에 들어왔다.

학교는 어떤 곳이어야 하고, 아이는 학교에서 어떻게 자라야 하며, 조금 더 힘든 아이를 학교가 품으려면 어떻게 해야 하는지를 다른 선생님들과 함께 고민했다. 혁신학교뿐만이 아니라 일반 학교에서도, 그것도 소수의 선생님이 아니라 여럿이서 함께 말이다. 교육청의 지시와 전달이 아니라 학교 활동가 한 명 한 명을 세워, 그 선생님이 학교로 돌아가 동료 선생님과 함께 무엇인가를 할 수 있게 하려면 무엇을 어떻게 해야 할지 깊이 고민하고 실천하게 됐다.

그런 고민의 한 갈래가 학교 속의 문맹 문제였고, 선생님에게만 맡겨두지 않고 나도 연구자의 한 사람으로 참여했다. 직접 학교로 찾아가 아이를 지도하고, 기록하고, 나누는 과정은 생각보다 훨씬 힘들고 고됐다. 업무를 마치고 저녁 늦게까지 남아 영상을 돌려보며 기록하고, 기록을 살피면서 그것의 의미를 찾고 비교하는 과정은 만만치 않았다.

그럼에도 여기까지 해올 수 있었던 건 나를 거쳐 갔던 수많은 아이들에 대한 참회의 마음 때문이었다. 잘 알지 못해 놓쳤던 아이들, 그중에서도 끝까지 한글을 깨치지 못하고 떠나갔던 순영이에 대한 미안함 때문이었다. 지금도 교실 곳곳에서 살아가는 까막눈의 아이가 앞으로 살아갈 세상이 눈에 보였기 때문이었다. 이 아이들에게 한글이라는 세상을 향한 대문을 열어주고 싶었기 때문이었다.

그리고 다른 중요한 동력 중의 하나는 내가 만난 많은 선생님의 눈물과 헌신이었다. 아이를 만나는 선생님이라면 누구나 교육이라는 단어를 가슴에 품고 사명감과 소명의식을 가지고 살아간다. 함께 방법을 찾아가면서 교사의 사명감에 대해 이야기하며 눈물을 흘렸던 선생님들에게 무엇이라도 해주고 싶었고, 함께하고 싶은 마음이 나를 이 길로 이끌었다. 선생님을 위한 정책이 서류에서 끝나지 않고 현실에 가닿게 해주고자 하는 몸부림이기도 했다.

교육은 운동이라고 한다. 그 운동의 핵심에 사람이 있다. 대상이 아닌 중심에서 함께해 나가는 사람이 희망이고, 그 사람에 의해서 세상은 조금 더 살만한 곳이 된다. 그 사람을 위해 내가 할 수 있는 일이 무엇인지를 지금까지처럼 앞으로도 늘 고민하고 함께하고 싶다.

앞으로 나는 언어 연구자로 살아가고자 하는 꿈이 있다. 아이와 대화를 나누고, 그 대화를 기록하며, 기록을 살피면서 아이의 언어가 어떻게 발달해 가는지, 어떻게 언어를 사용하는지, 언어가 학습에 어떤 영향을 미치는지 연구하며 살아가고 싶다. 나 혼자가 아니라 여러 선생님들과 함께 말이다.

지난 6월에 은성이와 동찬이를 만났다. 같이 밥을 먹으며 은성이에게 학교생활이 어떤지 물었다. 잘 지낸다면서 요즘은 산악자전거를 타는 시간이 가장 즐겁고, 얼마 전에도 자전거를 타러 산에 올라갔다 왔다고 했다.

동찬이는 차를 타고 가는 내내 눈에 보이는 간판들을 읽었다. 그것도 제법 능숙하게 읽었다. 글자들이 머릿속으로 쑥쑥 들어가는 것 같았다. 나는 동찬이가 읽는 간판을 눈으로 따라가며 같이 읽었고, 한결 의젓해진 은성이의 등을 두드려 주었다. 문자를 읽는 즐거움을 비로소 알게 된 동찬이도, 교실에서 고개를 숙이지 않고 때때로 자전거를 타며 삶을 즐길 줄 알게 된 은성이도 정말 기특했다. 2년의 시간을 거쳐오며 아이들은 앞으로의 삶에 더 적극적으로 다가가게 되었고, 나는 이 어린 스승들이 내게 준 기쁨 덕에 삶을 바라보는 시선도 더 깊어지고 넓어졌음을 느꼈다.

부록 1

2015년은 나에게도, 읽기 따라잡기 연수를 함께했던 선생님들에게도 특별한 해였다. 우리는 글자를 읽지 못하는 아이를 위해 무엇을 어떻게 할 것인가를 놓고 끊임없이 이야기 나누며 교실로 돌아가 아이를 가르치면서 고군분투했다. 아이와 함께 엮어갔던 시간은 앞으로 그 아이들과 우리에게 특별한 기억으로 남아 삶을 살아가는 데 두고두고 큰 힘이 되어줄 것이 분명하다.

여기에다 그 이야기를 모두 싣고 싶지만, 지면상 두 선생님의 이야기만 풀어놓으려 한다. 읽기 따라잡기를 시작했던 그해 이야기인지라 그림책 선정 등에서 현재와는 조금 다른 부분도 있지만, 그 시절의 이야기 그대로가 조금 더 울림이 있을 듯하여 이름만 가명으로 하여 있는 그대로 싣는다.

읽기 따라잡기 수업 1 - 사랑이

손을 잡아줘!

사랑이는 2학년 여자아이다. 모든 일에 소극적이어서 의사 표현을 제대로 하지 못하고, 자발적으로 행동하는 모습도 보이지 않는다. 집중력이 약하고 자신감이 부족하다 보니 학습에도 잘 참여하지 않는다. 관계를 잘 맺지 못해서 그런지 친한 친구도 없다. 유치원에 다닐 때와 1학년 때 아이들의 놀림을 받은 경험이 있다고 한다. 학기 초의 마음 열기 활동에서 반 아이들이 사랑이와 짝을 하지 않기 위해 손을 잡지 않으려고 해서 난감했던 적도 있다.

사랑이는 책을 읽은 경험이 별로 없어서인지 어휘력이 부족하고 책 읽는 속도도 매우 느렸다. 읽기에 어려움을 겪기 때문에 학습 속도도 느렸고 암기, 정리 등 중요한 학습 행동에서도 더딤을 보였다. 국어와 수학 시간에는 무기력하게 앉아만 있었다. 그나마 통합 교과 시간엔 소극적이나마 활동에 참여했다.

사랑이의 학습 활동을 돕기 위해 내적·외적 조건을 체계적으로 만들어 갈 뭔가가 필요했다. 그래서 시작한 것이 읽기 따라잡기 연수와 그 연수를 바탕으로 한 수업이었다. 3월부터 7월까지 일주일에 3번씩 30분 동안 그림책 읽기, 동시 읽기, 낱말 중심 글자 익히기를 중점적으로 했다. 9월부터 12월까지는 그림책 읽기, 한 문장 쓰기를 일주일에 두 번씩 40분 동안 진행했다.

마음 열기, 책과 친해지기

짧은 글을 읽고 이야기하는 시간을 길게 가지면서 사랑이의 심리상태, 어휘 능력, 가정환경 등 아이의 전반적인 부분을 관찰하고 이해하게 되었다. 읽기를 시작하는 단계에서는 책의 내용보다 아이의 생활을 파악하는 것이 먼저다. 정규 수업 시간에 나타나는 학습 무기력과 친구와 있을 때 일어나는 문제 행동을 수정하는 데 초점을 맞춰 읽기와 병행했다.

기본 생활 습관과 관련된 그림책 『지원이 병관이 시리즈』를 함께 봤는데 사랑이가 먼저 그림 살펴보기, 읽을 수 있는 부분 스스로 읽기, 어려운 부분 선생님과 같이 읽기를 반복했다. 어려운 낱말은 카드로 만들어 반복해서 읽게 했다.

사랑이의 문해력은 받침이 있는 글자가 나오면 받침을 빼고 읽는 읽기 초기 단계 수준에 머물러 있었다. 그래서 받침을 쉽게 접할 수 있도록 동시 읽기를 했다. 반 아이들과 함께 읽고 노래로 불러본 『개구쟁이 산복이』 시에서 '송알송알', '반질반질'과 같은 흉내 내는 말을 활용하여 받침 익히기를 시도했다.

내가 사랑이에게 관심을 갖고 다양한 활동을 시작하자 사랑이에게 변화가 생겼다. 모든 활동에서 무기력하기만 했던 사랑이가 반 친구들이 읽는 책을 가져다 쌓아놓고 책 제목을 공책에 적기 시작했던 것이다. 내용을 모두 이해하거나 잘 읽지는 못해도 제목과 지은이, 쪽수를 열심히 적었다. 친구들과 내가 칭찬해주니 더욱 열심히 기록했다.

자신 있게 말하고 읽기

사랑이는 책을 읽을 때 한 글자씩 끊어 읽었다. 물론 자연스럽게 읽기도 어려워했다. 그래서 낱말 카드를 읽게 했고 책에서 읽은 문장을 카드로 만들어 수업 시간 전에 스스로 읽게 했다. 더듬거리면서 음절 단위로 읽은 낱말이나 문장은 세 번 정도 반복 연습을 해서 자연스럽게 읽도록 했다. 이런 시간이 쌓이자 받침이 없는 글자 같이 쉬운 낱말을 읽을 때는 '너무 쉬워요'라며 목소리가 커지기 시작했다.

무엇보다도 나를 기쁘게 했던 것은 사랑이가 책을 읽으면서 말이 많아졌다는 것이었다. 『치킨 마스크』를 읽을 때는 여러 동물에 대한 자기 생각을, 『내가 라면을 먹을 때』를 읽을 때는 라면 이야기를, 『윌리와 휴』를 읽을 때는 원숭이에 대해 조잘조잘 이야기를 많이 했다.

'미꾸라지 미끄럼틀'과 같은 동시를 활용하여 받침 있는 글자를 찾아보고 자석 글자로 글자 만들어 보기, 보드 판에 글씨 써보기 활동도 많이 했다. 동화책을 읽고 받침글자 찾기와 병행해서 활동하니 동시가 더 쉽다고 했다. 이런 활동을 거쳐 사랑이는 다른 아이가 하는 것처럼 드디어 동시를 외워냈다. 반복하는 문장이 나오는 '어디까지 왔니'와 '미꾸라지 미끄럼틀'을 외웠는데 보지 않고 쓰는 것은 어려워했어도 외우기 활동 자체에는 자신감을 갖기 시작했다.

친구들과 함께 놀아요

사랑이는 요즘 학교에 일찍 와서 혼자 소리 내어 책을 읽는 재미에 푹 빠졌다. 오늘 읽고 있는 책은 『우리 개를 찾아주세요』인데 또박또박 잘 읽는다. 일찍 온 연이가 다가가 같이 읽었다. 서로 그림을 보면서 이야기하기도 하고 문제를 내기도 했다. 사랑이가 잘 맞추지는 못했지만 연이가 잘 설명해줬다. 사랑이가 자신 있게 말하고 친구들에게 다가가는 횟수가 늘면서 친구 관계도 좋아지고 있다. 5교시에는 1인 노래 부르기를 했다. 사랑이가 반주에 맞추어 2절까지 큰 소리로 지구촌 한 가족을 불렀다. 아이들 박수에 얼굴이 환해지는 사랑이 얼굴이 예쁘다.

― 2015. 6. 어느 날 기록 중에서

아침에 일찍 오는 연이, 현이와 칠판에서 글자 만들기 놀이를 즐겨하는 사랑이는 자석 글자로 15분 정도 글자 놀이를 한 후 그림책을 소리 내어 읽었다. 낱글자의 조합으로 글자가 만들어지는 것을 익히는 자료로 자석 글자만 한 게 없는 것 같다. 사랑이도 자석 글자로 글자 만드는 놀이를 좋아했다.

6월을 넘어서면서부터 사랑이는 그림을 보고 이야기를 유추하는 것도 제법 할 수 있게 되었다. 초기 읽기 단계에서는 내용을 물으면 대답을 거부했는데 지금은 쉬운 그림책으로 질문하니 대답을 제법 잘했다. 책 내용을 이해하고 조금씩 스스로 써보는 것을 거부하지 않고 바르게 잘 써가는 모습도 보이고, 한 문장 쓰기 활동에서도 한 글자라도 쓰려고 노력하는 모습을 보였다. 친구들에게 '도와주고 놀아줘서 고마워'라고 편지를 써서 전하는 사랑이에게 드디어 손을 잡아주는 단짝이 생겼다.

꾸준한 관심

사랑이를 처음 만났을 때 걱정과 두려움이 많았다. 그러나 아이와 책 읽기를 하는 동안 마음을 내려놓고 기다리면서 인내심을 갖게 되었다. 나는 사랑이와 그림책을 함께 읽고, 한글 자석과 문장 카드, 글자 카드를 활용하여 낱말들을 익혀 나갔으며 동시를 외우고 동시에 나오는 글자를 활용하여 받침 있는 글자를 익히는 활동을 했다.

나와 사랑이에게 우리 반 아이들이 많은 도움을 주었다. 사랑이는 친구들과 자석 글자를 가지고 글자놀이를 하면서 하루를 열어갔다. 10분 동안 다양한 글자를 만들어 붙이며 노는 것을 보면서 글자 공부도 놀이를 통해서 하는 것이 효과적이라는 생각이 들었다.

문장 카드 반복해서 읽기, 동시 외우기, 익숙한 그림책과 새로운 그림책 읽기를 통해 사랑이는 글자도 익히고, 내용도 알아나갔다. 교사의 꾸준한 관심과 노력이 아이를 어떻게 변화시키는지를 보여준 사랑이가 참 많이 고마운 한 학기였다.

읽기 더딤 아이를 지도하면서 나는 초등학교 저학년 선생님의 역할이 얼마나 중요한지 새삼 깨달았다. 읽기 더딤으로 인한 학습 결손이 나타나지 않도록 저학년 때부터 담임교사의 특별한 관심과 지도가 있어야 한다. 또한 더딤 아동의 수준과 특성, 더딘 영역을 고려한 다양한 지도가 이루어져야 한다고 생각한다.

— 전주○○초 교사 정미영

읽기 따라잡기 수업 2 - 라온이와 한글 읽기

나는 경력 20년 차 교사다. 20년의 경력 중 영어 전담 교사를 10년 넘게 했고, 읽기 따라잡기 연수가 시작된 2015년에도 영어를 가르치고 있었다. 그래서 나는 영어를 배우는 데 어려움을 겪는 아이의 사례를 가지고 참여했다. 그러다가 2학기에 들어서면서부터 한글 읽기 지도에 도전해보기로 했다.

한글을 읽지 못하는 아이를 찾는 것은 생각보다 어려웠다. 선생님들은 자기 반 아이가 한글을 떼지 못한 채 상급 학년으로 올라가는 것을 못내 마음에 걸려 하면서도 학교 일이 바쁘다, 또는 한글은 가정에서 가르쳐야 한다는 등의 이유를 들어가며 아이의 배움에서 가장 중요한 한글 지도를 차일피일 미루고 있었다. 저학년 때 한글을 제대로 배우지 못하면 고학년이 되어서는 결국 학습 더딤아가 되는 것이 자명한 일인데도 말이다.

우여곡절 끝에 한글을 읽지 못하는 3학년 라온이를 만났다. 2녀 중 막내딸인 라온이는 평소에 성격이 밝고 친구들과의 사이도 무척이나 좋았다. 말도 잘하고 손재주도 좋아 저학년 때는 학교생활에 별로 문제가 없었다고 한다. 하지만 고학년으로 갈수록 배워야 할 교과목이 많아졌고 내용도 어려워졌기 때문에 학교 수업에 어려움을 겪고 있었다. 예를 들어, 국어 시간에 돌려 읽기가 시작되면 라온이는 항상 불안하고 초조해한다고 했다. 친구들 앞에서 글을 읽을 때마다 3학년이 아직도 한글을 더듬더듬 읽는다는 것에 라온이는 더욱더 의기소침해져 있었고, 그런 라온이의 모습을 지켜보는 담임선생님의 마음도 항상 무거웠다고 한다.

글을 더듬거리며 읽는 것도 문제였지만, 자신이 읽은 글의 내용이 무엇인지 파악하지 못하는 것이 더 큰 문제였다. 하루빨리 라온이와 읽기 수업을 시작해야만 했다.

나는 라온이와 라온이 어머니께 허락을 받고 일대일로 읽기 공부를 시작했다. 라온이 담임교사가 아니었기 때문에 시간과 장소를 따로 정해서 만났다. 라온이를 위해 장소를 신중하게 골랐다. 라온이가 자신의 수업을 친구들이 알까 봐 신경 쓰기 시작했기 때문이다.

처음에는 라온이의 밝은 성격과 내 열정으로 수업이 그럭저럭 잘 이루어졌다. 글밥이 많은 그림책을 어려워하는 라온이를 위해 유아용 그림책을 선정해서 함께 읽었고 하루 동안 학교에서 있었던 일을 한 문장으로 써보기도 했다. 읽기 수업을 진행하는 동안 나는 꾸준히 포트폴리오를 작성하며 라온이가 어떤 부분을 어려워하고 어떤 부분에서 성장하고 있는지 지속해서 관찰했다.

라온이가 어느 부분에서 읽기를 어려워하는지 살펴보던 어느 날, 나는 라온이에게만 보이는 특이한 점을 발견했다(그 당시 나는 읽기 지도를 함께하는 선생님들을 통해 다른 아이의 사례도 볼 기회가 있었다). 한글을 읽을 때 읽기 더딤 아이들이 대부분 쉽게 읽는 단모음의 'ㅡ' 발음을 무척 어려워한다는 점이었다. 글을 더듬거리면서 읽는 다른 아이는 한글을 읽을 때 모노톤(mono tone)으로 읽어 나가는데 라온이는 글을 읽을 때 성조가 오르락내리락하곤 했다. 왜 이런 현상이 나타나는지 그 이유가 무척 궁금하던 즈음, 라온이에 대한 뜻밖의 정보를 듣게 되었다. 라온이가 어렸을 적 영어 유치원을 3년 동안이나 다녔다는 것이었다.

그 소식을 접한 순간 라온이에 대한 수수께끼가 한순간에 풀리기 시작했다. 영어를 읽을 때 나타나는 억양이 한글을 읽을 때도 묻어났고, 영어 발음에는 존재하지 않는 'ㅡ' 발음이 라온이에게 어렵게 느껴졌던 것이다. 이런 현상을 엄훈 교수님은 '간섭 현상'이라고 하셨다. 즉, 라온이는 한글을 충분히 익힌 후에 영어를 배웠어야 하는데, 한글에 대한 기본 능력이 형성되기 전에 영어를 많이 접하다 보니 영어와 한글 두 언어 모두 발달이 지체된 것이다.

　라온이를 좀더 이해하게 되니 더욱 열심히 가르쳐야겠다는 생각이 들었다. 그림책 수준을 낮춰서 유아들이 한글과 친해질 때 사용할만한 책을 함께 읽었다. 그림책 수준이 낮아서 싫어할 줄 알았는데 다른 책들보다 훨씬 더 좋아했다. 책을 읽으며 대화를 나눠보니 내 생각보다 어휘력이 많이 부족하다는 것도 알게 되었다. 3학년 국어 교과서를 살펴보면 일상적으로 쓰지 않는 어려운 단어가 많이 나온다. 어디 국어뿐이랴. 사회, 과학 그리고 수학의 스토리텔링까지 다 마찬가지다. 그러니 라온이는 학습 더딤아가 될 수밖에 없었다.

　라온이의 어휘력 향상을 위해서 나는 다양한 쓰기 활동을 도입했다. 끝말잇기, 같은 글자로 시작하는 낱말 써보기, 자신의 하루를 한 문장으로 나타내기 등이 그것이다. 쓰기 활동은 라온이의 읽기 활동에 도움이 될 뿐만 아니라 글자를 정확하게 익히는 데도 많은 도움이 되었다. 라온이는 어려운 글자를 자석 글자로 먼저 만들어 본 뒤 종이에 옮겨 적는 활동을 참 좋아했다. 자석 글자는 라온이가 가장 어려워하는 '연음'의 상당 부분을 해결해 주었다. 라온이의 쓰기 실력은 수업이 진행되는 동안 정말 많이 나아졌다.

　나는 라온이에게 글을 읽는 실력도 키워주고, 글을 읽는다는 즐거움도 알려주고 싶었다. 그래서 가끔 라온이에게 편지나 쪽지를 써주곤 했다. 라온이는 자신만을 위한 글을 읽는 것을 무척 좋아했다. 라온이에게서 아직 답장을 받기는 이르지만, 언젠가는 라온이가 한글을 잘 깨우쳐서 나에게 답장을 써 주는 날이 오리라 기대해 본다.

- 전주○○초 교사 오현옥

부록 2

말놀이, 글놀이 중심의 1학년 국어 수업

읽기 따라잡기 연수를 진행한 2015년부터 고민했던 것 중의 하나가 1학년 국어 수업이었다. 문자 지도도 문제였지만, 사실 1학년에서부터 이미 시작되는 학습 더딤의 문제를 국어 교과 수업과 연결하여 어떻게 해결해야 하는지가 늘 머릿속에서 떠나지 않았다. 그래서 2016년에 읽기 따라잡기 연수에서 한 발 나아가 읽기 따라잡기 학년을 운영해 봤다.

읽기 따라잡기 학년이라고 이름은 붙였지만, 사실 일대일 문자 지도라기보다는 1학년 국어 수업의 방법 찾기를 중심으로 운영했다. 1학년 선생님끼리 모여서 국어 수업을 고민하고, 고민한 것을 교실로 돌아가 실천해보고, 실천해본 것을 가지고 모여서 다시 이야기를 나누며 아이들에게 맞는 수업을 찾아가고자 했다. 말도, 글도 안 되는 아이가 문자 중심의 교과서와 알아듣기 어려운 교사의 말로 가득 찬 교실에서 학습이 더딘 아이로 살아가지 않게 하려면 국어 수업부터 새로운 방향 전환이 필요하다고 생각했다.

　교육청에서는 선생님들에게 연수를 열어주고, 그림책을 구입할 예산을 지원하되, 구체적인 방법은 선생님들이 직접 찾아가도록 했다. 이런 취지로 운영을 시작한 읽기 따라잡기 연수에 3개 학교에서 1학년 선생님 12명이 참여했다. 나도 종종 학교로 찾아가 선생님들과 이야기를 나누었다.

　이 과정에서 선생님들의 열정과 노력을 보며 참 행복했다. 그중 전주의 한 초등학교 사례를 소개한다. 아이들에게 책을 읽어준다는 것이 어떤 의미인지 처음 알았다는 선생님의 환희에 찬 얼굴이 지금도 눈에 선하다. 아마도 그 선생님 반 아이들의 얼굴이 그때 그 선생님의 표정과 똑같았으리라는 생각을 했다. 글을 쓴 김청미 선생님의 이야기다. 이 글을 읽는 1학년 선생님들이 참고삼아 보면서 아이들과 함께 행복한 교실을 만들어가면 좋겠다.

그림책으로 만들어가는 행복한 교실

　2016년 2월, 새 학년을 준비하며 같은 학년 선생님들의 첫 모임에서 우리는 중요한 결정 하나를 내렸다. 전주교육지원청에서 운영하는 수업 혁신 학년에 참여하기로 했고, '그림책을 활용한 읽기 따라잡기'를 주제로 정했다. 학교생활을 이제 막 시작하는 1학년 아이에게 읽기와 쓰기가 얼마나 중요한지 모두 공감했기 때문이다.

　처음에는 막막하기만 했다. 한 번도 접해보지 못한 생소한 주제였고, 구체적인 지도 방법을 알려주는 것도 아니었기 때문에 어떻게 풀어나가야 할지 고민이 많았다. 그러나 한편으로는 그동안 교과서로만 진행하는 수업에 회의적인 생각을 가지고 있어서 이번 기회에 그림책을 활용해 수업하면서 국어 교육의 방법을 새롭게 모색해 보고도 싶었다.

가장 먼저 했던 것이 독서 토론이었다. 무엇을 할지 먼저 방향을 정하고 싶어서였다. 『학교 속의 문맹자들』을 읽고 함께 이야기 나누며 초기 문자 지도의 중요성에 대해 깊이 인식하게 되었다. 초기 문해력 결핍이 학습 결손의 누적으로 이어져 아이의 삶 전반에 큰 영향을 미친다는 사실에 놀람과 두려움, 잘해보고 싶다는 열망이 우리 마음속에 깊이 자리 잡았다.

그러나 방법을 잘 모른다는 게 가장 큰 문제였다. 그래서 일단 그림책과 교과서, 지도서를 들고 모였다. 세 자료를 살피며 연결고리를 찾아보려고 애썼다. 이것저것을 고민하면서 만들어낸 것이 읽은 책의 내용을 회상하여 쓰는 내용 빈칸 채우기였다. 그러나 얼마 못 가고 이 수업을 포기했다. 그림책으로 문해력 향상 수업을 한다 해놓고 책을 읽은 뒤 내용 채우는 학습지 만들기에 주력했으니 교사는 지치고, 아이들은 심드렁할 수밖에 없었다.

그렇게 헤매고 있을 때 전주교육지원청에서 읽기 따라잡기 연수를 안내하며 수업혁신 학년 소속 교사들의 참여를 권장했다. 학년의 모든 선생님이 이 연수에 함께했다. 힘든 과정이었지만 처음 해보는 실천 연수 방식의 매력에 빠졌다. 2주에 한 번씩 집합 연수에 참여하여 실천 사례를 나눈 후 교실로 돌아와 적용해보고, 또다시 우리끼리 모여 협의하며 점점 가닥을 잡게 되었다.

이런 과정을 거쳐 우리는 문자 지도와 그림책으로 만들어가는 1학년 국어 수업으로 방향을 잡았다. 한글 미해득 학생이나 읽기 더딤 학생은 글밥이 적고 쉬운 그림책을 활용한 개별 읽기 지도를 하고, 전체적인 국어 수업은 해독과 독해, 태도까지 아우르는 전반적인 문해력 형성을 위해서 단순히 문자 해득에 매몰되기보다는 그림책을 중심으로 진행하기로 했다.

이렇게 수업의 방향을 정한 우리는 좀더 좋은 수업을 위해 다시 모였다. 이번에는 지도서가 아닌 그림책과 1학년 국어과 성취기준 목록을 들고서 말이다. 교사마다 성취기준에 대한 이해도가 달랐지만 연수를 함께 받고, 수업에 대한 지속적인 협의 과정에서 교과서를 내려놓아야 한다는 생각은 모두에게 들었기 때문이었다.

2학기부터는 국어 교과서를 내려놓고 국어과 성취기준을 중심으로 교과 내용을 새롭게 구성해 그림책으로 교육과정과 마주했다. 그림책을 활용하는 방법 면에서 부족한 점은 교육청이나 연수원 주관의 연수를 함께 듣거나 직접 강사를 초빙해 자체 연수를 하면서 채워나갔다. 처음에는 여러 시행착오가 있었지만, 함께 고민하고 실천하는 동학년 수업 공동체 속에서 점점 우리의 교육과정이 다듬어졌다.

그림책을 활용하여 성취기준에 도달하기

1학년 국어과 수업에서 다루어야 하는 성취기준은 다른 학년에 비해 간명하다. 2015 개정 교육과정 1학년 읽기 영역 성취기준은 다음의 4가지로 정리할 수 있다.

〔2국02-01〕 글자, 낱말, 문장을 소리 내어 읽는다.

〔2국02-02〕 문장과 글을 알맞게 띄어 읽는다.
〔2국02-03〕 글을 읽고 주요 내용을 확인한다.
〔2국02-05〕 읽기에 흥미를 가지고 즐겨 읽는 태도를 지닌다.

성취기준에 모든 아이가 제대로 도달하기 위해서는 학급의 실제 상황이나 아이의 삶과 동떨어진 교과서로 딱딱하게 수업하기보다 아이들이 좋아하는 생동감 있는 그림책을 활용하는 것이 더 유용하다는 것은 두말할 필요 없이 당연하다.

국어과 각 영역 성취기준은 한 수업 안에서 유기적으로 연결될 수밖에 없다. 즉 읽고 쓰기와 듣기, 말하기는 그림책 수업 속에 충실하게 반영된다. 이런 생각들을 바탕으로 그림책 수업을 다음과 같이 진행했다.

먼저 통합 교과 대주제와 연계된 그림책과 시기별로 아이들의 주요 관심사와 관련된 그림책을 선정했다. 수업 전 협의를 통해 그림책별 주요 발문과 독후 활동을 계획했으며 책의 내용과 형식에 따라 주요 성취기준을 매칭하여 수업을 진행했다.

예를 들어, 말하기 영역의 경우 '듣는 이를 바라보며 자신 있게 말할 수 있다'라는 성취기준 중심 수업은 『양배추 소년』을 읽고 감상을 나눈 뒤, '내가 양배추 소년이라면 돼지 아저씨에게 무엇을 사주고 싶은지를 한 문장으로 모두가 돌아가며 말하기'를 했다. 또 '말하는 이와 말의 내용에 집중하며 듣는다'라는 듣기 영역의 성취기준 중심 수업에서는 '책을 읽고 질문을 만들어 서로 질문과 답을 주고받도록 물레방아 말하기'로 수업을 진행하기도 했다.

띄어 읽기 수업의 경우 학생들에게 바르게 띄어 읽기를 충분히 연습할 수 있도록 그림책을 한 권씩 가정으로 보내 소리 내어 읽는 과제를 내주었다. 그런 다음 수업 시간에 아이들이 스스로 그림책 선생님이 되어 친구들 앞에서 또박또박 책을 읽어보게 하기도 했다.

성취기준을 통합한 수업이 가능하다

그림책 수업의 가장 큰 장점은 여러 성취기준을 통합하여 진행할 수 있다는 점이다. 예를 들어 『프레드릭』의 경우 읽고 나서 내용이나 그림에 관한 질문을 주고받으며 시와 시인에 대해 생각을 모아보고, 아이들이 한 가지 물건이나 현상에 대해 한 마디씩 불러주는 말을 모아 교사가 칠판에 옮겨 적으며, 아래처럼 다 함께 말로 짓는 시로 시 쓰기를 경험해볼 수 있다.

겨울 햇살

1학년 5반 친구들

햇살이 쨍쨍하게 내리쬡니다.
햇살이 따뜻해도 우리들은 춥습니다.
햇살이 나에게 말합니다.
내가 따뜻하고 포근하게 해 줄게.
자동차도 창문도 햇살로 반짝입니다.
햇살이 더 많을수록 더 반짝입니다.
날씨가 추워도 햇살은 따뜻합니다.

이후 다 함께 교실 밖으로 나가 여러 가지 자연물과 사물을 관찰하고 각자 가장 기억에 남는 것을 두세 문장으로 써본 경험은 생각이 곧 시가 될 수 있음을 알게 하는 소중한 시간이 되었다.

그림책 문장으로 접근하는 쓰기 교육

받아쓰기도 그림책을 통해 수업의 한 과정으로 접근해볼 수 있다. 언론에서도 급수표를 활용한 받아쓰기의 폐해가 보도된 적이 있고, 그간의 경험을 통해서도 급수표가 학생들의 문자 지도에 큰 효과가 없음을 알고 있었다. 이에 우리는 저학년 학급에서 일률적으로 사용하던 받아쓰기 급수표를 활용하지 않기로 했다. 급수표 대신 그림책 속의 문장과 교과서 속의 문장으로 받아쓰기를 했다.

예를 들어, 그림책을 읽고 나서 주요 장면의 문장을 함께 따라 읽고 옮겨 쓰기, 그 문장을 어절별로 나누어 음소 단위로 받아쓰기하도록 모음이나 자음자를 빼고 문장을 제시하여 받아쓰기를 해보았다. 또 그동안 읽었던 그림책 중에서 한 문장을 읽어주고 어떤 그림책인지 맞추어 보고 나서 그 문장을 받아쓰기하는 것도 아이들이 재미있어했다.

쓰기의 경우에는 의미 있는 경험을 많이 할 수 있도록 수업의 과정을 다양하게 만들었다. 예를 들어, 책을 읽고 주인공에게 하고 싶은 말을 포스트잇에 각자 적어 칠판에 붙임으로써 자기가 쓴 글을 친구들과 공유하도록 했다. 교실 한쪽 벽면에 학생 수대로 투명 봉투를 걸어두고 수업 중 쓰기 활동이 있을 때 쓴 글을 바로 넣어 게시했다. 그리고 이 글 봉투에 모아진 글을 묶어 분기별로 학급 문집으로 만들어 가정으로 보내기도 했다. 그 외의 다양한 쓰기 활동 수업 사례는 다음 표와 같다.

순	활동명	내용	연계
1	오늘의 문장	▶ 오늘 하루 학교에서 있었던 일이나 나의 기분을 한 문장으로 쓰기	알림장 쓰기
2	틀린 글자 고쳐 쓰기	▶ 자주 틀리는 글자를 넣어 칠판에 문장을 제시하고 학생들이 문장을 고쳐 쓰게 함	알림장 쓰기
3	그림책 따라 그리기	▶ 읽었던 그림책 중 가장 맘에 드는 장면을 따라 그리고 그림에 어울리는 문장 써넣기	창체>자율>학년특색 그림책 퍼즐 만들기 그림책 티셔츠 만들기
4	어느 책에 있을까요?	▶ 그동안 읽었던 여러 그림책의 문장 중 한 문장을 불러 주고 어느 책의 문장인지 알아맞히고 써 보기	창체>자율>학년특색
5	함께 쓰는 시	▶ 한 주제에 대해 학생들이 돌아가며 한 문장씩 말하면 교사가 받아 적어 하나의 완성된 학급 전체의 시로 만들기	국어, 연중
6	자석 글자 놀이	▶ 한글 낱자 자석으로 글자 만들기 ▶ 그림책 속 기억나는 낱말을 함께 말해 본 뒤 교사가 불러주는 낱말을 모둠 친구들과 자석 글자로 만들기	국어, 1학기 자석 글자, 미니 화이트 보드
7	말놀이 동요	▶ 재미있는 말놀이 동요를 따라 부르고, 가사를 보고 옮겨 적기	창체>자율>학년특색 『말놀이 동요집』(최승호 등, 비룡소, 2011)
8	책 속 주인공에게 한마디	▶ 책 속 주인공에게 하고 싶은 말을 한마디씩 포스트잇에 적어 붙이고 친구들의 포스트잇에 대답하는 글도 붙이기	국어, 연중 포스트잇 활동
9	오늘의 날씨	▶ 오늘의 날씨를 돌아가며 한 문장씩 말하고 그 문장을 포스트잇에 적어 칠판 한쪽에 붙여두기 ▶ 교사가 한 문장을 골라 빈칸을 제시하면 학생들이 꾸며주는 말 등을 넣어 실감 나는 문장으로 만들기	아침 활동 포스트잇 활동
10	한글 젠가	▶ 한글 젠가로 단어 만들기 놀이하기	창체>자율>학년특색
11	우리 반 추억 일기	▶ 한 주 동안 학급에 있었던 일 중 가장 큰 관심이 있었던 일을 골라 매주 그림 일기 쓰기 ▶ 한 달에 한 번 학급 글모음집 만들기	국어, 2학기 쓴 글은 모두 교실 벽면에 게시하여 공유하기

이렇게 우왕좌왕, 설렘 반 두려움 반으로 시작했던 일 년 동안의 그림책 수업은 우리에게 이런 의미로 남았다.

아이들의 말

- 집중력이 좋아졌어요.
- 글씨를 많이 알게 되었어요.
- 책이 좋아졌어요. 내가 똑똑해진 기분이에요.
- 글밥이 많은 책을 보는 것도 좋아졌죠.
- 아름다운 그림을 보면서 마음이 따뜻해졌어요.
- 작고 귀여운 주인공, 멋진 주인공을 보며 나도 그렇게 되고 싶은 마음이 들어요.
- 나는 책을 읽을 때 정말 책이 그렇게 재미있는 줄은 몰랐어요. 바닥에 앉아서 조금 불편하긴 했지만, 친구들과 함께하는 활동이라 재미있었고, 선생님이 멋져 보였어요.
- 책을 읽으면 스마트폰을 보는 것 같고, 책 속으로 여행을 하는 것 같아요.
- 선생님하고 친구들하고 같이 책을 많이 읽어서 좋아요.
- 나는 『짖어봐, 조지야』를 읽고 내가 진짜 책 속으로 들어가는 것 같았어요.
- 선생님이랑 책을 읽을 때 감사한 마음이 들고 재미있었어요. 많이 읽어주셔서 고마워요.

선생님들의 생각

- 그림책 수업에 대해 동학년 선생님들과 협의하고, 수업에 적용해 보고, 그 결과를 또 이야기해보면서 교과서 위주의 수업 틀을 조금씩 깨기 시작했다. 물론, 수업이 잘 이루어지지 않은 적도 있지만, 전체적으로 학생들이 좋아하고 만족하는 수업 시간이 된 것 같아서 나 스스로 성장할 수 있는 계기가 되었다. 한 해 동안 힘들고 어렵기도 했지만, 오랫동안 고정되어 있던 내 수업 방식에 새로운 변화가 생겼고, 이 변화는 나에게 긍정적인 영향을 끼쳤다. _교직 생활 18년 차 A 교사

- 매주 같은 학년 선생님과 협의를 거쳐 그림책을 어떻게 활용할지에 대해 고민하고, 고민의 결과를 국어 수업에 적용해보았다. 그림책을 활용하는 방법에 있어 부족한 점이 많았지만 흥미롭게 수업에 참여하는 1학년 아이들을 보면서 그림책으로 자연스러우면서도 재미있게 국어 수업을 할 수도 있겠다는 생각을 하게 되었다. 일 년 동안 수업혁신 학년을 하면서 같은 학년 선생님들과 그림책 이야기를 했던 시간이 행복했다. 수업 나눔을 통해서 한 걸음 성장한 한 해였다. 이제는 그림책을 별생각 없이 보는 게 아니라 별생각을 하면서 보게 된다. _교직 생활 17년 차 B 교사

- 3월, 같은 학년 선생님들과 그림책에 관해서 이야기할 때도 '그림책을 가지고 문자 지도를 한다'는 방향에 자꾸만 의문이 들었다. 나는 그림책은 그림책으로써 그림과 글을 보며 즐길 수 있도록 해야

한다는 생각을 가지고 있었다. 그림책으로 문자를 지도하다 보면 그림책도 하나의 학습으로 느껴지지 않을까 하는 생각이 들기도 하면서 과연 어떻게 아이들에게 그림책을 보는 즐거움을 알게 하고, 문해력과 생각도 키울 수 있을까 고민이 참 많았다. 그런데 같은 학년 선생님들과 협의를 거듭하면서 내 생각에 조금씩 변화가 생겼다. 2학기로 들어왔을 때쯤 그림책을 활용한 교육과정 재구성이 무엇인지, 그림책을 어떻게 활용하면 좋을지 조금씩 생각이 정리되어갔다. 교과서를 내려놓고 교육과정과 책을 만나게 하는 수업, 아이들이 책을 읽고 스스로 질문을 만들고 대답하며 자기 생각을 표현하는 수업, 그런 수업을 만들어가면서 보낸 우리의 일 년은 가르치고 배운다는 것이 무엇인지를 깊이 생각해보고, 실천할 수 있는 가르침을 준 소중한 시간이었다. _교직 생활 14년 차 C 교사

- 전주○○초 교사 김청미